GTQ 포토샵 2급(3급포함 CS4)

발 행 일 : 2017년 11월 20일(1판 1쇄)

개 정 일 : 2019년 09월 17일(1판 4쇄)

I S B N : 978-89-8455-925-7(13000)

정 가 : 17,000원

발 행 처 : (주)아카데미소프트

발 행 인 : 유성천

주 소 : 경기도 파주시 정문로 588번길 24

대표전화 : (02)3463-5000

대표팩스 : (02)3463-0400

홈페이지 : www.academysoft.co.kr

CONTENTS · 차례

PREVIEW · 이 책의 구성

PART 1

포토샵 기본 기능 익히기

GTQ 수업에 필요한 포토샵의 기본적인 기능들과 답안 저장 및 전송에 대한 기본적인 기능들을 설명하였습니다.

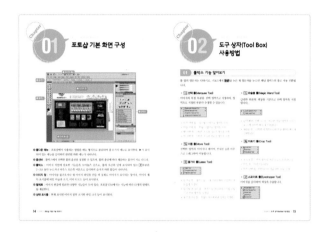

PART 2

출제유형 분석에 따른 주요 기능 배우기

최근에 출제된 시험 문제들을 분석하여 자세한 설명과 함께 단계별로 학습할 수 있도록 구성되어 있으며, 각 단계가 끝나면 학생 스스로 문제에 대한 해결 능력을 키울 수 있도록 '단계별 따라하기'와 'GTQ 완전정복' 문제가 수록되어 있습니다.

PART 3

최신 기출문제 따라하기

'출제유형 분석에 따른 주요 기능 배우기'에서 학습한 내용을 최종적으로 점검하는 단계로서 실제 시험 환경을 그대로 반영한 최신 기출문제를 이용하여 전체적인 문제 풀이 과정을 따라하며 확인할 수 있도록 구성하였습니다.

PART 4, 5

실전 모의고사 10회 및 최신 기출유형문제 5회

실전 모의고사 : 최신 기출문제를 변형하여 난이도를 높여서 만든 모의고사로 기출문제 보다는 문제 풀이 과정이 조금 어렵기는 하지만 학생들의 기본 실력을 향상시키는 것에 중점을 두고 문제를 만들었습니다.

최신 기출유형문제 : 시험 직전 최종 점검을 할 수 있도록 최신 기출유형문제를 수록하였습니다. 최신 기출유형문제는 저작권 때문에 문제의 이미지만 다를 뿐 기본적인 작업 조건은 기출문제와 동일하게 구성되어 있으므로 실제 시험을 본다는 생각으로 문제를 풀어봅니다.

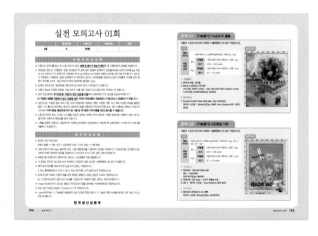

 GTQ 시험 안내

※ GTQ(Graphic Technology Qualification) 시험 소개

한국생산성본부가 주관하여 시행하는 GTQ(Graphic Technology Qualification) 시험은 국내 유일 실기시험만으로 평가하는 그래픽디자인자격으로써 생각의 시각화를 통한 비즈니스 상의 원활한 커뮤니케이션의 도모로 역량 있는 인재를 양성하기 위해 컴퓨터 그래픽에 대한 기능적 요소와 실무환경에 접근 가능한 응용적 요소를 결합시킨 실무중심형 시험으로 디자인에 대한 대중적 이해와 수준을 한 단계 높인 국가공인 그래픽 기술자격 시험입니다.

- **주관** : 한국생산성본부(산업발전법에 의거하여 설립된 특별법인)
- **협찬** : 한국어도비시스템즈, 코렐 코리아, 한글과 컴퓨터

※ 국가공인 GTQ 자격 도입효과와 필요성

- 기업에서 갈수록 디자인 능력을 겸비한 인재를 선호합니다.
- 디자인 자격 및 경력자 수요가 갈수록 증가합니다.(취업포탈 잡코리아, 인크루트 등)
- 대학에서는 교양과목 운영, 중간/기말고사 학점 대체 등에 널리 활용합니다.
- 예술고 및 전문계고, 대학 입학 시에 가산점의 혜택이 있습니다.
- 기업체 및 공공기관의 신입사원 채용 시 우대 및 내부승진 시 인사고과 자료로 활용합니다.

※ 시험과목 및 시간

등급	문항 및 시험방법	시험시간	합격기준	S/W Version
1급	4문항 실무 작업형 실기시험	90분	100점 만점 70점 이상	① Adobe Photoshop CS4(한글, 영문)
2급	4문항 실무 작업형 실기시험	90분	100점 만점 60점 이상	② Corel Paint Shop Pro PHOTO X2(한글) ③ 한컴 EzPhoto3VP(한글) → 2,3급만해당
3급	3문항 실무 작업형 실기시험	60분	100점 만점 60점 이상	①②③중 택

GTQ 수험자 유의사항 및 답안작성요령

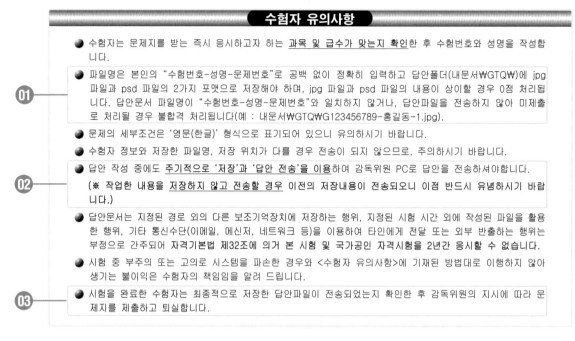
01 파일 저장 및 제출

문제 1번부터 4번까지 작업 후 제출해야할 파일은 문제당 2개씩 총 8개로 파일입니다.

- 문제 1 : 123456789-홍길동-1.JPG, 123456789-홍길동-1.PSD
- 문제 2 : 123456789-홍길동-2.JPG, 123456789-홍길동-2.PSD
- 문제 3 : 123456789-홍길동-3.JPG, 123456789-홍길동-3.PSD
- 문제 4 : 123456789-홍길동-4.JPG, 123456789-홍길동-4.PSD

02 작업 도중 수시로 [Ctrl]+[S](저장)를 눌러 원본 파일을 저장하고 작업이 완료되면 파일 저장 규칙에 따라 JPG, PSD 파일을 각각 저장합니다. 답안 전송은 여러 번 수행해도 관계 없으며, 마지막으로 전송한 파일로 채점이 이루어집니다.

03 모든 작업이 끝나면 제출할 답안 파일을 다시 한 번 확인합니다. 파일 제출 후 감독위원PC로 잘 전송되었는지 확인한 후 퇴실합니다.

답안 작성요령

- 온라인 답안 작성 절차

  수험자 등록 ⇒ 시험 시작 ⇒ 답안파일 저장 ⇒ 답안 전송 ⇒ 시험 종료

- 내문서₩GTQ₩Image 폴더에 있는 그림 원본파일을 사용하여 답안을 작성하시고 최종답안을 답안폴더(내문서₩GTQ)에 저장하여 답안을 전송하시고, 이미지의 크기가 다른 경우 감점 처리됩니다.

- 배점은 총 100점으로 이루어지며, 점수는 각 문제별로 차등 배분됩니다.

- 각 문제는 주어진 <조건>에 따라 작성하고, 언급하지 않은 조건은 ≪출력형태≫와 같이 작성합니다.

01 ── 배치 등의 편의를 위해 주어진 눈금자의 단위는 '픽셀'입니다.

그 외는 출력형태(효과, 이미지, 문자, 색상, 레이아웃, 규격 등)와 같이 작업하십시오.

- 문제 조건에 서체의 지정이 없을 경우 한글은 굴림이나 돋움, 영문은 Arial로 작업하십시오.

(단, 그 외에 제시되지 않은 문자 속성을 기본값으로 작성하지 않은 경우는 감점 처리됩니다.)

02 ── Image Mode(이미지 모드)는 별도의 처리조건이 없을 경우에는 RGB(8비트)로 작업하십시오.

03 ── 모든 답안 파일은 해상도 72 pixels/inch 로 작업하십시오.

04 ── Layer(레이어)는 각 기능별로 분할해야 하며, 임의로 합칠 경우나 각 기능에 대한 속성을 해지할 경우 해당 요소는 0점 처리됩니다.

01 [View(보기)]–[Rulers(눈금자)]($Ctrl$+R)를 클릭하여 눈금자를 표시합니다. 눈금자가 나오면 가로 눈금자 위에서 마우스 오른쪽 버튼을 눌러 [Pixels(픽셀)]을 선택합니다. 눈금자는 답안 파일 작성 시 정확한 위치와 크기를 지정하는데 사용됩니다.

02 Color Mode(색상 모드)는 RGB Color(8bit), Background Contents(배경내용)는 White를 설정합니다.

03 Resolution(해상도)는 반드시 72pixels/inch로 설정합니다. 값이 변경되면 글자 크기가 설정값보다 커지거나 작아지는 원인이 됩니다.

04 JPG 파일은 용량(High)을 줄여서 저장하고, PSD 파일은 [Image(이미지)]–[Image Size(이미지 크기)](Alt+$Ctrl$+I)를 클릭하여 $\frac{1}{10}$ 크기로 저장합니다.(최종 답안 저장 시 레이어 병합 또는 잠금이 설정되지 않도록 주의합니다.)

GTQ 출제기준

◈ Tool을 이용한 이미지 복제 및 변형, 문자효과

- Stamp(도장) / Eraser(이미지 수정)
- Type Tool(문자 도구) / Layer Style(레이어 스타일)
- (Free) Transform(변형) / Brush Tool(브러쉬 도구)
- Tool Box(도구 상자) 등

◈ 이미지 색상/명도 조절 및 필터 등을 이용한 액자 제작

- Hue(색조) / Saturation(채도) / Color Balance(색상 균형)
- Bright(명도) / Contrast(대비) / Type Tool(문자 도구)
- Layer Style(레이어 스타일) / Selection Tool(선택 도구)
- Filter(필터) / Eraser Tool(지우개 도구)
- Stamp Tool(도장 도구) / Tool Box(도구 상자) 등

문제 03 사진 편집 [25점]

◈ 레이어 편집 및 문자를 이용한 효과

- Layer Mask(레이어 마스크) / Shape Tool(모양 도구)
- Stamp Tool(도장 도구) / Tool Box(도구 상자)
- Type Tool(문자 도구) / Layer Style(레이어 스타일) 등

문제 04 이벤트 페이지 제작 [35점]

◈ 다양한 기능들을 활용한 이벤트 페이지 제작

- Gradient(그라디언트) / Pattern Overlay(패턴 오버레이)
- Paint(페인트) / Tool Box(도구 상자)
- Shape Tool(모양 도구) / Pen Tool(펜 도구) 활용
- Layer Style(레이어 스타일) / Type Tool(문자 도구)
- Layer Mask(레이어 마스크) 등

포토샵 바로 가기 키 모음

Graphic
Technology
Qualification

➡ [도구] 관련 바로 가기 키

- **M** : Marquee Tool(선택도구)
- **V** : Move Tool(이동도구)
- **L** : Lasso Tool(올가미 도구)
- **W** : Magic Wand Tool(자동 선택 도구)
- **B** : Pencil/Brush Tool(연필/브러쉬 도구)
- **S** : Stamp Tool(도장 도구)
- **G** : Gradient Tool(그라디언트 도구)
- **A** : Path Selection Tool(패스 선택 도구)
- **P** : Pen Tool(펜 도구)
- **T** : Type Tool(문자 도구)
- **U** : Shape Tool(모양 도구)
- **H** : Hand Tool(손 도구)
- **Z** : Zoom Tool(돋보기 도구)

※ 도구가 여러 개인 경우에는 **Shift** 키를 누른 채 단축키를 누르면 차례대로 도구가 활성화됩니다.

➡ [선택 및 편집] 관련 바로 가기 키

- **Ctrl** + **A** : Select All(전체 선택)
- **Ctrl** + **D** : Deselect(선택 해제)
- **Ctrl** + **C** : Copy(복사)
- **Ctrl** + **X** : Cut(잘라내기)
- **Ctrl** + **V** : Paste(붙여넣기)
- **Ctrl** + **T** : Free Transform(자유 변형)
- **Shift** + **Ctrl** + **I** : Inverse(선택 영역 반전)
- **Shift** +드래그 : Add to Selection(선택 영역 추가)
- **Alt** +드래그 : Subtract from Selection(선택 영역 제외)

※ **Alt** +드래그 : Move Tool(이동도구)로 이미지 복사

➡ [파일 및 이미지] 관련 바로 가기 키

- **Ctrl** + **N** : New(새로 만들기)
- **Ctrl** + **O** : Open(열기)
- **Ctrl** + **S** : Save(저장)
- **Ctrl** + **Shift** + **S** : Save As(다른 이름으로 저장)
- **Ctrl** + **Q** : Exit(종료)
- **Ctrl** + **L** : Levels(레벨)

- **Ctrl** + **M** : Curves(곡선)
- **Ctrl** + **B** : Color Balance(색상 균형)
- **Ctrl** + **U** : Hue/Saturation(색조/채도)
- **Ctrl** + **I** : Invert(반전)
- **Ctrl** + **Alt** + **I** : Image Size(이미지 크기)
- **Ctrl** + **Alt** + **C** : Canvas Size(캔버스 크기)

➡ [레이어] 관련 바로 가기 키

- **Ctrl** + **Shift** + **N** : Layer(레이어 만들기)
- **Ctrl** + **J** : Layer via Copy(레이어 복사)
- **Ctrl** + **Alt** + **G** : Create Clipping Mask(클리핑 마스크 만들기)
- **Ctrl** + **Shift** + **]** : Bring to Front(레이어 맨 위로 이동)
- **Ctrl** + **]** : Bring Forward(레이어 위로 이동)
- **Ctrl** + **Shift** + **[** : Send to Back(레이어 맨 아래로 이동)
- **Ctrl** + **[** : Send Backward(레이어 아래로 이동)
- **Ctrl** + **E** : Merge Down(레이어 병합)
- **Ctrl** + **Shift** + **E** : Merge Visible(보이는 레이어 병합)

➡ [보기] 관련 바로 가기 키

- **Ctrl** + **+** : Zoom In(확대)
- **Ctrl** + **−** : Zoom Out(축소)
- **Ctrl** + **R** : Rulers On/Off(눈금자 보이기/감추기)
- **Ctrl** + **Shift** + **;** : Snap On/Off(스냅 켜기/끄기)
- **Ctrl** + **"** : Grid(그리드 보이기/감추기)
- **Ctrl** + **;** : Guides(안내선 보이기/감추기)

➡ [기타] 바로 가기 키

- **Alt** + **Delete** : 전경색으로 채우기
- **Ctrl** + **Delete** : 배경색으로 채우기
- **X** : 전경색/배경색 전환
- **Tab** : 팔레트, 툴박스 보이기/감추기
- **Space Bar** +드래그 : 손도구
- **Shift** +드래그 : Marquee Tool(선택도구 ▢, ◯) 또는 Shape Tool(모양 도구 ▢, ◯)로 정사각형 또는 정원을 그리거나 선택할 때 사용

Graphic Technology Qualification

포토샵
기본 기능 익히기

Part
01

포토샵 기본 화면 구성

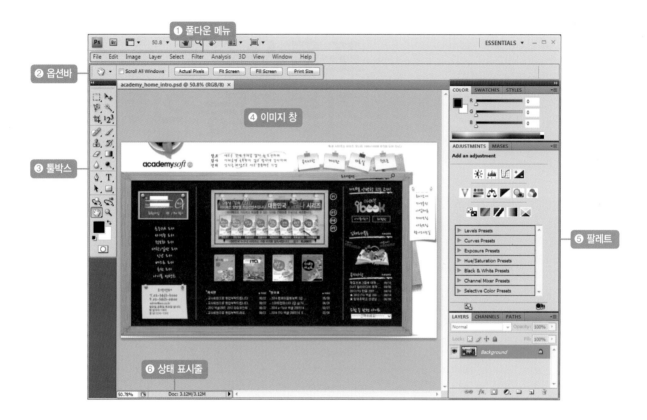

❶ **풀다운 메뉴** : 포토샵에서 사용되는 명령을 메뉴 형식으로 분류되어 총 11가지 메뉴로 표시한다. ▶가 표시되어 있는 메뉴를 클릭하면 관련된 하위 메뉴가 나타난다.

❷ **옵션바** : 툴박스에서 선택한 툴의 옵션을 설정할 수 있으며, 툴의 종류에 따라 제공하는 옵션이 서로 다르다.

❸ **툴박스** : 이미지 작업에 필요한 기능들을 모아놓은 곳으로, 툴의 오른쪽 밑에 표시되어 있는 부분을 2~3초 동안 누르거나 마우스 오른쪽 버튼으로 클릭하면 숨겨진 하위 툴들이 나타난다.

❹ **이미지 창** : 이미지를 불러오거나 새 이미지 파일을 만들 때 실제로 이미지가 표시되는 창이다. 이미지 제목 표시줄에 파일 이름과 크기, 이미지 모드 등이 표시된다.

❺ **팔레트** : 이미지 편집에 필요한 다양한 기능들이 모여 있다. 포토샵 CS4에서는 기능에 따라 13개의 팔레트를 제공한다.

❻ **상태 표시줄** : 현재 표시된 이미지 창의 크기와 파일 크기 등이 표시된다.

Chapter 02

Graphic Technology Qualification

도구 상자(Tool Box) 사용방법

01 툴박스 기능 알아보기

툴 옆의 영문자는 단축키로, 키보드에서 **Shift**를 누른 채 영문자를 누르면 해당 툴박스의 툴로 자동 전환됩니다.

■  선택 툴(Marquee Tool)

이미지의 특정 부분을 선택 영역으로 지정하며, 영역으로 지정된 부분만 수정할 수 있습니다.

■ Rectangular Marquee Tool	M
○ Elliptical Marquee Tool	M
Single Row Marquee Tool	
Single Column Marquee Tool	

- 사각 선택 툴 : 사각형 모양으로 영역을 선택
- 원형 선택 툴 : 원형 모양으로 영역을 선택
- 행 선택 툴 : 1픽셀 크기의 가로줄 영역을 선택
- 열 선택 툴 : 1픽셀 크기의 세로줄 영역을 선택

■  이동 툴(Move Tool)

선택한 영역의 이미지나 레이어, 안내선 등을 마우스로 드래그하여 이동합니다.

■ 올가미 툴(Lasso Tool)

Lasso Tool	L
Polygonal Lasso Tool	L
■ Magnetic Lasso Tool	L

- 올가미 툴 : 마우스를 드래그하여 원하는 영역을 자유롭게 지정함
- 다각형 올가미 툴 : 마우스를 클릭하여 다각형 모양으로 선택 영역을 지정함
- 자석 올가미 툴 : 색상의 차이에 따라 영역을 지정함

■  마술봉 툴(Magic Wand Tool)

클릭한 부분의 색상을 기준으로 선택 영역을 지정합니다.

■ Quick Selection Tool	W
Magic Wand Tool	W

- QST(빠른 선택 도구) : 비슷한 색상 영역을 마우스로 드래그하여 빠르게 선택합니다.
- 마술봉 툴 : 클릭한 지점과 비슷한 색상 영역을 빠르게 선택합니다.

■  자르기 툴(Crop Tool)

■ Crop Tool	C
Slice Tool	C
Slice Select Tool	C

- 자르기 툴 : 선택 영역의 바깥 부분을 잘라냅니다.
- 분할 툴 : 이미지를 나눔
- 분할 선택 툴 : 분할된 이미지를 선택, 이동, 수정

■  스포이트 툴(Eyedropper Tool)

이미지를 클릭하여 색상을 추출합니다.

■ Eyedropper Tool	I
Color Sampler Tool	I
Ruler Tool	I
Note Tool	I
Count Tool	I

- 스포이트 툴 : 이미지에서 직접 색상을 추출

- 컬러 샘플러 툴 : 클릭한 부분의 색상 정보를 확인
- 측정 툴 : 이미지에서 길이나 각도를 측정
- Note tool : 이미지에 포스트잇 같은 메모창을 달아 줍니다.
- Count tool : 이미지에 마우스를 클릭하면 번호가 순서대로 증가되면서 표시되어 셀 수 있을 때 사용한다.

■ 힐링 브러시 툴(Healing Brush Tool)

이미지를 리터칭하거나 적목 현상을 제거할 때 사용합니다.

- 스폿 힐링 브러시 툴, 힐링 브러시 툴 : 손상된 이미지를 보정
- 패치 툴 : 손상된 이미지가 넓은 영역을 수정
- 레드 아이 툴 : 적목 현상을 제거

■ 브러시 툴(Brush Tool)

그림을 그릴 때 사용하며 붓처럼 선이나 그림을 그립니다.

- 브러시 툴 : 붓으로 선이나 그림을 그림
- 연필 툴 : 연필처럼 선을 그림
- 색상 교체 툴 : 오브젝트의 색상을 바꾸고 싶을 때 손쉽게 사용함

■ 도장 툴(Clon Stamp Tool)

원본 이미지를 복제하여 다른 이미지에 합성합니다.

- 도장 툴 : 원본 이미지를 복제
- 패턴 도장 툴 : 지정한 패턴으로 이미지를 복제

■ 히스토리 브러시 툴(History Brush Tool)

- 히스토리 브러시 툴 : 이미지를 복원
- 아트 히스토리 브러시 툴 : 이미지를 복원하며, 회화 효과를 적용

■ 지우개 툴(Eraser Tool)

- 지우개 툴 : 이미지의 특정 부분을 지움
- 백그라운드 지우개 툴 : 백그라운드 레이어를 일반 레이어로 만듦
- 마술 지우개 툴 : 비슷한 색상의 영역을 한 번에 지움

■ 그라디언트 툴(Gradient Tool)

- 그라디언트 툴 : 그라디언트 효과를 지정
- 페인트통 툴 : 선택한 영역에 색상이나 패턴을 채움.

■ 블러 툴(Blur Tool)

이미지 사이의 경계를 흐리게 합니다.

- 블러 툴 : 이미지 사이 경계를 흐리게 함
- 샤픈 툴 : 이미지 사이 경계를 선명하게 함
- 스머지 툴 : 손가락으로 문지르는 효과를 냄

■ 닷지 툴(Dodge Tool)

명도를 높여 이미지를 밝게 또는 어둡게 합니다.

- 닷지 툴 : 이미지를 밝게 함
- 번 툴 : 이미지를 어둡게 함
- 스펀지 툴 : 이미지의 채도를 조절함

■  펜 툴(Pen Tool)

직선이나 곡선의 패스를 이용하여 벡터 형식의 그림을 그립니다.

■	Pen Tool	P
	Freeform Pen Tool	P
	Add Anchor Point Tool	
	Delete Anchor Point Tool	
	Convert Point Tool	

• 펜 툴 : 베지어 곡선을 이용하여 패스나 도형을 그림
• 자유 펜 툴 : 연필처럼 자유롭게 패스나 도형을 그림
• 패스 포인트 추가 툴 : 패스 선에 앵커 포인트를 추가
• 패스 포인트 삭제 툴 : 패스 선에 앵커 포인트를 삭제
• 포인트 변환 툴 : 핸들의 길이와 기울기를 변환

■ T 타입 툴(Type Tool)

이미지 위에 텍스트를 입력합니다.

■ T	Horizontal Type Tool	T
T	Vertical Type Tool	T
T	Horizontal Type Mask Tool	T
T	Vertical Type Mask Tool	T

• 가로 타입 툴 : 가로 방향 텍스트를 입력함
• 세로 타입 툴 : 세로 방향 텍스트를 입력함
• 가로 타입 마스크 툴 : 가로 방향의 텍스트를 입력하여 선택 영역으로 지정함
• 세로 타입 마스크 툴 : 세로 방향의 텍스트를 입력하여 선택 영역으로 지정함

■ 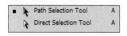 패스 선택 툴(Path Selection Tool)

펜 툴로 만든 패스를 선택합니다.

■	Path Selection Tool	A
	Direct Selection Tool	A

• 패스 선택 툴 : 셰이프나 패스를 선택, 이동함
• 직접 선택 툴 : 패스를 선택, 이동, 편집하기 위해 패스 전체를 선택함

■  모양 툴(Shape Tool)

벡터 형식의 사각형 도형을 만듭니다.

	Rectangle Tool	U
	Rounded Rectangle Tool	U
	Ellipse Tool	U
	Polygon Tool	U
	Line Tool	U
■	Custom Shape Tool	U

• 사각형 툴 : 사각형 도형을 만듦
• 둥근 사각형 툴 : 둥근 사각형 도형을 만듦
• 원형 툴 : 원형 도형을 만듦
• 다각형 툴 : 다각형 도형을 만듦
• 선 툴 : 선 도형을 만듦
• 사용자 정의 도형 툴 : 사용자 정의 도형을 삽입

■  3D 툴 (3D Tool)

3차원 물체를 회전/이동/확대/축소합니다.

■ 3D 보기 툴(3D View Tool)

3차원 물체의 카메라를 회전/이동합니다.

■ 손바닥 툴(Hand Tool)

■	Hand Tool	H
	Rotate View Tool	R

• 손바닥 툴 : 이미지를 원하는 영역으로 이동시킵니다.
• 문서 회전 도구 : 문서를 회전시킵니다.

■ 돋보기 툴(Zoom Tool)

이미지를 확대하거나 축소합니다.

■ 색상 모드 툴(Set foreground Color)

이미지에 적용할 전경색과 배경색을 설정합니다.

■ 화면 모드 툴

섬세한 영역을 선택하기 위해 일반 모드(Standard Mode)와 퀵 마스크 모드(Quick Mask Mode)로 상태를 전환합니다.

팔레트(Palette) 사용방법

01 History Palette(작업 내역 팔레트)

포토샵 작업 과정을 기록해 두었다가 사용자가 원하는 이전 작업 단계로 이동할 수 있습니다.

※ History Palette(작업 내역 팔레트) 열기 : Window(창)−History(작업내역)

❶ Undo(최소)/Redo(재실행) : Ctrl+Z를 누르면 최소와 재실행이 번갈아가면 실행됩니다.

❷ Step Backward(이전 단계) : Alt+Ctrl+Z를 누르면 Undo(취소)를 여러 번 적용할 때 사용합니다.

02 Layers Palette(레이어 팔레트)

Layers Palette(레이어 팔레트)는 포토샵의 시작과 끝이라고 말할 수 있을 만큼 가장 많이 사용되는 팔레트입니다. Layers Palette(레이어 팔레트)의 세부 기능에 대한 설명을 다음과 같습니다.

※ Layers Palette(레이어 팔레트) 열기 : Window(창)−Layers(레이어)

❶ Blending Mode(혼합모드) : 레이어의 합성 방법을 설정하는 기능으로 Normal(표준), Darken(어둡게 하기), Lighten(밝게 하기) 등이 있습니다.

❷ Opacity(불투명도) : 레이어의 불투명 도를 조절하는 기능으로 불투명도는 0%에 가까울수록 투명해집니다.

❸ Fill(칠) : 레이어가 아닌 원본 이미지의 불투명도를 조절하는 기능입니다.

❹ Lock(잠그기) : 레이어가 이동 또는 수정되지 않도록 잠그는 기능입니다.

❺ 눈 아이콘(👁) : 작업 창에서 레이어가 보이거나 보이지 않게 조정하는 기능입니다.

❻ Link Layers(링크 단추, 🔗) : 현재 선택된 레이어와 다른 레이어 사이의 링크를 만드는 기능입니다.

❼ Add a layer style(레이어 스타일 추가, fx.) : 작업 중인 레이어에 레이어 스타일을 적용하는 기능입니다.

❽ Add layer mask(레이어 마스크 추가, 🔲) : 작업 중인 레이어의 일부 또는

전체 영역에 마스크를 적용하는 기능입니다.

❾ **Create new fill or adjustment layer(레이어 새칠/보정, ⬤)** : 작업 중인 레이어의 이미지를 보정하는 기능입니다.

❿ **Create a new group(새 레이어 그룹 만들기, ▣)** : 레이어 그룹을 만드는 기능입니다.

⓫ **Create a new layer(새 레이어 만들기, ▣)** : 새 레이어를 추가하는 기능입니다.

⓬ **Delete layer(레이어 삭제, ⬛)** : 선택된 레이어를 삭제하는 기능입니다. 삭제하고자 하는 레이어를 아이콘 위로 드래그하여도 삭제됩니다.

Layer(레이어)

❶ Layer(레이어) : 이미지가 담겨 있는 투명한 층을 말합니다.

❷ 여러 층의 레이어를 겹쳐서 여러 효과를 표현합니다.

❸ 레이어를 관리해 주는 곳이 Layers Palette(레이어 팔레트)창입니다.

Blending Mode(혼합 모드) : 현재 작업 중인 레이어와 아래에 있는 레이어의 합성 방법을 설정합니다.

❶ Normal(표준) : 초기 상태로 특수한 효과없이 작업한데로 표현됩니다.

❷ Dissolve(디졸브) : 전경색상의 픽셀을 무작위로 배치하여 마치 점으로 분해되는 듯이 표현됩니다.

❸ Darken(어둡게 하기) : 밝은 영역에만 적용하여 이미지를 어둡게 만듭니다.

❹ Multiply(곱하기) : 두 레이어가 겹친 듯한 효과로 어두운 영역은 더욱 어둡게 표현됩니다.

❺ Color Burn(색상 번) : 명도 대비를 증가시켜 이미지가 어둡게 표현됩니다.

❻ Linear Burn(선형 번) : 밝기를 감소시켜 이미지가 어둡게 표현됩니다.

❼ Lighten(밝게 하기) : 어두운 영역에 적용되어 이미지를 밝게 만듭니다.

❽ Screen(스크린) : Multiply(곱하기)와 반대로 적용됩니다.

❾ Color Dodge(색상 닷지) : 전경색 명도를 이용하여 이미지가 밝게 표현됩니다.

❿ Linear Dodge(선형 닷지) : Color Dodge(색상 닷지)보다 밝은 영역을 더 강조하여 이미지가 밝게 표현됩니다.

⓫ Overlay(오버레이) : Multiply(곱하기)와 Screen(스크린)의 효과를 함께 적용한 듯한 효과입니다.

⓬ Soft Light(소프트 라이트) : 전경색의 부드러운 조명을 받는 효과를 냅니다.

⓭ Hard Light(하드 라이트) : Soft Light(소프트 라이트)보다 더 강한 조명을 받는 효과를 냅니다.

⓮ Vivid Light(선명한 라이트) : Hard Light(하드 라이트)보다 더 강한 조명을 받는 효과를 냅니다.

⓯ Linear Light(선형 라이트) : 전경색 명도가 50%이상 밝으면 더욱 밝아지고, 50%이상 어두우면 더욱 어두워집니다.

⓰ Pin Light(핀 라이트) : Background(배경색)와 혼합하는 색보다 더 밝게 표현됩니다.

⓱ Hard Mix(하드 혼합) : 밝고 어두운 영역만 강하고 거칠게 표현됩니다.

⓲ Difference(차이) : 전경색과 이미지의 명도와 색상을 이용하여 서로 반대의 명도와 색상으로 표현됩니다.

⓳ Exclusion(제외) : Difference(차이)보다 약한 효과로 부드럽게 표현됩니다.

⓴ Hue(색조) : 이미지의 명도와 채도만을 사용하여 전경색의 색상으로 표현됩니다.

㉑ Saturation(채도) : 이미지의 명도와 색상을 사용하여 전경색의 채도로 표현됩니다.

㉒ Color(색상) : 이미지의 명도와 채도를 사용하여 전경색의 색상만으로 표현됩니다.

㉓ Luminosity(광도) : Color(색상)모드와 반대로 배경 이미지의 색상과 채도에 전경색의 명도를 혼합하여 표현됩니다.

Graphic Technology Qualification

새 작업 창을 만들어 이미지 넣기

01 새 캔버스 만들기

01 [File(파일)]–[New(새로 만들기)]([Ctrl]+[N])를 클릭합니다.

02 [New(새로 만들기)] 대화상자가 나오면 Width(폭), Height(높이)를 문제의 조건에 맞게 입력한 후 〈OK〉 단추를 클릭합니다.

– Width(폭) : 400 Pixels, Height(높이) : 500 Pixels
– Resolution(해상도) : 72, Color Mode(색상 모드) : RGB Color, 8 bit

새 캔버스 만들 시 주의사항

❶ [New(새로 만들기)] 대화상자 〈조건〉에서 제시한 JPG 파일 크기를 확인하여 이미지 크기를 지정합니다.

❷ Width(폭), Height(높이)는 반드시 pixels(픽셀) 단위로 설정합니다.

❸ Resolution(해상도)은 반드시 72 pixels/inch로 설정합니다. 만약 다르게 설정하면 글자 크기가 설정값보다 커지거나 작아지는 원인이 됩니다.

❹ Color Mode(색상 모드)는 RGB Color, Background Contents(배경 내용)는 White를 설정합니다.

03 [View(보기)]–[Rulers(눈금자)]([Ctrl]+[R])를 클릭하여 눈금자를 표시합니다. 눈금자가 나오면 눈금자 위에서 마우스 오른쪽 버튼을 눌러 [Pixels(픽셀)]을 선택합니다.

01 [File(파일)]–[Open(열기)]($\boxed{\text{Ctrl}}$+$\boxed{\text{O}}$)을 클릭한 후 [Open(열기)] 대화상자가 나오면 파일을 불러옵니다.

– 경로 : '[내 문서]₩GTQ 2급₩Image₩매뉴얼₩Sample.jpg'

이미지 불러오기

❶ 포토샵 화면에서 회색 부분을 더블클릭하면 [Open(열기)] 내화상자가 나옵니다.

❷ 여러 파일을 한꺼번에 불러오기 : [Open(열기)] 대화상자에서 연속적인 파일을 불러올 때는 $\boxed{\text{Shift}}$ 키를 이용하며, 비연속적인 파일을 불러올 때는 $\boxed{\text{Ctrl}}$ 키를 이용합니다.

02 Tool Box(도구상자)에서 Move Tool(이동도구, ⊕)을 선택한 후 $\boxed{\text{Shift}}$ 키를 누른 채 'sample.jpg' 창의 이미지를 작업 창으로 드래그하여 정중앙에 위치시킵니다.

답안 파일 저장하기

01 정답 파일 저장하기

01 [File(파일)]–[Save As...(다른 이름으로 저장)]([Ctrl]+[Shift]+[S])를 클릭한 후 [Save As(다른 이름으로 저장)] 대화상자가 나오면 각각의 항목을 설정합니다.

– 저장 위치 : [내문서₩GTQ]
– Format(형식) : Photoshop(*.PSD;*.PDD)
– 파일 이름 : 수험번호–성명–1(원본)
　　　　　　(G123456789 –홍길동–1(원본))

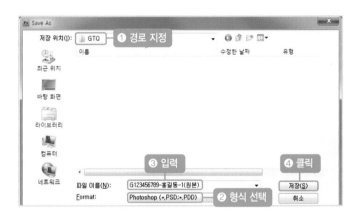

저장 시 주의사항

❶ 초기 저장은 레이어를 포함시켜야 하기 때문에 Format(형식)을 PSD 형식으로 저장하되, 오류를 최소화하기 위하여 파일 이름은 임의저장(예 : 수험번호–성명–문제번호(원본)) 합니다.

❷ 작업 중 문제가 발생할 수 있기 때문에 수시로 저장합니다.

❸ 전송 파일 형식 저장

• 최종 완성 파일은 Format(형식)을 JPEG(*.JPG;*.JPEG;*.JPE)로 바꾸어 다시 저장하되, 답안 전송을 해야 함으로 '수험번호–성명–문제번호(G123456789–홍길동–1.JPG)'로 파일 이름을 변경하여 저장합니다.

• 이미지 사이즈($\frac{1}{10}$)를 줄여 Format(형식)을 PSD 형식으로 지정하고, '수험번호–성명–문제번호(G123456789–홍길동–1.PSD)'로 파일 이름을 변경하여 저장합니다.

02 JPG 파일로 저장하기 위해 [File(파일)]–[Save As...(다른 이름으로 저장)]([Ctrl]+[Shift]+[S])를 클릭합니다. [Save As(다른 이름으로 저장)] 대화상자가 나오면 각각의 항목을 설정합니다.

– 저장 위치 : [내문서₩GTQ]
– Format(형식) : JPEG(*.JPG;*.JPEG;*.JPE)
– 파일 이름 : 수험번호–성명–1
　　　　　　(G123456789–홍길동–1.jpg)

03 [JPEG Options(JPEG 옵션)] 대화상자가 나오면 파일 용량이 2MB가 넘지 않도록 설정합니다.

– Quality(품질) : High(고) 수준으로 설정하여 용량이 2MB 이내가 되었는지 체크

04 이미지 크기를 줄인 PSD 파일로 저장하기 위하여 [Image(이미지)]–[Image Size(이미지 크기)](Alt+Ctrl +I)를 클릭한 후 [Image Size(이미지 크기)] 대화상자를 설정합니다.

– Width(폭) : 40pixels(픽셀), Height(높이) : 50pixels(픽셀)

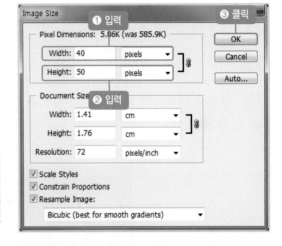

> **이미지 크기**
>
> GTQ 시험에서는 일반적으로 JPG의 $\frac{1}{10}$ 크기로 PSD 파일을 제출하도록 출제되고 있습니다.

05 이미지가 축소되면 [File(파일)]– [Save As...(다른 이름으로 저장)](Ctrl +Shift+S)를 클릭합니다. [Save As(다른 이름으로 저장)] 대화상자가 나오면 각각의 항목을 설정합니다.

– 저장 위치 : [내문서₩GTQ]
– Format(형식) : Photoshop(*.PSD;*.PDD)
– 파일 이름 : 수험번호–성명–1
　　　　　(G123456789–홍길동–1.psd)

06 답안 저장이 끝나면 수험자 프로그램의 〈답안전송〉 버튼을 클릭하여 3개의 파일 중 (원본)파일을 제외한 'JPG'와 '축소된 PSD' 파일만 선택하여 파일을 전송합니다.

> **원본 이미지 파일**
>
> ❶ 원본 PSD 파일을 최종 작업이 끝날 때까지 삭제하지 않습니다.
> ❷ 축소된 PSD 파일은 수정이 불가능하기 때문에 원본 PSD 파일을 이용하여 수정 작업을 합니다.
> ❸ 만약 완성된 이미지 파일에 수정 사항이 있다면 원본 PSD 파일을 불러와 수정 작업을 거친 후 다시 'JPG'와 '축소된 PSD' 파일로 저장하여 답안 파일을 제출합니다.

수험자 답안 파일 전송하기

01 수험자 수험번호 등록

01 바탕 화면에서 'KOAS 수험자용' 아이콘을 찾아 더블클릭하여 실행합니다.

02 수험자 등록 화면이 나오면 수험번호를 입력한 후 〈확인〉 단추를 클릭합니다.

03 수험자 인적사항 확인 화면이 나오면 수험번호, 성명, 수험과목, 좌석번호 등이 맞는지 확인한 후 〈확인〉 단추를 클릭합니다.

02 시험시작 – 답안파일 작성

01 문제의 지시사항을 잘 확인한 후 이미지 파일 '내문서₩GTQ₩Image'을 불러와 작성해 나갑니다.

02 '내문서₩GTQ'폴더 내에 완성 파일을 수험번호–성명–문제번호.jpg로 저장한 후 $\frac{1}{10}$로 사이즈로 줄여 수험번호–성명–문제번호.psd로 또 한번 저장합니다.

※ 다른 위치에 저장하거나 파일 이름이 잘못된 경우 전송되지 않으므로 주의합니다.

01 바탕화면의 실행 화면에서 〈답안 전송〉 단추를 클릭합니다.

02 [고사실 PC로 답안 파일 보내기] 창이 나오면 파일 목록(8개 파일) 중 전송하고자 하는 파일을 체크하고 〈답안 전송〉 버튼을 누릅니다. 답안이 정상적으로 전송되면 상태 부분에 '**성공**'이라고 표시됩니다.

※ '존재'에 '없음'이 표시된다면 파일명이나 저장 경로를 확인합니다.

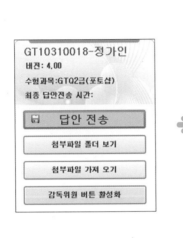 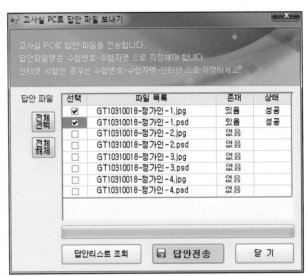

01 시험 종료 전 답안파일이 감독PC로 잘 전송되었는지 확인합니다. 수험자PC 실행 화면에서 [전송한 답안 확인] 단추를 클릭하면 전송한 파일 목록이 표시되어 각각의 파일 내용을 확인할 수 있습니다.

02 수험자PC 실행 화면에서 [시험 종료] 단추를 클릭한 후 감독위원의 지시를 기다립니다.

03 감독위원의 퇴실 요청 안내에 따라 퇴실하도록 합니다.

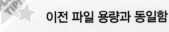

이전 파일 용량과 동일함

답안 전송을 수행한 후 추가로 작업한 파일을 저장하지 않고 답안 전송을 다시 하게 되면 "이전 파일 용량과 동일함"이라는 화면이 표시됩니다. 이 때는 작업 중인 파일을 저장을 하고 다시 답안 전송을 하면 됩니다.

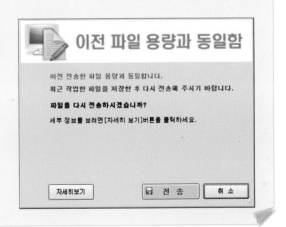

Graphic Technology Qualification

출제유형 분석에 따른 주요 기능 배우기

Part
02

Graphic Technology Qualification

[기능평가]

Tool(도구) 활용

01 Move Tool(이동 도구) 활용하기

Move Tool(이동 도구, ▶⊕)

이미지를 원하는 위치로 옮기거나 선택 영역의 이미지를 복사, 이동할 때 사용하는 도구입니다.

불러올 파일 [내 문서]₩GTQ 2급₩Image₩매뉴얼₩2급1-1.jpg
완성된 파일 완성 파일₩매뉴얼₩2급1-1(완성).PSD

1. 새 캔버스 만들기

01 [File(파일)]–[New(새로 만들기)](Ctrl +N)를 클릭한 후 [New(새로 만들기)] 대화상자가 나오면 각각의 항목을 설정합니다.

– Width(폭) : 500 Pixels, Height(높이) : 400 Pixels
– Resolution(해상도) : 72, Color Mode(색상 모드) : RGB (8bit)

02 [View(보기)]–[Rulers(눈금자)](Ctrl +R)를 클릭하여 눈금자를 표시합니다. 눈금자가 나오면 눈금자 위에서 마우스 오른쪽 버튼을 눌러 [Pixels (픽셀)]을 선택합니다.

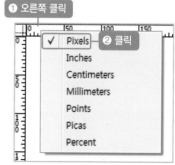

2. 이미지 불러오기

01 [File(파일)]–[Open(열기)](**Ctrl**+**O**)을 클릭한 후 [Open(열기)] 대화상자가 나오면 파일을 불러옵니다.

– 경로 : '[내 문서]₩GTQ 2급₩Image₩매뉴얼₩2급1-1.jpg'

3. 이미지 이동 및 변형하기

01 Tool Box(도구상자)에서 Move Tool(이동도구,) 을 선택한 후 **Shift** 키를 누른 채 '2급1-1.jpg' 창의 이미지를 작업 창으로 드래그하여 정중앙에 위치시킵니다.

02 [Edit(편집)]–[Free Transform(자유 변형)](**Ctrl**+**T**)을 눌러 크기와 위치를 조절한 후 **Enter** 키를 누릅니다.

– 모서리 조절점을 드래그하면 가로와 세로 크기를 동일한 비율로 변경할 수 있음

[Edit(편집)]-[Transform(변형)] 메뉴

- 구성 : Again(반복), Scale(비율), Rotate(회전), Skew(기울이기), Distort(왜곡), Perspective(원근), Wrap(뒤틀기), Rotate 180°(180도 회전), Rotate 90° CW(90도 시계 방향 회전), Rotate 90° CCW(90도 반시계 방향 회전), Flip Horizontal(수평(가로로) 뒤집기), Flip Vertical(수직(세로로) 뒤집기)

❶ Rotate(회전) : 이미지를 회전시킵니다.

❷ Rotate 180°(180도 회전) : 이미지를 180도 회전시킵니다.

❸ Rotate 90° CW(90도 시계 방향 회전) : 이미지를 시계 방향으로 90도 회전시킵니다.

❹ Rotate 90° CCW(90도 반시계 방향 회전) : 이미지를 반시계 방향으로 90도 회전시킵니다.

❺ Flip Horizontal(수평(가로로) 뒤집기) : 이미지를 수평 방향으로 뒤집어 줍니다.

❻ Flip Vertical(수직(세로로) 뒤집기) : 이미지를 수직 방향으로 뒤집어 줍니다.

---

02 Selection Tool(선택 도구) 활용하기

Marquee Tool(선택 윤곽 도구, ⬚ ◯)

사용자가 임의로 사각형 형태 또는 원형 형태의 선택 영역을 지정하고자 할 때 사용하는 도구입니다.

불러올 파일 [내 문서]₩GTQ 2급₩Image₩매뉴얼₩2급1-2.jpg
완성된 파일 완성 파일₩매뉴얼₩2급1-2(완성).PSD

1. 선택 영역 설정한 후 색 채우기

01 [File(파일)]-[Open(열기)]([Ctrl]+[O])을 클릭한 후 [Open(열기)] 대화상자가 나오면 파일을 불러옵니다.

– 경로 : '[내 문서]₩GTQ 2급₩Image₩매뉴얼₩2급1-2.jpg'

02 Tool Box(도구상자)에서 Rectangular Marquee(사각형 선택 윤곽 도구, ▣)를 선택한 후 마우스로 드래 그하여 선택 영역을 설정합니다.

Rectangular Marquee(사각형 선택 도구, ▣)의 Select Option Mode(선택 옵션 모드)

Tool Box(도구 상자)의 Lasso Tool(올가미 도구, ▣), Magnetic lasso Tool(자석 올가미 도구, ▣), Magic Wand Tool(자동 선택 도구, ▣)에 모두 적용됩니다.

❶ New selection(새 선택 영역, ▣) : 새로운 영역을 선택합니다.

❷ Add to selection(선택 영역에 추가, ▣) : 기존에 선택된 영역에 새로운 선택 영역을 추가합니다.(새 선택 영역 옵션 상태에서 **Shift** 키를 누른 채 드래그 하여도 동일합니다.)

❸ Subtract from selection(선택 영역에서 빼기, ▣) : 기존에 선택된 영역에서 새로운 선택 영역을 빼 줍니다.(새 선택 영역 옵션 상태에서 **Alt** 키를 누른 채 드래그 하여도 동일합니다.)

❹ Intersect with selection(선택 영역과 교차, ▣) : 기존 선택 영역과 새로운 선택 영역의 겹쳐진 부분만 선택 영역으로 지정합 니다. (새 선택 영역 옵션 상태에서 **Shift**+**Alt** 키를 누른 채 드래그 하여도 동일합니다.)

03 Layers Palette(레이어 팔레트)에서 Create a new layer(새 레이어 만들기, ▣)를 클릭하여 새 레이어 를 추가합니다.

04 Set Foreground Color(전경색 설정, ■)을 클릭한 후 [Color Picker(색상 피커)] 대화상자가 나오면 'Color(색상)'을 '#ff00aa'로 입력합니다.

– 색 채우기 : Alt + Delete (전경색으로 채우기)를 눌러 전경색으로 색칠

05 Layers palette(레이어 팔레트)의 'Opacity(불투명도)'를 50%로 입력한 후 Ctrl + D (선택 해제)를 눌러 선택 영역을 해제합니다.

Layer(레이어)의 Opacity(불투명도)

선택된 레이어의 불투명도를 조절하는 기능으로 백분율(%)로 나타냅니다. 불투명도는 0%에 가까울수록 투명해집니다.

06 Tool Box(도구상자)에서 Rectangular Marquee(사각형 선택 윤 곽 도구, ▥)를 1초 이상 누른 후 Elliptical Marquee Tool(원형 선택 윤 곽 도구, ◯)을 선택합니다.

07 Layers Palette(레이어 팔레트)에서 Create a new layer(새 레이어 만들기, ▣)를 클릭하여 새 레이어를 추가한 후 다음과 같이 꽃 부분을 선택 영역으로 설정합니다.

– Option Bar(옵션 바)의 'Feather(패더)'를 10px으로 설정
– Set Foreground Color(전경색, ▣)를 #ffff00으로 설정

Option Bar(옵션 바)의 Feather(패더)

❶ 선택된 영역에서 경계선의 퍼짐 정도를 조절합니다.
❷ 수치('0px~250px')가 커질수록 퍼짐 효과가 많아집니다.
❸ 선택 영역을 지정하기 전에 값을 미리 입력해야 합니다.

▲ Feather : 0px

▲ Feather : 10px

▲ Feather : 20px

08 [Alt]+[Delete](전경색으로 채우기)를 눌러 전경색으로 선택 영역에 색을 칠합니다.

– Layers palette(레이어 팔레트)의 'Opacity(불투명도)'를 80%로 입력

– [Ctrl]+[D](선택 해제)를 누름

입력

확인

Option Bar(옵션 바) 초기화하기

❶ Option Bar(옵션 바)를 한번 설정하면 새로 설정하기 전까지 기존에 설정한 사항이 계속 유지되므로 새로운 작업을 할 때는 Option Bar(옵션 바)를 초기화 하는 것이 좋습니다.

❷ Option Bar(옵션 바)의 맨 왼쪽에 선택한 도구가 표시된 부분에서 마우스 오른쪽 단추를 클릭합니다. 바로 가기 메뉴가 나타나면 [Reset Tool(도구 다시 설정)] 또는 [Reset All Tools(모든 도구 다시 설정)]를 선택하면 모든 값이 기본 값으로 초기화됩니다.

• [Reset Tool(도구 다시 설정)] : 현재 사용 도구를 처음 상태로 초기화

• [Reset All Tools(모든 도구 다시 설정)] : 모든 Tool Box(도구 상자)의 설정을 초기화

❶ 오른쪽 클릭   ❷ 클릭

Magic Wand Tool(자동 선택 도구,)

비슷한 색상 영역을 한꺼번에 선택할 수 있는 도구로 단일 색상의 이미지를 선택할 때 효과적으로 사용할 수 있습니다.

불러올 파일 [내 문서]₩GTQ 2급₩Image₩매뉴얼₩2급1-3.jpg
완성된 파일 완성 파일₩매뉴얼₩2급1-3(완성).PSD

1. 선택 영역 지정하고 반전시키기

01 [File(파일)]-[New(새로 만들기)]([Ctrl]+[N])를 클릭한 후 [New(새로 만들기)] 대화상자가 나오면 각각의 항목을 설정합니다.

– Width(폭) : 300 Pixels, Height(높이) : 350 Pixels
– Resolution(해상도) : 72, Color Mode(색상 모드) : RGB

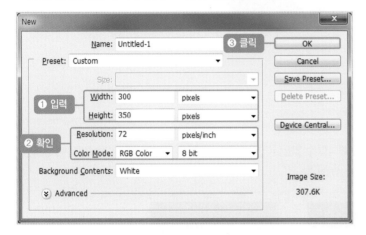

02 [File(파일)]-[Open(열기)]([Ctrl]+[O])을 클릭한 후 [Open(열기)] 대화상자가 나오면 '2급1-3.jpg' 파일을 불러옵니다.

03 Tool Box(도구상자)에서 Magic Wand Tool(자동 선택 도구, ✦)을 선택한 후 '2급1-3.jpg'의 배경 부분을 클릭합니다.

– Option Bar(옵션 바)의 Tolerance(허용치) '32'로 설정
– [Select(선택)]–[Inverse(반전)](**Shift**+**Ctrl**+**I**)를 클릭하여 선택 영역을 반대로 활성화시킴

Option Bar(옵션 바)의 Tolerance(허용치)

❶ Tolerance(허용치) 수치가 높을수록 넓은 범위의 색상을 선택할 수 있습니다.

❷ 선택 영역의 범위를 지정하는 옵션으로 255까지 입력할 수 있습니다.

▲ Tolerance : 10

▲ Tolerance : 30

▲ Tolerance : 70

04 Tool Box(도구상자)에서 Move Tool(이동도구, 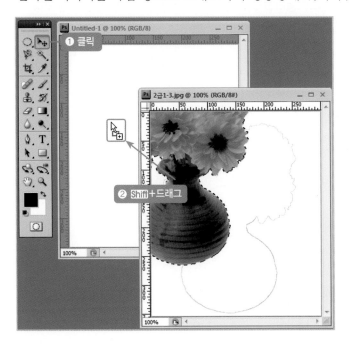)을 선택한 후 **Shift** 키를 누른 채 '2급1-3.jpg' 창에서
선택된 이미지를 작업 창으로 드래그하여 정중앙에 위치시킵니다.

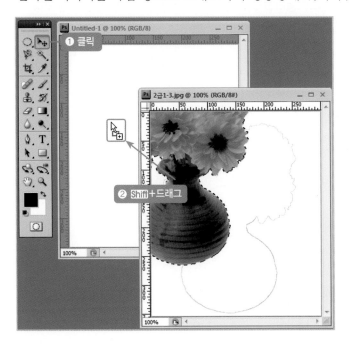

05 작업창에 선택된 이미지가 복사되어 나타나며, **Ctrl**+**T**(자유 변형)를 눌러 크기와 위치를 조절한 후
Enter 키를 누릅니다.

Magnetic Lasso Tool(자석 올가미 도구,)

이미지의 윤곽선(색상 차이로 구분)을 따라 마우스 포인터를 이동하면 경계선(색이 뚜렷이 구분되어지는 곳)에 사각 조절점이 자동으로 생겨 쉽고 빠르게 이미지의 윤곽을 선택할 수 있습니다.

불러올 파일 [내 문서]₩GTQ 2급₩image₩매뉴얼₩2급1-4.jpg
완성된 파일 완성 파일₩매뉴얼₩2급1-4(완성).PSD

1. 선택 영역 지정하고 복사하기

01 [File(파일)]-[New(새로 만들기)]([Ctrl]+[N])를 클릭한 후 [New(새로 만들기)] 대화상자가 나오면 각 각의 항목을 설정합니다.

– Width(폭) : 300 Pixels, Height(높이) : 200 Pixels
– Resolution(해상도) : 72, Color Mode(색상 모드) : RGB

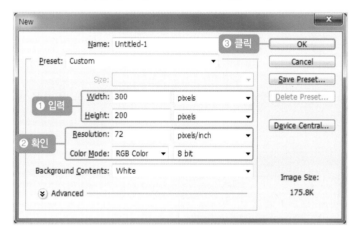

02 [File(파일)]-[Open(열기)]([Ctrl]+[O])을 클릭한 후 [Open(열기)] 대화상자가 나오면 '2급1-4.jpg' 파일을 불러옵니다.

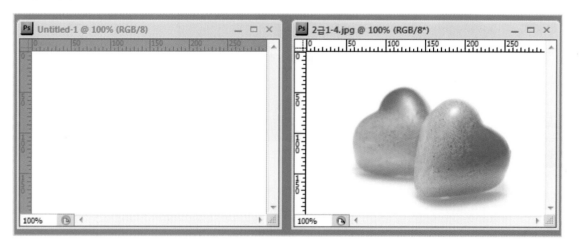

03 Tool Box(도구상자)에서 Magnetic Lasso Tool(자석 올가미 도구, 🖉)을 선택한 후 이미지 외곽선을 따라 마우스로 드래그하여 선택 영역을 지정합니다.

– 옵션 바에서 Frequency(빈도 수) 값을 '100' 으로 조절
– 마지막 포인터를 처음 시작점에 클릭하여 선택 영역으로 지정
– 포인터 지정 : 마우스 왼쪽 버튼을 클릭하여 수동으로 포인터를 지정
– 포인터 삭제 : [Back space] 또는 [Delete] 키를 눌러 지정된 포인터를 삭제
– 전체 해제 : [Esc] 키를 누름

❶ 이미지 외곽을 따라 드래그

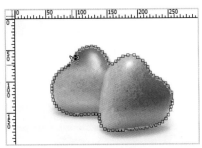
❷ 마지막 포인터는 시작점에 클릭

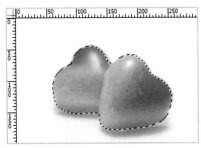
❸ 선택 영역 지정

Magnetic Lasso Tool(자석 올가미 도구, 🖉) Option Bar(옵션 바) 설정

❶ Feather(패더) : 경계 부분에 퍼짐 효과를 조절하는 기능입니다.
❷ Anti-alias(앤티 앨리어스) : 경계 부분을 부드럽게 처리하는 기능입니다.
❸ Width(폭) : 경계 부분의 색상을 추출하는 기능으로 수치 값이 적을수록 세밀하게 추출할 수 있습니다.
❹ Frequency(빈도 수) : 기준점(사각 조절점)의 생성 개수를 조절할 수 있습니다. 수치가 클수록 기준점이 많이 생성되며 정교하게 선택할 수 있습니다.

▲ Frequency(빈도 수) : 0

▲ Frequency(빈도 수) : 50

Magnetic Lasso Tool(자석 올가미 도구, 🖉)의 아이콘 모양 변경

[Caps Lock] 키를 한번 누르면 🖉의 아이콘 모양이 ⊕로 바뀌고, 다시 한 번 [Caps Lock] 키를 누르면 원래대로 복구 됩니다.

04 Tool Box(도구상자)에서 Move Tool(이동 도구,)을 선택한 후 **Shift** 키를 누른 채 '2급 1-4.jpg' 창에서 선택된 이미지를 작업 창으로 드래그하여 정중앙에 위치시킵니다.

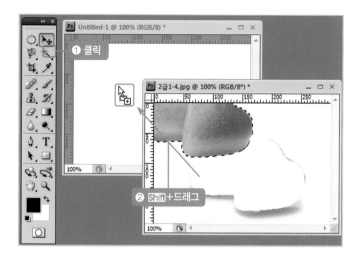

05 작업창의 똑같은 위치에 선택 이미지가 복사되어 나타납니다.

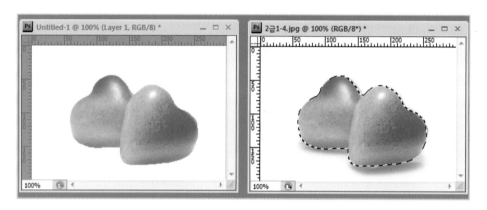

03 **Clone Stamp Tool(복제 도장 도구) 활용하기**

Clone Stamp Tool(복제 도장 도구, ▣)

☞ 이미지의 특정 부분을 복제하고자 할 때 사용하는 도구입니다.

☞ **Alt** 키를 누른 채 복제 기준 점이 될 위치를 클릭한 후 복제할 위치에 클릭 또는 드래그하면 기준점을 시작으로 복제됩니다.

불러올 파일 [내 문서]₩GTQ 2급₩Image₩매뉴얼₩2급1-5.jpg
완성된 파일 완성 파일₩매뉴얼₩2급1-5(완성).PSD

1. 선택 영역 설정한 후 색 복제하기

01 [File(파일)]-[Open(열기)]([Ctrl]+[O])을 클릭한 후 [Open
(열기)] 대화상자가 나오면 '2급1-5.jpg' 파일을 불러옵니다.

02 Tool Box(도구상자)에서 Clone Stamp Tool(복제 도장 도구,
📍)를 선택한 후 [Alt] 키를 누른 채 복제한 원본 이미지(테니스
공)를 클릭합니다.

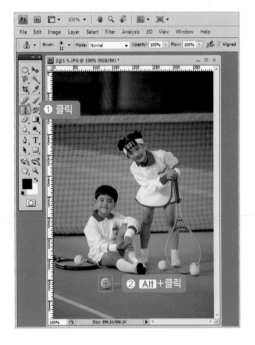

Clone Stamp Tool(복제 도장 도구)의 Option Bar(옵션 바)
❶ Brush(브러쉬) : 사용하는 브러쉬의 모양과 크기를 설정합니다.
❷ Mode(모드) : 도장 도구 적용 시 Blending Mode(혼합 모드)를 적용합니다.
❸ Opacity(불투명도) : 불투명도를 조절합니다.
❹ Flow(플로우) : 브러쉬의 번짐 현상을 설정하는 기능으로 수치가 낮을수록 약하게 적용되어 복사됩니다.
❺ Aligned(정렬) : 이 항목을 체크하면 복제되는 위치까지의 거리를 기억하고 있다가 마우스가 이동하더라도 거리는 변하지 않고
유지됩니다. 정렬을 설정하지 않으면 처음 설정된 위치만 기억합니다.
❻ Sample All Layers(모든 레이어 샘플링) : 레이어의 구분 없이 전체 화면에 보이는 대로 리터칭 됩니다.

03 복제할 위치를 클릭한 후 원본 이미지의 '+' 모양을 보면서 마우스로 드래그하여 테니스 공을 복제합니다.

04 Type Tool(문자 도구)과 Shape Tool(모양 도구) 활용하기

Type Tool(문자 도구, T̲, I̲T̲,)

☞ Horizontal Type Tool(수평 문자 도구, T̲,) : 수평방향으로 문자를 입력할 때 사용하는 도구입니다.
☞ Vertical Type Tool(수직 문자 도구, I̲T̲,) : 수직방향으로 문자를 입력할 때 사용하는 도구입니다.

불러올 파일 [내 문서]₩GTQ 2급₩Image₩매뉴얼₩2급1–6.jpg
완성된 파일 완성 파일₩매뉴얼₩2급1–6(완성).PSD

1. Text(문자) 입력하기

01 [File(파일)]–[Open(열기)](Ctrl+O)를 클릭한 후 [Open(열기)] 대화상자가 나오면 '2급1–6.jpg' 파일을 불러옵니다

02 Tool Box(도구상자)에서 Horizontal Type Tool(수평 문자 도구, T̲,)을 선택한 후 Option Bar(옵션 바)를 설정합니다.

– Font(글꼴) : 궁서
– Font Size(크기) : 38pt, Color(색상) : #000000

클릭 후 색상(000000) 지정

T̲ ▾ | I̲T̲ 궁서 ▾ | - ▾ | T̲ 38 pt ▾ | aa Strong ▾ | 🖹🖹🖹 ■ 𝟙 🗐 ⊘ ✔

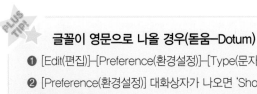
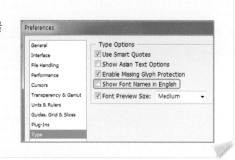
03 글자를 입력할 위치를 마우스로 클릭하여 자연이 주는 행복을 입력한 후 Option Bar(옵션 바)의 Commit any Current edits(현재 편집 작업 완료, ✔)([Ctrl]+[Enter])를 클릭하여 입력을 마칩니다.

04 Tool Box(도구상자)의 Move Tool(이동 도구, ▶♦)로 문자의 위치를 조정합니다.

– 키보드의 방향키를 이용하면 보다 정확하게 위치를 조정할 수 있음

2. Text(문자) 변형하기

01 Tool Box(도구상자)에서 Horizontal Type Tool(수평 문자 도구, [T])를 선택한 후 Option Bar(옵션 바)에서 Create warped text(텍스트 변형 만들기, [♫])를 클릭합니다.

– [Warp Text(텍스트 변형)] 대화상자가 나오면 'Style(스타일)'을 'Arc(부채꼴)'로 선택

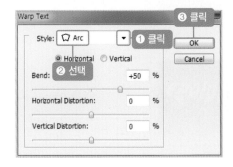

02 Tool Box(도구상자)의 Move Tool(이동 도구, ⊞)
로 문자의 위치를 조정합니다.

– 키보드의 방향키를 이용하면 보다 정확하게 위치를 조정할
  수 있음

Warp Text(텍스트 변형) 대화상자

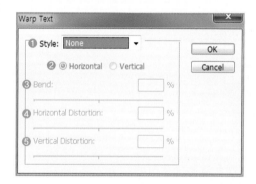

❶ **Style(스타일)** : 문자 변형의 종류를 지정합니다.

▲ Arc(부채꼴)

▲ Arc Lower(아래 부채꼴)

▲ Arc Upper(위 부채꼴)

▲ Arch(아치형)

▲ Bulge(돌출)

▲ Shell Lower(아래가 넓은 조개)

▲ Shell Upper(위가 넓은 조개)

▲ Flag(깃발)

▲ Wave(파도)

▲ Fish(물고기)

▲ Rise(상승)

▲ Fisheye(물고기 눈 모양)

▲ Inflate(부풀리기)

▲ Squeeze(양쪽 누르기)

▲ Twist(비틀기)

❷ Horizontal(가로), Vertical(세로) : 문자의 휘는 방향을 선택합니다.

❸ Bend(구부리기) : 문자의 휘는 정도를 조절합니다.

❹ Horizontal Distortion(가로 왜곡) : 수평 방향으로 휘는 정도를 조절합니다.

❺ Vertical Distortion(세로 왜곡) : 수직 방향으로 휘는 정도를 조절합니다.

3. Text(문자) 효과주기

01 Layers Palette(레이어 팔레트)에서 Text(문자) 레이어를 선택합니다. Add a layer style(레이어 스타일 추가, fx.)을 클릭한 후 [Stroke(선)]를 선택합니다.

02 [Layer Style(레이어 스타일)] 대화상자가 나오면 각각의 항목을 설정합니다.

– Size(크기) : 4px, Color(색상) : #ffffff

Shape Tool(모양 도구,)

☞ Rectangle Tool(사각형 도구, ▭) : 사각형 형태의 도형을 만들 때 사용하는 도구입니다.

☞ Rounded Rectangle Tool(모서리가 둥근 사각형 도구, ▭) : 둥근 사각형 형태의 도형을 만들 때 사용하는 도구입니다.

☞ Ellipse Tool(타원 도구, ◯) : 원형의 도형을 만들 때 사용하는 도구입니다.

☞ Custom Shape Tool(사용자 정의 모양 도구, ☒) : 다양한 형태의 도형을 만들 때 사용하는 도구입니다.

> **불러올 파일** [내 문서]₩GTQ 2급₩Image₩매뉴얼₩2급1-7.jpg
> **완성된 파일** 완성 파일₩매뉴얼₩2급1-7(완성).PSD

1. Shape Tool(모양 도구) 활용하기

01 Tool Box(도구상자)에서 Custom Shape Tool(사용자 정의 모양 도구, ☒)을 선택한 후 Option Bar(옵션 바)를 설정합니다.

– Option Mode(옵션 모드) : Shape layers(모양 레이어, ▦)
– Shape(모양) : Butterfly(나비), Color(색상) : #ff00cc

Custom Shape Tool(사용자 정의 모양 도구)의 Option Bar(옵션 바)

❶ Option Mode(옵션 모드)

- Shape layers(모양 레이어, ▦) : 패스 제작 시 도형을 만들 때 사용합니다.
- Paths(패스, ▨) : 패스로 만들고자할 때 사용합니다.
- Fill pixels(픽셀 칠, ▩) : 패스나 도형이 아닌 전경색으로 채워진 픽셀 이미지로 만들 때 사용합니다.

❷ Shape(모양) : 여러 모양의 도형 중 원하는 모양의 도형을 선택합니다.

❸ Style(스타일) : 모양 레이어 항목을 선택할 경우 활성화 되는 옵션으로 패스에 선택된 스타일을 적용합니다.

❹ Color(색상) : 모양 레이어 항목을 선택할 경우 활성화 되는 옵션으로 패스 영역에 적용되는 색상을 설정합니다.

Custom Shape Tool(사용자 정의 모양 도구)의 목록 모두 보기

❶ 사용자 정의 모양 목록에서 찾고자 하는 도형이 없다면 목록을 확장해야 합니다.

❷ 다음과 같은 순서로 작업하여 도형 목록을 확장합니다.

02 글자 윗부분에서 마우스로 드래그하여 나비 모양을 그린 후 레이어 이름을 변경합니다.

– Ctrl+T (자유 변형)를 눌러 〈출력형태〉처럼 크기와 위치를 조절한 후 Enter 키를 누름
– Layers Palette(레이어 팔레트)에서 기본 레이어 이름(Shape 1) 부분을 더블클릭
– 입력 부분이 활성화되면 '나비모양'으로 새로운 레이어 이름을 입력

 레이어 이름 변경

❶ 레이어 이름을 반드시 바꿀 필요는 없지만 레이어가 많을 경우 사용자 작업의 편의를 위하여 변경할 수도 있습니다.

❷ 본 교재의 모의고사 부분은 레이어의 이름 변경 없이 기본 이름을 이용하여 작업하였습니다. 만약 레이어의 이름을 변경하여 작업하고 싶다면 사용자가 원하는 이름으로 변경하여 작업하시기 바랍니다.

2. Shape(모양)에 효과주기

01 Layers Palette(레이어 팔레트)에서 '나비모양' 레이어를 선택합니다. Add a layer style(레이어 스타일 추가, *fx.*)을 클릭한 후 Outer Glow(외부광선)를 선택합니다.

02 [Layer Style(레이어 스타일)] 대화상자가 나오면 각각의 항목을 설정합니다.

– 'Color(색상)'는 #ffffff, 'Size(크기)'는 30px로 설정

PLUS TIP!

완성된 도형의 색상 바꾸기

❶ 완성된 도형의 색상을 바꿀 때는 Layers Palette(레이어 팔레트)에서 색상을 바꾸고자 하는 Shape(모양)의 Layer thumbnail(레이어 축소판)을 더블클릭합니다.

❷ [Color Picker(색상 피커)] 대화상자가 나오면 원하는 색상으로 변경합니다.

[기능평가] Tool (도구) 활용 따라하기

다음의 ≪조건≫에 따라 아래의 ≪출력형태≫와 같이 작업하시오.

조건

원본 이미지		내문서₩GTQ 2급₩Image₩매뉴얼₩2급-1.jpg	
파일 저장 규칙	JPG	**파일명**	내문서₩GTQ₩수험번호-성명-1.jpg
		크기	400 × 500 pixels
	PSD	**파일명**	내문서₩GTQ₩수험번호-성명-1.psd
		크기	40 × 50 pixels

출력형태

1. 그림 효과

① 복제 및 변형 : 유리병
② Shape Tool(모양 도구)사용 : 물결 모양
　(#ff9933, 레이어 스타일 – Outer Glow(외부 광선))
　말풍선 모양 (#ffffff, 레이어 스타일 – Drop Shadow(그림자 효과))

2. 문자 효과

① Tea Time (Arial, Bold, 35pt, #ccff99,
　레이어 스타일 – Stroke(선)(3px, #669900))

Tool(도구) 활용 작업 과정

새 캔버스 만들기 및 저장하기 → 이미지를 복제 및 변형 → 모양 도구 작업 → 문자도구 작업 → 정답파일 저장

 완성된 파일 완성 파일₩매뉴얼₩따라하기₩G123456789-홍길동-1(원본).PSD, G123456789-홍길동-1.PSD,
G123456789-홍길동-1.JPG

---

1. 새 캔버스 만들기 및 저장하기

01 [File(파일)]-[New(새로 만들기)]($\boxed{Ctrl}$ +$\boxed{N}$)를 클릭한 후 [New(새로 만들기)] 대화상자가 나오면 각각의 항목을 설정합니다.

– Width(폭) : 400 Pixels, Height(높이) : 500 Pixels
– Resolution(해상도) : 72, Color Mode(색상 모드) : RGB

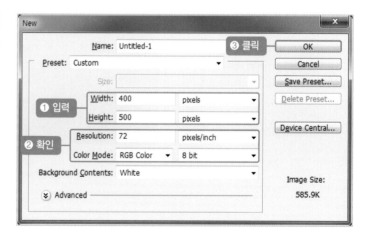

02 [File(파일)]–[Save As...(다른 이름으로 저장)]($\boxed{\text{Ctrl}}$+$\boxed{\text{Shift}}$+$\boxed{\text{S}}$)를 클릭한 후 [Save As(다른 이름으로 저장)] 대화상자가 나오면 각각의 항목을 설정합니다.

– 저장 위치 : [내문서₩GTQ]
– Format(형식) : Photoshop(*.PSD;*.PDD)
– 파일 이름 : 수험번호–성명–1(원본)(G123456789–홍길동–1(원본))
※ 단, 원본 파일은 임시 저장 파일로 감독관PC로 전송하지 않습니다.

2. 이미지 이동하기

01 [View(보기)]–[Rulers(눈금자)]($\boxed{\text{Ctrl}}$+$\boxed{\text{R}}$)를 클릭하여 눈금자를 표시합니다. 눈금자가 나오면 눈금자 위에서 마우스 오른쪽 버튼을 눌러 [Pixels(픽셀)]을 선택합니다.

02 [File(파일)]–[Open(열기)]($\boxed{\text{Ctrl}}$+$\boxed{\text{O}}$)을 클릭한 후 [Open(열기)] 대화상자가 나오면 파일을 불러옵니다.

– 경로 : '[내 문서]₩GTQ 2급₩Image₩매뉴얼₩2급–1.jpg'

03 Tool Box(도구상자)에서 Move Tool(이동도구, ▶₊)을 선택한 후 $\boxed{\text{Shift}}$ 키를 누른 채 '2급–1.jpg' 창의 이미지를 작업 창으로 드래그하여 정중앙에 위치시킵니다.

3. 이미지를 복제한 후 변형시키기

01 Tool Box(도구상자)에서 Magnetic Lasso Tool(자석 올가미 도구, 🧲)을 선택한 후 유리병 이미지를 선택 영역으로 설정합니다.

– Frequency(빈도 수) 값을 '100'으로 지정
– 포인터 삭제 : $\boxed{\text{Back space}}$ 또는 $\boxed{\text{Delete}}$ 키를 누름
※ 빈도수가 높을수록 정교하게 선택됩니다.

02 Ctrl+J(레이어 복제)를 눌러 선택 영역을 레이어로 복제합니다. Move Tool(이동도구, ⊹)을 선택한 후 유리병을 복제할 위치로 드래그 합니다.

03 복제한 유리병은 Ctrl+T(자유 변형)를 눌러 크기와 위치를 조절한 후 Enter 키를 누릅니다.

① 드래그

② Ctrl+T(크기와 위치)

③ 확인

4. 모양 도구 작업하기

01 Custom Shape Tool(사용자 정의 모양 도구, ⬚)을 선택한 후 Option Bar(옵션 바)를 설정합니다.

– Option Mode(옵션 모드) : Shape layers(모양 레이어, ⬚)
– Shape(모양) : Waves(파도), Color(색상) : #ff9933

Waves(파도)

ff9933

02 커피 잔 윗부분에서 마우스를 드래그하여 파도 모양을 그립니다.

① 드래그

② Ctrl+T(크기와 위치)

03 Ctrl+T(자유 변형)를 눌러 〈출력형태〉처럼 크기와 위치를 조절하여 회전시킨 후 Enter 키를 누릅니다.

04 Layers Palette(레이어 팔레트)에서 Add a layer style(레이어 스타일 추가, *fx.*)을 클릭한 후 Outer Glow(외부광선)를 선택합니다.

– Outer Glow(외부광선) : 선택(V) 확인(변경되는 값이 없기 때문에 각각의 모든 항목을 기본으로 지정)

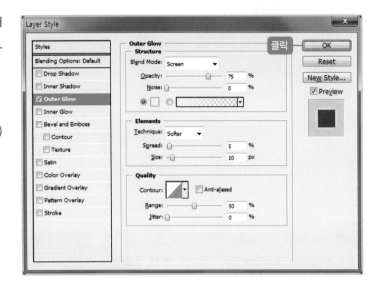

05 파도 모양의 패스(외곽)선이 보이지 않도록 Vector mask thumbnail(벡터 마스크 축소판)을 클릭합니다.

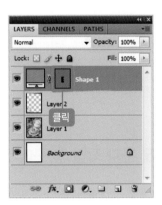

PLUS TIP!

패스(외곽) 선 비활성화(Vector mask thumbnail(벡터 마스크 축소판))

❶ 현재 파도 모양 적용된 색상이 다음 작업으로 인하여 변경되지 않도록 보호하기 위해서 패스(외곽) 선을 비활성화 시킵니다.

❷ 패스(외곽) 선 활성화(□) : 외곽에 흰색 선이 보임

❸ 패스(외곽) 선 비활성화(□) : 외곽에 흰색 선이 없음

06 Tool Box(도구상자)에서 Custom Shape Tool(사용자 정의 모양 도구, ⬚)을 선택한 후 Option Bar (옵션 바)를 설정합니다.

– Option Mode(옵션 모드) : Shape layers(모양 레이어, ⬚)
– Shape(모양) : Thought 2(말풍선 2), Color(색상) : #ffffff
– Style(스타일) : 초기 스타일 없음(Style: □)

Thought 2(말풍선 2)　　　　클릭 후 색상(ffffff) 지정

PLUS TIP!

Default Style(None)(초기 스타일(없음), Style: □)

❶ 새로운 모양을 그릴 때 기존에 그렸던 모양에 적용된 스타일이 다시 적용되지 않도록 하기 위한 기능입니다.

❷ Option Bar(옵션 바)의 Style(스타일)은 Default Style(None)(초기 스타일(없음), Style: □)으로 설정한 후 작업합니다.

07 커피 잔 왼쪽 윗부분에서 마우스를 드래그하여 말풍
선 모양을 그립니다.

- Ctrl+T (자유 변형)를 눌러 〈출력형태〉처럼 크기와 위치를 조절
한 후 Enter 키를 누름

08 Layers Palette(레이어 팔레트)에서
Add a layer style(레이어 스타일 추가, fx.)
을 클릭한 후 [Drop Shadow(그림자 효과)]를
선택합니다.

- Drop Shadow(그림자 효과) : 선택(V) 확인(변경
되는 값이 없기 때문에 각각의 모든 항목을 기본
으로 지정)

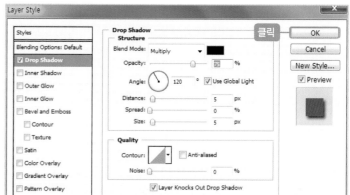

5. 문자 작업 후 꾸미기

01 Tool Box(도구상자)에서 Horizontal Type Tool(수평 문자 도구, T.)을 선택한 후 Option Bar(옵션 바)
를 설정합니다.

- Font(글꼴) : Arial , Font Style(글꼴 스타일) : Bold
- Font Size(크기) : 35pt, Color(색상) : #ccff99

02 말풍선 도형의 바깥쪽 부분 중 잘 보이는 곳을 마우
스로 클릭하여 'Tea Time'을 입력한 후 Ctrl+Enter를 누릅
니다.

도형 안쪽에 글자 입력

❶ 글자 입력 시 Shape(모양)을 클릭하여 글자를 입력하면
Shape(모양)에 연결되어 글자가 변형될 수 있으니 주의해야 합
니다.

❷ 만약 도형 안쪽에 바로 글자를 입력하고자 한다면 패스(외곽) 선
이 보이지 않도록 'Vector mask thumbnail(벡터 마스크 축소
판)'을 클릭한 후 글자를 입력합니다.

03 Tool Box(도구상자)의 Move Tool(이동 도구, 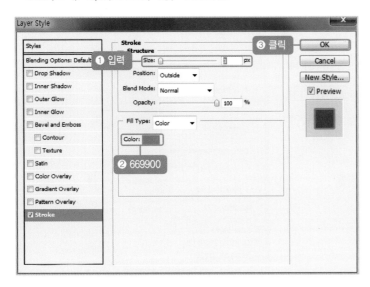)로 문자의 위치를 조정합니다.

– 키보드의 방향키를 이용하면 보다 정확하게 위치를 조정할 수 있음

04 Layers Palette(레이어 팔레트)에서 Text(문자) 레이어를 선택합니다. Add a layer style(레이어 스타일 추가, *fx.*)을 클릭한 후 [Stroke(선)]를 선택합니다.

– Size(크기) : 3px, Color(색상) : #669900

6. 정답 파일 저장

01 [File(파일)]–[Save(저장)]([Ctrl]+[S])를 눌러 완성된 '원본' 이미지 파일을 저장합니다.

02 JPG 파일로 저장하기 위해 [File(파일)]–[Save As...(다른 이름으로 저장)]([Shift]+[Ctrl]+[S])를 클릭합니다. [Save As(다른 이름으로 저장)] 대화상자가 나오면 각각의 항목을 설정합니다.

– 저장 위치 : [내문서₩GTQ]
– Format(형식) : JPEG(*.JPG;*.JPEG;*.JPE)
– 파일 이름 : 수험번호–성명–1
      (G123456789–홍길동–1.jpg)

03 [JPEG Options(JPEG 옵션)] 대화상자가 나오면 파일 용량이 2MB가 넘지 않도록 설정합니다.

– Quality(품질) : High(고) 수준으로 설정하여 용량을 체크

04 이미지 크기를 줄인 PSD 파일로 저장하기 위하여 [Image(이미지)]-[Image Size(이미지 크기)]([Alt]+[Ctrl]+[I])를 클릭한 후 [Image Size(이미지 크기)] 대화상자가 나오면 각각의 항목을 설정합니다.

– Width(폭) : 40pixels(픽셀), Height(높이) : 50pixels(픽셀)

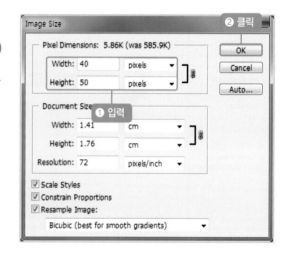

05 이미지가 축소되면 [File(파일)]-[Save As...(다른 이름으로 저장)]([Shift]+[Ctrl]+[S])를 클릭합니다. [Save As(다른 이름으로 저장)] 대화상자가 나오면 각각의 항목을 설정합니다.

– 저장 위치 : [내문서₩GTQ]
– Format(형식) : Photoshop(*.PSD;*.PDD)
– 파일 이름 : 수험번호-성명-1
      (G123456789-홍길동-1)

06 답안 저장이 끝나면 수험자 프로그램의 〈답안전송〉 버튼을 클릭하여 3개의 파일 중 (원본)파일을 제외한 'JPG'와 '축소된 PSD' 파일만 선택하여 파일을 전송합니다.

[기능평가]
Tool(도구)활용 완전정복

 완성된 파일 완성 파일₩매뉴얼₩완전정복1₩G123456789─홍길동─1(1)(원본).PSD, G123456789─홍길동─1(1).PSD, G123456789─홍길동─1(1).JPG

문제 01 **[기능평가] Tool(도구) 활용**

다음의 ≪조건≫에 따라 아래의 ≪출력형태≫와 같이 작업하시오.

조건

원본 이미지			내문서₩GTQ 2급₩Image₩매뉴얼₩2급─1(1).jpg
파일 저장 규칙	JPG	**파일명**	내문서₩GTQ₩수험번호─성명─1(1).jpg
		크기	400 × 500 pixels
	PSD	**파일명**	내문서₩GTQ₩수험번호─성명─1(1).psd
		크기	40 × 50 pixels

1. 그림 효과

① 복제 및 변형 : 선물상자
② Shape Tool(모양 도구)사용 : 하트카드 모양
  (#ff0000, 레이어 스타일 – Inner Shadow(내부 그림자))

2. 문자 효과

① White Day (Arial, Regular, 50pt, #ffffff,
  레이어 스타일 – Drop Shadow(그림자 효과)
        Stroke(선)(3px, #ff0000))

출력형태

[기능평가]
Tool(도구) 활용 완전정복

 완성된 파일 완성파일₩매뉴얼₩완전정복2₩G123456789-홍길동-1(2)(원본).PSD, G123456789-홍길동-1(2).PSD, G123456789-홍길동-1(2).JPG

문제 02 [기능평가] Tool(도구) 활용

다음의 ≪조건≫에 따라 아래의 ≪출력형태≫와 같이 작업하시오.

조건

원본 이미지			내문서₩GTQ₩Image₩매뉴얼₩2급-1(2).jpg
파일 저장 규칙	JPG	파일명	내문서₩GTQ₩수험번호-성명-1(2).jpg
		크기	400 × 500 pixels
	PSD	파일명	내문서₩GTQ₩수험번호-성명-1(2).psd
		크기	40 × 50 pixels

1. 그림 효과

① 복제 및 변형 : 콩 3개
② Shape Tool(모양 도구)사용 : 해(#ff0000)
  잎 모양(#007236, 레이어 스타일 – Inner Shadow(내부 그림자))

2. 문자 효과

① K ng (Arial, Bold, 80pt, #007236,
레이어 스타일 – Inner Shadow(내부 그림자)

출력형태

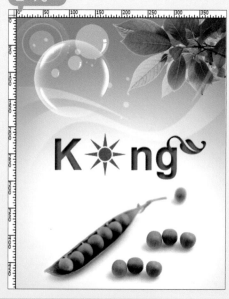

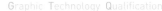

[기능평가]
사진편집 기초

01 색 보정 기능 익히기

색 보정

☞ 선택된 특정 이미지 부분을 색 보정 기능을 이용하여 다른 색을 변경할 수 있는 기능입니다.

☞ [Hue/Saturation(색조/채도)] 대화상자를 이용하여 색상을 변경합니다.

불러올 파일 [내 문서]₩GTQ 2급₩Image₩매뉴얼₩2급2-1.jpg
완성된 파일 완성 파일₩매뉴얼₩2급2-1(완성).PSD

1. 새 캔버스 만들기 및 저장하기

01 [File(파일)]-[New(새로 만들기)]([Ctrl]+[N])를 클릭한 후 [New(새로 만들기)] 대화상자가 나오면 각각의 항목을 설정합니다.

– Width(폭) : 400 Pixels, Height(높이) : 600 Pixels
– Resolution(해상도) : 72, Color Mode(색상 모드) : RGB

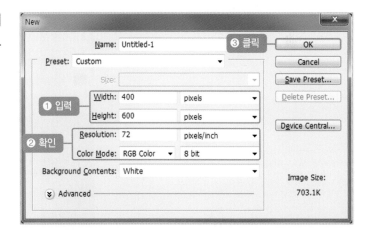

02 [File(파일)]-[Save As...(다른 이름으로 저장)]를 클릭한 후 [Save As(다른 이름으로 저장)] 대화상자가 나오면 각각의 항목을 설정합니다.

– 저장 위치 : [내문서₩GTQ]
– Format(형식) : Photoshop(*.PSD;*.PDD)
– 파일 이름 : 2급2-1(완성)

03 [View(보기)]-[Rulers(눈금자)]([Ctrl]+[R])를 클릭하여 눈금자를 표시합니다. 눈금자가 나오면 눈금자 위에서 마우스 오른쪽 버튼을 눌러 [Pixels(픽셀)]을 선택합니다.

2. 이미지 불러오기 및 이동하기

01 [File(파일)]-[Open(열기)]($\boxed{\text{Ctrl}}$+$\boxed{\text{O}}$)을 클릭한 후 [Open(열기)] 대화상자가 나오면 파일을 불러옵니다.

– 경로 : '[내 문서]\GTQ 2급\Image\매뉴얼\2급2-1.jpg'

02 Tool Box(도구상자)에서 Move Tool(이동도구,)을 선택한 후 $\boxed{\text{Shift}}$ 키를 누른 채 '2급2-1.jpg' 창의 이미지를 작업 창으로 드래그하여 정중앙에 위치시킵니다.

3. 선택 영역 설정하기

01 Tool Box(도구상자)에서 Magnetic Lasso Tool(자석 올가미 도구, 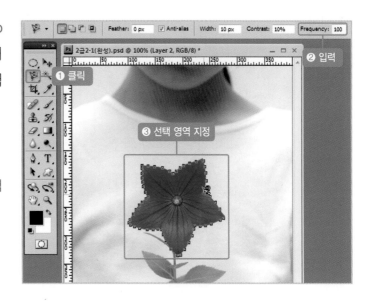)을 선택한 후 꽃 이미지의 외곽선을 따라 마우스로 드래그하여 선택 영역을 지정합니다.

- 옵션 바에서 Frequency(빈도 수) 값을 '100' 으로 조절
- 마지막 포인터를 처음 시작점에 클릭하여 선택 영역으로 지정

4. 색상 보정하기 첫 번째 방법

01 [Image(이미지)]–[Adjustments(조정)]–[Hue/Saturation...(색조/채도)](Ctrl+U)을 선택합니다.

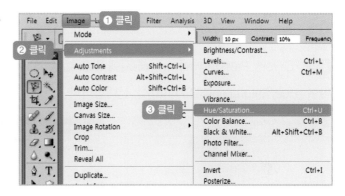

02 [Hue/Saturation(색조/채도)] 대화상자가 나오면 Hue(색조)를 조절하여 **자주색 계열**로 보정합니다.

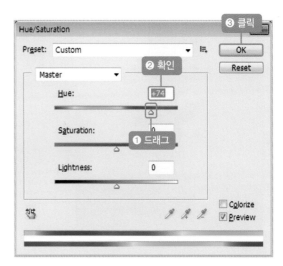

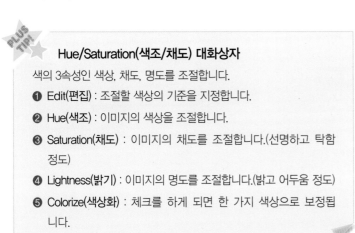

PLUS TIP! Hue/Saturation(색조/채도) 대화상자

색의 3속성인 색상, 채도, 명도를 조절합니다.

❶ Edit(편집) : 조절할 색상의 기준을 지정합니다.

❷ Hue(색조) : 이미지의 색상을 조절합니다.

❸ Saturation(채도) : 이미지의 채도를 조절합니다.(선명하고 탁함 정도)

❹ Lightness(밝기) : 이미지의 명도를 조절합니다.(밝고 어두움 정도)

❺ Colorize(색상화) : 체크를 하게 되면 한 가지 색상으로 보정됩니다.

03 [File(파일)]-[Save(저장)]($\boxed{Ctrl}$+$\boxed{S}$)는 눌러 완성된 이미지 파일을 기존 저장 파일에 덮어쓰기 하여 저장합니다.

5. 색상 보정하기 두 번째 방법

01 색을 보정할 부분을 Quick Selection Tool(빠른 선택 도구,) 로 설정합니다.

02 Layers Palette(레이어 팔레트)에서 Create new fill or adjustment layer(레이어 새 칠/보정,) 를 클릭하여 [Hue/Saturation(색조/채도)]를 선택합니다.

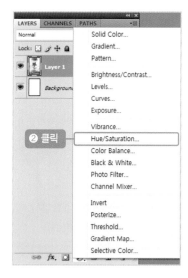

03 ADJUSTMENT Palette(조정 팔레트)에서 Hue(색조)를 조절하여 자주색 계열로 보정합니다.

04 결과는 메뉴를 이용하여 보정했던 색상과 동일합니다.

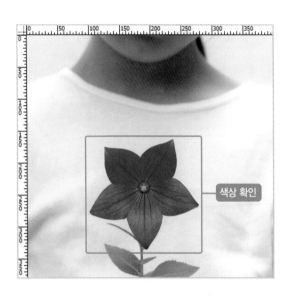

색상 확인

메뉴의 Hue/Saturation(색조/채도) 활용과 Layers Palette(레이어 팔레트)에서 Hue/Saturation(색조/채도) 활용의 차이

❶ 메뉴를 활용하면 이미지 자체에 바로 적용되어 색이 보정되지만 Layers Palette(레이어 팔레트)를 활용하면 원본 이미지 레이어는 바뀌지 않고 Hue/Saturation(색조/채도)관련 레이어가 추가되어 적용됩니다.

❷ 작업을 완성한 후 혹시 모를 수정이 있을 수 있기 때문에 Layers Palette(레이어 팔레트)를 활용하여 Hue/Saturation(색조/채도)를 적용하는 게 좋습니다.

▲ 원본 레이어

▲ 메뉴에서 적용

▲ Layers Palette(레이어 팔레트)에서 적용

02 액자 제작하기

 첫 번째 - 색상을 이용한 액자 제작하기

가로 눈금자와 세로 눈금자를 이용하여 액자로 만들 기본 틀을 지정합니다. 기본 틀 작업이 끝나면 Rounded Rectangle Tool(모서리가 둥근 사각형, ▢) 도구와 전경색을 이용하여 액자의 틀을 그린 후 꾸밉니다.

 불러올 파일 [내 문서]₩GTQ 2급₩Image₩매뉴얼₩2급2-2.jpg
완성된 파일 완성 파일₩매뉴얼₩2급2-2(완성).PSD

1. 새 캔버스 만들기 및 저장하기

01 [File(파일)]-[New(새로 만들기)]([Ctrl]+[N])를 클릭한 후 [New(새로 만들기)] 대화상자가 나오면 각각의 항목을 설정합니다.

– Width(폭) : 600 Pixels, Height(높이) : 400 Pixels
– Resolution(해상도) : 72, Color Mode(색상 모드) : RGB

02 [File(파일)]-[Save As...(다른 이름으로 저장)]를 클릭한 후 [Save As(다른 이름으로 저장)] 대화상자가 나오면 각각의 항목을 설정합니다.

– 저장 위치 : [내문서₩GTQ]
– Format(형식) : Photoshop(*.PSD;*.PDD)
– 파일 이름 : 2급2-2(완성)

03 [View(보기)]-[Rulers(눈금자)]([Ctrl]+[R])를 클릭하여 눈금자를 표시합니다. 눈금자가 나오면 눈금자 위에서 마우스 오른쪽 버튼을 눌러 [Pixels(픽셀)]을 선택합니다.

2. 이미지 불러오기 및 이동하기

01 [File(파일)]-[Open(열기)]([Ctrl]+[O])을 클릭한 후 [Open(열기)] 대화상자가 나오면 파일을 불러옵니다.

– 경로 : '[내 문서]₩GTQ 2급₩Image₩매뉴얼₩2급 2-2.jpg'

02 Tool Box(도구상자)에서 Move Tool(이동도구, ◤)을 선택한 후 **Shift** 키를 누른 채 '2급2-2.jpg' 창의 이미지를 작업 창으로 드래그하여 정중앙에 위치시킵니다.

3. 액자 만들기

01 Tool Box(도구상자)에서 Move Tool(이동도구, ◤)을 선택한 후 〈출력형태〉의 테두리 크기만큼 가로 눈금자와 세로 눈금자를 드래그하여 가이드라인을 만듭니다.

– 가이드라인은 〈출력형태〉의 테두리 위치에 해당하는 눈금자를 보면서 위치를 설정
– 눈금자 속(◤)으로 마우스 커서를 이동시킨 후 아래쪽과 오른쪽으로 드래그하여 가이드라인을 그림

Guide Line(안내선)

❶ 안내선은 작업의 정교함을 위한 수단으로 GTQ 시험에서는 모든 문제의 〈출력형태〉에 눈금자가 표시되어 제시됩니다. 반드시 [Pixels(픽셀)] 단위로 표시해야 합니다.

❷ Move Tool(이동도구, ◤)을 선택한 후 그려진 가이드라인을 드래그하면 위치를 변경할 수 있습니다.

❸ **Ctrl**+**;** : 가이드라인을 숨기거나 보여줍니다.

02 Tool Box(도구상자)에서 Rounded Rectangle Tool(모서리가 둥근 사각형, 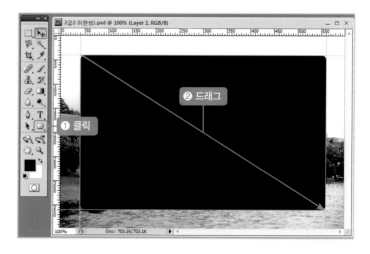)을 선택한 후 그림과 같이 가이드라인의 안쪽 부분을 드래그하여 선택 영역을 설정합니다.

03 Layers Palette(레이어 팔레트)에서 'Layer 1(레이어 1)'을 선택한 후 **Ctrl**를 누른 채 Shape 1(모양 1) 레이어의 Layer thumbnail(레이어 축소판)을 클릭하여 [Select(선택)]–[Inverse(반전)](**Shift**+**Ctrl**+**I**)를 눌러 선택 영역을 반전 시킵니다.

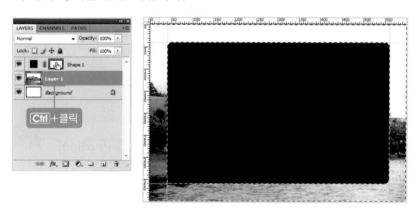

04 Shape 1(모양 1) 레이어를 삭제하고, Layers Palette(레이어 팔레트)에서 Create a new layer(새 레이어 만들기, 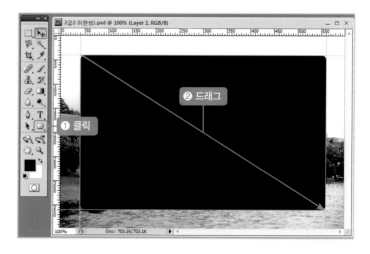)를 클릭하여 새 레이어를 추가한 후 전경색을 설정합니다.

– Set Foreground Color(전경색 설정, ■)을 클릭한 후 [Color Picker(색상 피커)] 대화상자가 나오면 'Color(색상)'을 '#006600'로 입력
– 색 채우기 : **Alt**+**Delete**(전경색으로 채우기)를 눌러 전경색으로 색칠

05 [Filter(필터)]-[Texture(텍스처)]-[Mosaic Tiles(모자이크 타일)]를 클릭하여 필터를 적용시킵니다.

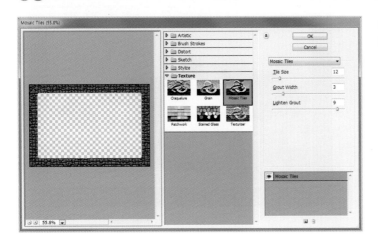

모자이크 타일 확인

06 액자의 안쪽에 테두리를 설정하기 위해 Shift+Ctrl+I(선택 영역 반전)를 눌러 다시 선택 영역을 반전시킵니다. [Edit(편집)]-[Stroke(선)]를 클릭하여 각각의 항목을 설정합니다.

- Width(폭) : 5px, Color(색) : #ffdd00
- Location(위치) : Center(가운데)

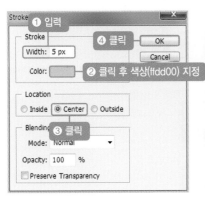

테두리 확인

Stroke(선) 대화상자의 Location(위치)

❶ 선택 영역의 점선을 기준으로 입혀질 색상의 위치를 선택하는 항목입니다.

❷ Inside(안쪽) : 선택 영역을 기준으로 안쪽으로 색상이 입혀집니다.

❸ Center(가운데) : 선택 영역을 기준으로 가운데에 색상이 입혀집니다.

❹ Outside(바깥쪽) : 선택 영역을 기준으로 바깥쪽으로 색상이 입혀집니다.

예) 원본의 액자 사이즈가 30px 이고, 안쪽 테두리는 5px 일 때

❶ 가이드라인을 25px로 지정하고, 안쪽 테두리는 Inside로 5px를 지정합니다.

❷ 가이드라인을 30px로 지정하고, 안쪽 테두리는 Center로 5px를 지정합니다.

❸ 가이드라인을 35px로 지정하고, 안쪽 테두리는 Outside로 5px를 지정합니다.

　＊약간의 오차 범위는 인정함.

07 아래 세부 내용을 실행한 후 [File(파일)]–
[Save(저장)]([Ctrl]+[S])를 눌러 완성된 이미지
파일을 기존 저장 파일에 덮어쓰기 하여 저장합
니다.

– [Ctrl]+[D]를 눌러 선택 영역을 해제
– [Ctrl]+[;]을 눌러 모든 안내선을 숨김

시험에 자주 나오는 필터 알아보기

필터란 이미지에 여러 효과를 주는 기능입니다.

❶ Artistic(예술효과)

▲ Dry Brush(드라이 브러쉬)

▲ Flim Grain(필름 그레인)

▲ Fresco(프레스코)

▲ Neon Glow(네온 광선)

▲ Rough Pastels(거친파스텔)

▲ Sponge(스폰지)

▲ Water color(수채화 효과)

❷ Blur(흐림 효과)

▲ Gaussian Blur(가우시안
흐림 효과)

▲ Motion Blur(동작 흐림 효과)

❸ Brush Strokes(브러쉬 선)

▲ Crosshatch(그물눈)

❹ Distort(왜곡)

▲ Glass(유리)

▲ Ocean Ripple(바다 물결)

▲ Pinch(핀치)

▲ Twirl(돌리기)

▲ Wave(파도)

▲ Zigzag(지그재그)

❺ Noise(노이즈)

▲ Add Noise(노이즈 추가)

❻ Pixelate(픽셀화)

▲ Facet(단면화)

▲ Mezzotint(메조틴트)

▲ Mosaic(모자이크)

❼ Render(렌더)

❽ Sketch(스케치 효과)

❾ Stylize(스타일화)

▲ Lens Flare(렌즈 플레어)

▲ Water Paper(물 종이)

▲ Tiles(타일)

❿ Texture(텍스처)

▲ Patchwork(패치워크)

▲ Stained Glass(스테인드 글라스)

▲ Texturizer(텍스처화)

두 번째 - 이미지를 이용한 액자 제작하기

가로 눈금자와 세로 눈금자를 이용하여 액자로 만들 기본 틀을 지정합니다. 기본 틀 작업이 끝나면 Rounded Rectangle Tool(모서리가 둥근 사각형,) 도구로 액자의 틀을 그린 후 꾸밉니다.

불러올 파일 [내 문서]₩GTQ 2급₩Image₩매뉴얼₩2급2-3.jpg
완성된 파일 완성 파일₩매뉴얼₩2급2-3(완성).PSD

1. 새 캔버스 만들기 및 저장하기

01 [File(파일)]–[New(새로 만들기)]([Ctrl]+[N])를 클릭한 후 [New(새로 만들기)] 대화상자가 나오면 각각의 항목을 설정합니다.

– Width(폭) : 400 Pixels, Height(높이) : 500 Pixels
– Resolution(해상도) : 72, Color Mode(색상 모드) : RGB

02 [File(파일)]–[Save As...(다른 이름으로 저장)]를 클릭한 후 [Save As(다른 이름으로 저장)] 대화상자가 나오면 각각의 항목을 설정합니다.

– 저장 위치 : [내문서₩GTQ]
– Format(형식) : Photoshop(*.PSD;*.PDD)
– 파일 이름 : 2급2-3(완성)

03 [View(보기)]–[Rulers(눈금자)]([Ctrl]+[R])를 클릭하여 눈금자를 표시합니다. 눈금자가 나오면 눈금자 위에서 마우스 오른쪽 버튼을 눌러 [Pixels(픽셀)]을 선택합니다.

2. 이미지 불러오기 및 이동하기

01 [File(파일)]–[Open(열기)]([Ctrl]+[O])을 클릭한 후 [Open(열기)] 대화상자가 나오면 파일을 불러옵니다.

– 경로 : '[내 문서]₩GTQ 2급₩Image₩매뉴얼₩2급2-3.jpg'

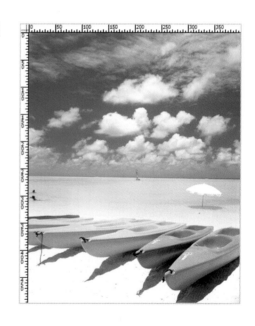

02 Tool Box(도구상자)에서 Move Tool(이동도구, ⊹)을 선택한 후 **Shift** 키를 누른 채 '2급2-3.jpg' 창의 이미지를 작업 창으로 드래그하여 정중앙에 위치시킵니다.

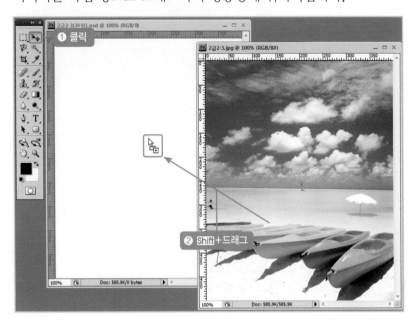

3. 액자 만들기

01 Tool Box(도구상자)에서 Move Tool(이동도구, ⊹)을 선택한 후 〈출력형태〉의 테두리 크기만큼 가로 눈금자와 세로 눈금자를 드래그하여 가이드라인을 만듭니다.

– 가이드라인은 〈출력형태〉의 테두리 위치에 해당하는 눈금자를 보면서 위치를 설정
– 눈금자 속( )으로 마우스 커서를 이동시킨 후 아래쪽과 오른쪽으로 드래그하여 가이드라인을 그림

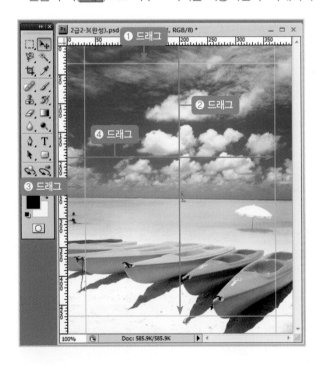

02 Tool Box(도구상자)에서 Rounded Rectangle Tool(모서리가 둥근 사각형, ▢)을 선택한 후 그림과 같이 가이드라인의 안쪽 부분을 드래그하여 선택 영역을 설정합니다.

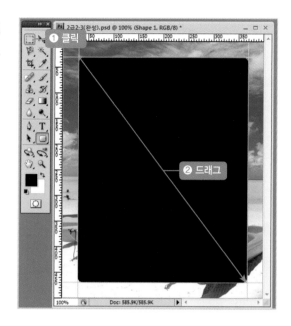

03 Layers Palette(레이어 팔레트)에서 'Layer 1(레이어 1)'을 선택한 후 **Ctrl**를 누른 채 Shape 1(모양 1) 레이어의 Layer thumbnail(레이어 축소판)을 클릭하여 [Select(선택)]-[Inverse(반전)](**Shift**+**Ctrl**+**I**)를 눌러 선택 영역을 반전시킵니다.

04 Shape 1(모양 1) 레이어를 삭제하고, **Ctrl**+**J**(레이어 복제)를 눌러 선택 영역을 새로운 레이어로 복제합니다.

05 Set Foreground Color(전경색, ▨)을 '#ffffff'로 바꾼 후 필터를 적용시킵니다.

– [Filter(필터)]–[Texture(텍스처)]–[Stained Glass(스테인드 글라스)]를 선택

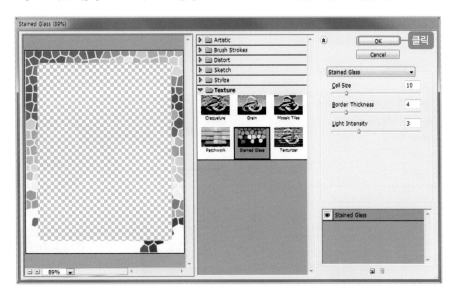

06 액자에 테두리를 만들기 위하여 Ctrl 키를 누른 채 Layers Palette(레이어 팔레트)에서 해당 레이어의 Layer thumbnail (레이어 축소판)을 클릭합니다.

07 Shift+Ctrl+I(선택 반전)를 눌러 안쪽 테두리를 선택한 후 [Edit(편집)]-[Stroke(선)]를 클릭하여 각각의 항목을 설정합니다.

– Width(폭) : 5px, Color(색) : #000055
– Location(위치) : Center(가운데)

08 아래 세부 내용을 실행한 후 [File (파일)]-[Save(저장)](Ctrl+S)는 눌러 완성된 이미지 파일을 기존 저장 파일에 덮어쓰기 하여 저장합니다.

– Ctrl+D를 눌러 선택 영역을 해제
– Ctrl+;을 눌러 모든 안내선을 숨김

다음의 ≪조건≫에 따라 아래의 ≪출력형태≫와 같이 작업하시오.

조건

원본 이미지		내문서₩GTQ 2급₩Image₩매뉴얼₩2급-2.jpg, 2급-3.jpg, 2급-4.jpg	
파일 저장 규칙	JPG	파일명	내문서₩GTQ₩수험번호-성명-2.jpg
		크기	400 × 500 pixels
	PSD	파일명	내문서₩GTQ₩수험번호-성명-2.psd
		크기	40 × 50 pixels

출력형태

1. 그림 효과

① 색상 보정 : 2급-3.jpg – 빨간색 계열로 보정,
　레이어 스타일 – Drop Shadow(그림자 효과)
② 액자 제작 : 배경색 (#ffffff), 필터 – Tiles(타일),
　　　　　　 안쪽 테두리(5px, #ffcc00, Drop Shadow(그림자 효과))
③ 2급-4.jpg : 레이어 스타일 – Drop Shadow(그림자 효과)

2. 문자 효과

① Coffee Break (Arial, Bold, 40pt, #ffcc00,
　레이어 스타일 – Stroke(선)(3px, #ff6600))

사진편집 기초 작업 과정

새 캔버스 만들기 및 저장하기 → 액자제작 → 색상보정 → 문자도구 작업 → 정답파일 저장

완성된 파일 완성 파일₩매뉴얼₩따라하기₩G123456789-홍길동-2.(원본).PSD, G123456789-홍길동-2.PSD,
G123456789-홍길동-2.JPG

1. 새 캔버스 만들기 및 저장하기

01 [File(파일)]-[New(새로 만들기)]([Ctrl]+[N])를 클릭한 후 [New(새로 만들기)] 대화상자가 나오면 각각의
항목을 설정합니다.

– Width(폭) : 400 Pixels, Height(높이) : 500 Pixels
– Resolution(해상도) : 72, Color Mode(색상 모드) :
　RGB

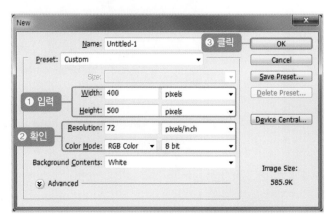

02 [File(파일)]–[Save As...(다른 이름으로 저장)]([Shift]+[Ctrl]+[S])를 클릭한 후 [Save As(다른 이름으로 저장)] 대화상자가 나오면 각각의 항목을 설정합니다.

– 저장 위치 : [내문서₩GTQ]
– Format(형식) : Photoshop(*.PSD;*.PDD)
– 파일 이름 : 수험번호–성명–2(원본)(G123456789–홍길동–2(원본))
※원본파일은 임시저장 파일로 감독관 PC로 전송하지 않습니다.

2. 이미지 이동하기

01 [View(보기)]–[Rulers(눈금자)]([Ctrl]+[R])를 클릭하여 눈금자를 표시합니다. 눈금자가 나오면 눈금자 위에서 마우스 오른쪽 버튼을 눌러 [Pixels(픽셀)]을 선택합니다.

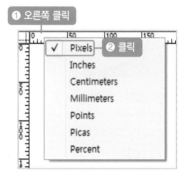

02 [File(파일)]–[Open(열기)]([Ctrl]+[O])을 클릭한 후 [Open(열기)] 대화상자가 나오면 파일을 불러옵니다.

– 경로 : '[내 문서]₩GTQ 2급₩Image₩매뉴얼₩2급–2.jpg, 2급–3.jpg, 2급–4.jpg'

03 Tool Box(도구상자)에서 Move Tool(이동도구, ⊞)을 선택한 후 [Shift]를 누른 채 '2급–2.jpg' 창의 이미지를 작업 창으로 드래그하여 정중앙에 위치시킵니다.

3. 액자 만들기

01 Tool Box(도구상자)에서 Move Tool(이동도구, ⊹)을 선택한 후 〈출력형태〉의 테두리 크기만큼 가로
눈금자와 세로 눈금자를 드래그하여 가이드라인을 만듭니다.

02 Tool Box(도구상자)에서 Rounded Rectangle Tool(모서리가 둥근 사각형, ▣)을 선택한 후 가이드라인
의 안쪽 부분을 드래그하여 둥근 사각형을 그립니다.

03 Layers Palette(레이어 팔레트)에서 'Layer 1(레이어 1)'을 선택한 후 Ctrl을 누른 채 Shape 1(모양 1)
레이어의 Layer thumbnail(레이어 축소판)을 클릭하여 [Select(선택)]-[Inverse(반전)](Shift + Ctrl + I)를 눌
러 선택 영역을 반전 시킵니다.

04 Shape 1(모양 1) 레이어를 삭제하고, Ctrl + J(레이어 복제)를 눌러 선택 영역을 새로운 레이어로 복
제합니다.

05 [Filter(필터)]-[Stylize(스타일)]-[Tiles(타일)]를 선택하여 필터를 적용시킵니다.

– Set Background Color(배경색, ■)는 흰색(#ffffff)으로 지정

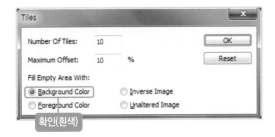

06 Layer 2의 Layer thumbnail(레이어 축소판)을 Ctrl+클릭한 후, Shift+Ctrl+I (선택 영역 반전)를 눌러 선택 영역을 반전한 다음 [Edit(편집)]-[Stroke(선)]를 선택합니다.

바로가기 메뉴에서 Stroke(선) 넣기

도구상자에서 선택도구나 올가미 도구가 눌러진 상태에서는 마우스 오른쪽 단추를 클릭해 나타나는 바로가기 메뉴에서 Stroke(선)을 선택할 수 있습니다.

07 [Stroke(선)] 대화상자의 각각의 항목을 설정합니다.

– Size(크기) : 5px, Color(색상) : #ffcc00, location(위치) : Inside(안쪽)
– Ctrl+D를 눌러 선택 영역을 해제

테두리 확인

새로운 레이어, 또는 레이어 복제 후 테두리를 만드는 이유

작업 과정을 보면 새로운 레이어를 만들지 않고 현재 레이어 (Layer 1)에 바로 선을 만들 수도 있습니다. 문제를 보면 둘 중 어느 것으로 작업하더라도 결과가 똑같기 때문에 상관없지만, 문제의 지시사항에서 테두리에 그림자 등과 같은 효과를 지정하라고 나오면 새 레이어를 만들거나 레이어를 복제(Ctrl +J)하여 테두리를 만들어야 합니다. 그렇지 않으면 그림자와 같은 효과를 줄 수 없습니다.

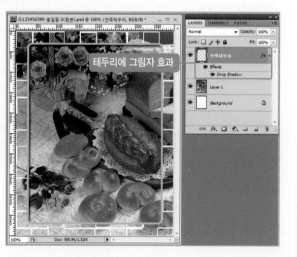

테두리에 그림자 효과

---

4. 이미지 편집 및 색상 보정

01 '2급-3.jpg' 이미지에서 커피잔 부분을 Mag netic Lasso Tool(자석 올가미 도구, 🧲)로 선택 영역을 설정합니다.

– Frequency(빈도 수) 값을 '100'으로 지정
– 포인터 삭제 : Back Space 또는 Delete 키를 누름

❶ 클릭 ❷ 입력 ❸ 선택 영역 지정

02 Move Tool(이동도구, )을 선택한 후 이미지를 작업 창으로
이동시킵니다.

- Ctrl+T(자유 변형)를 눌러 〈출력형태〉처럼 크기와 위치를 조절한 후 Enter
  키를 누름

03 Layers Palette(레이어 팔레트)
에서 Add a layer style(레이어 스타일
추가, fx.)을 클릭한 후 [Drop Shadow
(그림자 효과)]를 선택합니다.

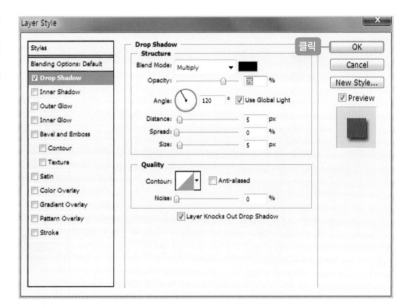

04 커피 색상을 보정하기 위해 Magnetic Lasso
Tool(자석 올가미 도구, )로 선택 영역을 설정합니다.

- Zoom Tool(돋보기 도구 )로 커피 부분을 클릭하여 확대
  시킴
- Frequency(빈도 수) 값을 '100'으로 지정
- 포인터 삭제 : Back Space 또는 Delete 키를 누름

05 Layers Palette(레이어 팔레트)에서 Create new fill or adjustment layer(레이어 새 칠/보정, )를 클릭하여 [Hue/Saturation(색조/채도)]를 선택합니다.

– Colorize(색상화) 선택(✓) : 한 가지 색상으로 보정
– Hue(색상) : 0, Saturation(채도) : +90, Lightness(밝기) : +10

06 Tool Box(도구상자)에서 Magic Wand Tool(자동 선택 도구, )을 선택한 후 '2급-4.jpg'의 흰색 배경 부분을 클릭합니다.

– Option Bar(옵션 바)의 Tolerance(허용치) '5'로 설정
– Shift+Ctrl+I를 클릭하여 선택 영역을 반대로 활성화시킴

07 Move Tool(이동도구, )을 선택한 후 이미지를 작업 창으로 이동시킵니다.

– Ctrl+T(자유 변형)를 눌러 〈출력형태〉처럼 크기와 위치를 조절하여 회전시킨 후 Enter 키를 누름

08 Layers Palette(레이어 팔레트)에서 Add a layer style(레이어 스타일 추가, fx.)을 클릭한 후 [Drop Shadow(그림자 효과)]를 선택합니다.

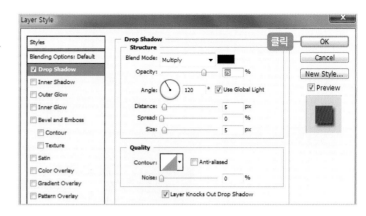

5. 문자 작업 후 꾸미기

01 Tool Box(도구상자)에서 Horizontal Type Tool(수평 문자 도구, T)을 선택한 후 Option Bar(옵션 바)를 설정합니다.

– Font(글꼴) : Arial , Font Style(글꼴 스타일) : Bold
– Font Size(크기) : 40pt, Color(색상) : #ffcc00

02 작업 창의 윗부분에서 마우스를 클릭하여 Coffee Break을 입력한 후 Ctrl+Enter를 누릅니다.

03 Tool Box(도구상자)의 Move Tool(이동 도구, ▶+)로 문자의 위치를 조정합니다.

– 키보드의 방향키를 이용하면 보다 정확하게 위치를 조정할 수 있음

04 Layers Palette(레이어 팔레트)에서 Text(문자) 레이어를 선택합니다. Add a layer style(레이어 스타일 추가, fx.)을 클릭한 후 [Stroke(선)]를 선택합니다.

– Size(크기) : 3px, Color(색상) : #ff6600

05 [Ctrl]+[;]을 눌러 모든 안내선을 숨깁니다.

6. 정답 파일 저장

01 [File(파일)]-[Save(저장)]([Ctrl]+[S])를 눌러 완성된 '원본' 이미지 파일을 저장합니다.

02 JPG 파일로 저장하기 위해 [File(파일)]-[Save As...(다른 이름으로 저장)]([Shift]+[Ctrl]+[S])를 클릭합니다. [Save As(다른 이름으로 저장)] 대화상자가 나오면 각각의 항목을 설정합니다.

– 저장 위치 : [내문서₩GTQ]
– Format(형식) : JPEG(*.JPG;*.JPEG;*.JPE)
– 파일 이름 : 수험번호-성명-2
　　　　　(G123456789-홍길동-2)

03 [JPEG Options(JPEG 옵션)] 대화상자가 나오면 파일 용량이 2MB가 넘지 않도록 설정한 후 〈OK(확인)〉 버튼을 클릭합니다.

– Quality(품질) : High(고) 수준으로 설정하여 용량을 체크

04 이미지 크기를 줄인 PSD 파일로 저장하기 위하여 [Image(이미지)]-[Image Size(이미지 크기)](⌈Alt⌉+⌈Ctrl⌉+⌈I⌉)를 클릭한 후 [Image Size(이미지 크기)] 대화상자를 설정합니다.

– Width(폭) : 40pixels(픽셀), Height(높이) : 50pixels(픽셀)

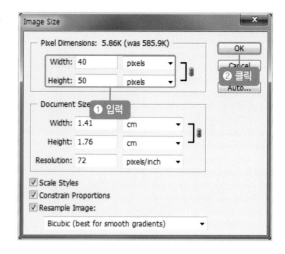

05 이미지가 축소되면 [File(파일)]-[Save As...(다른 이름으로 저장)](⌈Shift⌉+⌈Ctrl⌉+⌈S⌉)를 클릭합니다. [Save As(다른 이름으로 저장)] 대화상자가 나오면 각각의 항목을 설정합니다.

– 저장 위치 : [내문서₩GTQ]
– Format(형식) : Photoshop(*.PSD;*.PDD)
– 파일 이름 : 수험번호–성명–2
　　　　　　　(G123456789–홍길동–2)

06 답안 저장이 끝나면 수험자 프로그램의 〈답안전송〉 버튼을 클릭하여 3개의 파일 중 (원본) 파일을 제외한 'JPG'와 '축소된 PSD' 파일만 선택하여 파일을 전송합니다.

[기능평가]
사진편집 기초 완전정복

완성된 파일 완성 파일₩매뉴얼₩완전정복1₩G123456789-홍길동-2(1)(원본).PSD, G123456789-홍길동-2(1).PSD, G123456789-홍길동-2(1).JPG

문제 01 [기능평가] 사진편집 기초

다음의 ≪조건≫에 따라 아래의 ≪출력형태≫와 같이 작업하시오.

조건

원본 이미지			내문서₩GTQ 2급₩Image₩매뉴얼₩2급-2(1).jpg, 2급-3(1).jpg, 2급-4(1).jpg
파일 저장 규칙	JPG	**파일명**	내문서₩GTQ₩수험번호-성명-2(1).jpg
		크기	600 × 400 pixels
	PSD	**파일명**	내문서₩GTQ₩수험번호-성명-2(1).psd
		크기	60 × 40 pixels

1. 그림 효과
① 색상 보정 : 2급-3(1).jpg – 파란색 계열로 보정, 레이어 스타일 – Outer Glow(외부광선)
② 액자 제작 : 필터 – Stained Glass, 안쪽 테두리(2px, #ffffff), 그림자 효과
③ 2급-4(1).jpg : 레이어 스타일 – Drop Shadow(그림자 효과), Outer Glow(외부광선)

2. 문자 효과
① 깨끗한 대관령 우유 (돋움, 48pt, #ffffff, 레이어 스타일 – Stroke(선)(3px, #007236))

출력형태

Graphic Technology Qualification

[기능평가]

사진편집 기초 완전정복

완성된 파일 완성 파일₩매뉴얼₩완전정복2₩G123456789-홍길동-2(2)(원본).PSD, G123456789-홍길동-2(2).PSD, G123456789-홍길동-2(2).JPG

문제 02 [기능평가] 사진편집 기초

다음의 ≪조건≫에 따라 아래의 ≪출력형태≫와 같이 작업하시오.

조건

원본 이미지			내문서₩GTQ2급₩Image₩매뉴얼₩2급-2(2).jpg, 2급-3(2).jpg, 2급-4(2).jpg
파일 저장 규칙	JPG	파일명	내문서₩GTQ₩수험번호-성명-2(2).jpg
		크기	600 × 400 pixels
	PSD	파일명	내문서₩GTQ₩수험번호-성명-2(2)psd
		크기	60 ×40 pixels

1. 그림 효과

① 2급-3(2).jpg : 레이어 스타일 – Stroke(선)(2px, #ffffff), InnerGlow(내부광선)
② 색상 보정 : 2급-4(2).jpg –파란색 계열로 보정, 레이어 스타일 –Stroke(선)(2px, #ffffff), InnerGlow(내부광선)
③ 액자 제작 : #ffff00, 필터 – Texturizer, 안쪽 테두리(5px, #ff8a00)

2. 문자 효과

① 여의도 불꽃 놀이 축제 (바탕, 42pt, #ffffff), 레이어 스타일 – Stroke(선)(2px, #ff0000)

출력형태

[기능평가]
사진편집

01 레이어 스타일 활용하기

그라디언트 오버레이(Gradient Overlay)

글자 또는 도형 내부에 2가지 이상의 색을 지정하여 사용자가 원하는 형태로 예쁘게 꾸밀 수 있는 기능입니다. 색상은 [Gradient Edit(그라디언트 편집)] 대화상자에서 'Color Stop(색상 정지점, 🔒)'을 더블클릭하여 지정합니다.

불러올 파일 [내 문서]₩GTQ 2급₩Image₩매뉴얼₩2급3-1.jpg
완성된 파일 완성 파일₩매뉴얼₩2급3-1(완성).PSD

1. 새 캔버스 만들기 및 저장하기

01 [File(파일)]–[New(새로 만들기)]([Ctrl]+[N])를 클릭한 후 [New(새로 만들기)] 대화상자가 나오면 각각의 항목을 설정합니다.

– Width(폭) : 600 Pixels, Height(높이) : 400 Pixels
– Resolution(해상도) : 72, Color Mode(색상 모드) : RGB(8bit)

02 'Set Foreground Color(전경색, ■)'를 #ee66ee로 설정한 후 [Alt]+[Delete](전경색으로 채우기)를 눌러 작업창의 배경에 색을 칠합니다.

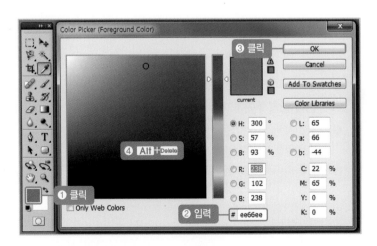

03 [File(파일)]-[Save As...(다른 이름으로 저장)]를 클릭한 후 [Save As(다른 이름으로 저장)] 대화상자가 나오면 각각의 항목을 설정합니다.

– 저장 위치 : [내문서₩GTQ]
– Format(형식) : Photoshop(*.PSD;*.PDD)
– 파일 이름 : 2급3-1(완성)

04 [View(보기)]-[Rulers(눈금자)]([Ctrl]+[R])를 클릭하여 눈금자를 표시합니다. 눈금자가 나오면 눈금자 위에서 마우스 오른쪽 버튼을 눌러 [Pixels(픽셀)]을 선택합니다.

2. 이미지 불러오기 및 이동하기

01 [File(파일)]-[Open(열기)]([Ctrl]+[O])을 클릭한 후 [Open(열기)] 대화상자가 나오면 파일을 불러옵니다.

– 경로 : '[내 문서]₩GTQ 2급₩Image₩매뉴얼₩2급3-1.jpg'

02 Tool Box(도구상자)에서 Magic Wand Tool(자동 선택 도구, ✦)을 선택한 후 '2급3-1.jpg'의 녹색 배경 부분을 클릭합니다.

– [Shift] 키를 누른 채 빈 공간을 차례대로 클릭
– [Shift]+[Ctrl]+[I]를 클릭하여 선택 영역을 반대로 활성화시킴

선택 영역 추가하기

❶ Magic Wand Tool(자동 선택 도구, ✦)의 Option Bar(옵션 바)에서 Add to selection(선택 영역에 추가, ▣)를 누르고 추가할 선택 영역을 클릭합니다.
❷ Magic Wand Tool(자동 선택 도구, ✦)이 선택된 상태에서 [Shift] 키를 누른 채 클릭해도 똑같이 선택 영역이 추가됩니다.

03 Move Tool(이동도구, 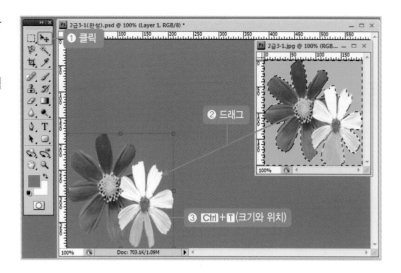)을 선택한 후 이미지를 작업 창으로 이동시킵니다.

– Ctrl+T(자유 변형)를 눌러 〈출력형태〉처럼 크기와 위치를 조절한 후 Enter 키를 누름

3. 이미지 레이어 스타일

01 Layers Palette(레이어 팔레트)에서 '꽃(Layer 1)' 레이어를 선택합니다. Add a layer style(레이어 스타일 추가, fx.)을 클릭한 후 [Outer Glow(외부광선)]를 선택합니다.

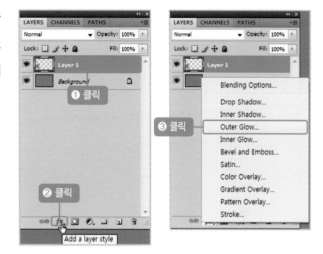

02 [Layer Style(레이어 스타일)] 대화상자가 나오면 각각의 항목을 설정합니다.

– 'Color(색상)'는 #ffffff, 'Size(크기)'는 30px로 설정

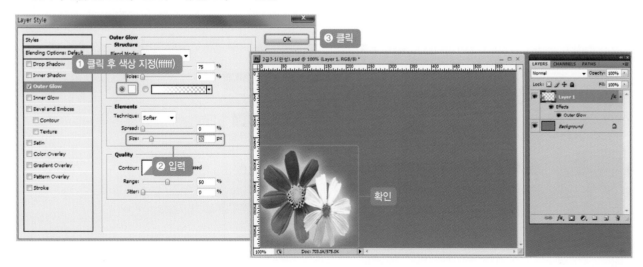

03 Move Tool(이동도구,)이 선택된 상태에서 [Alt] 키를 누른 채 꽃을 드래그하여 복제합니다.

– 복제된 꽃 레이어의 'Opacity(불투명도)'를 50%로 조절

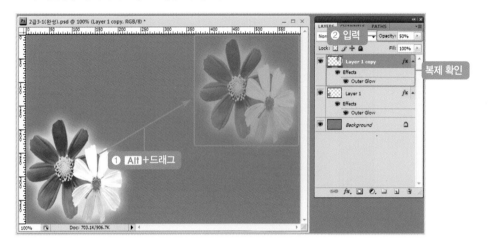

4. 문자 레이어 스타일

01 Tool Box(도구상자)에서 Horizontal Type Tool(수평 문자 도구, [T])을 선택한 후 Option Bar(옵션 바)를 설정합니다.

– Font(글꼴) : Arial, Font Style(글꼴 스타일) : Black
– Font Size(크기) : 45pt, Color(색상) : 임의색

> **글자색(임의색)**
>
> 그라디언트로 글자의 색상을 설정할 경우에는 기본 글자 색상을 작업 창의 배경에서 잘 보이는 임의색으로 지정합니다. 처음 지정한 글자 색상은 그라디언트로 글자 내부의 색상이 입혀지기 때문에 작업 과정에는 아무 상관이 없습니다.

02 작업 창의 가운데 부분에서 마우스를 클릭하여 Flower Garden을 입력한 후 [Ctrl]+[Enter]를 누릅니다.

– 문자 입력이 끝나면 Move Tool(이동도구,)로 문자의 위치를 조정

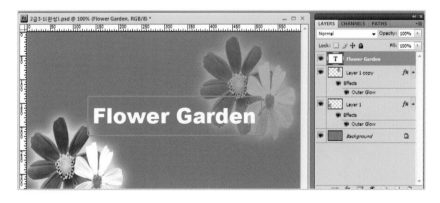

03 Layers Palette(레이어 팔레트)에서 Add a layer style(레이어 스타일 추가, fx.)을 클릭한 후 [Gradient Overlay(그라디언트 오버레이)]를 선택합니다.

04 [Layer Style(레이어 스타일)] 대화상자가 나오면 Gradient (그라디언트,) 막대의 가운데를 클릭합니다.

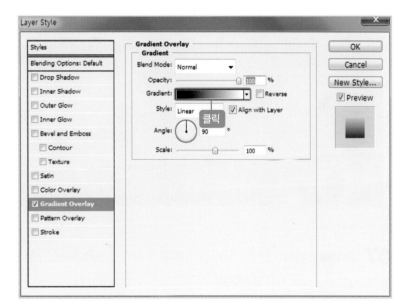

05 [Gradient Editor(그라디언트 편집기)] 대화상자가 나오면 색상을 설정합니다.

– 왼쪽 'Color Stop(색상 정지점,)'을 더블클릭한 후 'Color(색상)'을 '#00ff00'으로 입력

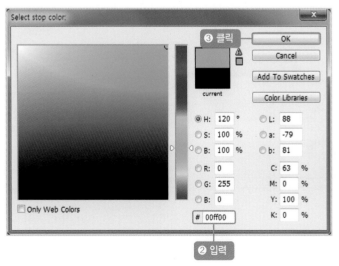

06 오른쪽 'Color Stop(색상 정지점)'을 더블클릭한 후 'Color(색상)'을 '#ffff00'으로 입력하여 글자 색상을 완성시킵니다.

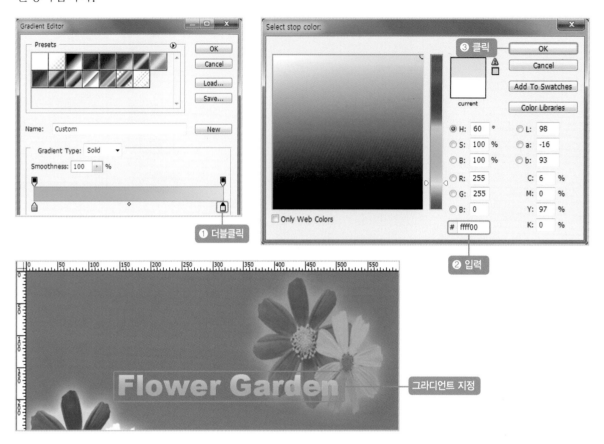

07 [Layer style(레이어 스타일)] 대화상자에서 [Stroke(선)]을 선택한 후 'Size(크기)'를 3px, 'Color(색상)'를 '#0000ff'로 각각 설정합니다.

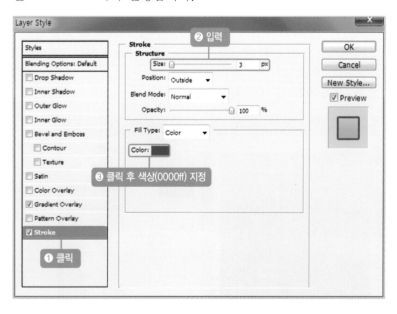

08 [Layer Style(레이어 스타일)] 대화상자에서 [Drop Shadow(그림자 효과)]를 선택한 후 'Distance(거리)'를 10, 'Size(크기)'를 10으로 각각 설정합니다.

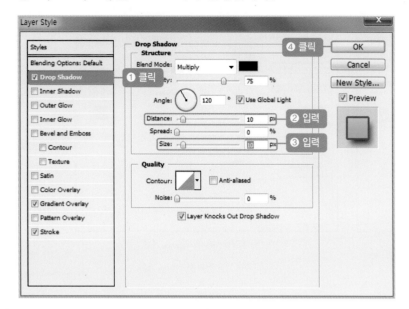

09 [File(파일)]-[Save(저장)]([Ctrl]+[S])는 눌러 완성된 이미지 파일을 기존 저장 파일에 덮어쓰기하여 저장합니다.

Layer Style(레이어 스타일) 알아보기

❶ Drop Shadow(그림자 효과) / Inner Shadow(내부 그림자)

- Opacity(불투명도) : 그림자의 불투명도를 조정합니다.
- Angle(각도) : 그림자의 각도를 조정합니다.
- Distance(거리) : 그림자의 거리를 조정합니다.
- Spread(스프레드) : 그림자의 퍼짐 정도를 조정합니다.
- Size(크기) : 그림자의 크기를 조정합니다.

※ Use Global Light : 해당 항목이 체크(V)되어 있으면 모든 레이어에 동일하게 빛의 옵션이 적용됩니다.

❷ Outer Glow(외부 광선) / Inner Glow(내부 광선)

 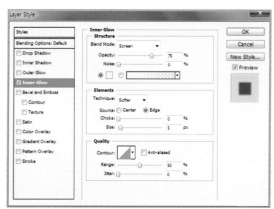

- Technique(기법) : 퍼짐 효과를 부드럽게 할 것인지, 정교한 색상으로 만들 것인지 설정합니다.
- Source(소스) : 퍼짐 효과를 가장자리가 뒤집어진 것처럼 적용할 것인지, 내부 테두리를 따라 적용할 것인지 설정합니다.
- Range(범위) : 퍼짐 효과를 적용할 범위를 설정합니다.

❸ Bevel and Emboss(경사와 엠보스)

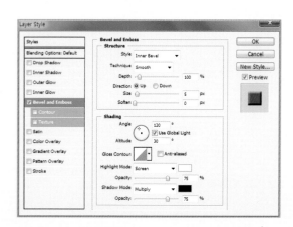

- Style(스타일) : 5가지의 경사와 엠보싱 스타일을 선택할 수 있습니다.
- Technique(기법) : 효과를 적용할 때의 기법을 지정합니다.
- Depth(깊이) : 효과의 경사각 깊이를 조절합니다.
- Direction(방향) : 효과의 방향을 조절합니다.

❹ Gradient Overlay(그라디언트 오버레이)

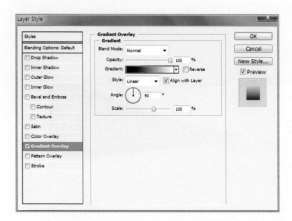

- Gradient(그라디언트) : 그라디언트의 색상을 지정하거나 원하는 색상을 만들 수 있습니다.
- Style(스타일) : 그라디언트 스타일을 설정합니다.
- Reverse(반전) : 그라디언트의 방향을 반대로 설정합니다.

02 필터 및 레이어 마스크 활용하기

Layers Mask(레이어 마스크)와 Gradient Tool(그라디언트 도구)

2개의 이미지를 겹쳐서 보여줄 때 특정 이미지를 점차적으로 보이거나 보이지 않게 설정할 수 있습니다. 그라디언트(▭)의 검정색 부분 이미지가 감추어지는 부분이며, 흰색은 이미지가 보이는 부분입니다.

불러올 파일 [내 문서]₩GTQ 2급₩Image₩매뉴얼₩2급3-2.jpg, 2급 3-3.jpg, 2급3-4.jpg
완성된 파일 완성 파일₩매뉴얼₩2급3-2(완성).PSD

1. 새 캔버스 만들기 및 저장하기

01 [File(파일)]−[New(새로 만들기)]([Ctrl]+[N])를 클릭한 후 [New(새로 만들기)] 대화상자가 나오면 각각의 항목을 설정합니다.

– Width(폭) : 600 Pixels, Height(높이) : 400 Pixels
– Resolution(해상도) : 72, Color Mode(색상 모드) : RGB

02 [File(파일)]−[Save As...(다른 이름으로 저장)]를 클릭한 후 [Save As(다른 이름으로 저장)] 대화상자가 나오면 각각의 항목을 설정합니다.

– 저장 위치 : [내문서₩GTQ]
– Format(형식) : Photoshop(*.PSD;*.PDD)
– 파일 이름 : 2급3-2(완성)

03 [View(보기)]−[Rulers(눈금자)]([Ctrl]+[R])를 클릭하여 눈금자를 표시합니다. 눈금자가 나오면 눈금자 위에서 마우스 오른쪽 버튼을 눌러 [Pixels(픽셀)]을 선택합니다.

2. 이미지 필터 적용하기

01 [File(파일)]-[Open(열기)]([Ctrl]+[O])을 클릭한 후 [Open(열기)] 대화상자가 나오면 파일을 불러옵니다.

– 경로 : '[내 문서]₩GTQ 2급₩Image₩매뉴얼₩2급3-2.jpg, 2급3-3.jpg'

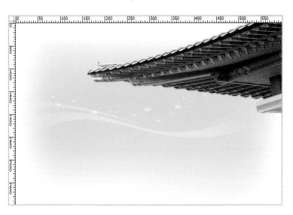

02 Tool Box(도구상자)에서 Move Tool(이동도구,) 을 선택한 후 **Shift** 키를 누른 채 '2급3-2.jpg' 창의 이미지를 작업 창으로 드래그하여 정중앙에 위치시키고 필터를 적용합니다.

– [Filter(필터)]-[Texture(텍스처)]-[Texturizer (텍스처화)]를 선택

03 Tool Box(도구상자)에서 Move Tool(이동도구,) 을 선택한 후 **Shift** 키를 누른 채 '2급3-3.jpg' 창의 이미지를 작업 창으로 드래그하여 정중앙에 위치시키고 필터를 적용합니다.

– [Filter(필터)]-[Brush Strokes(브러쉬 선)]-[Crosshatch(그물눈)]를 선택

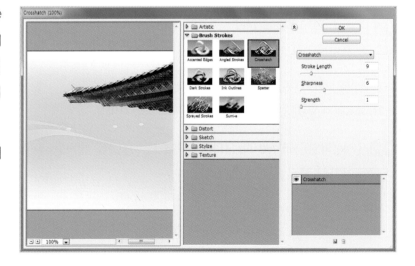

3. 레이어 마스크 적용하기

01 Layer2 레이어를 선택한 후 Layers Palette(레이어 팔레트)의 Add layer mask(레이어 마스크 추가, ▣)를 클릭하여 레이어 마스크를 추가합니다.

02 Tool Box(도구상자)에서 Gradient Tool(그라디언트 도구, ▣)을 선택한 후 Option Bar(옵션 바)를 설정합니다.

– Click to edit the gradient(클릭하여 그라디언트 편집, ▣) 클릭
– Gradient Editor(그라디언트 편집기) 대화상자가 나오면 Presets(사전 설정)에서 'Black(검정), White(흰색)'를 클릭

03 아래에서 위로 짧게 드래그하여 Layer Mask(레이어 마스크)를 생성합니다.

4. 이미지 편집

01 [File(파일)]–[Open(열기)]([Ctrl]+[O])을 클릭한 후 [Open(열기)] 대화상자가 나오면 파일을 불러옵니다.

– 경로 : '[내 문서]₩GTQ 2급₩Image₩매뉴얼₩2급3-4.jpg'

02 Tool Box(도구상자)에서 Magic Wand Tool(자동 선택 도구, [※])을 선택한 후 '2급-3.jpg'의 흰색 배경 부분을 클릭합니다.

– Option Bar(옵션 바)의 Tolerance(허용치) '5'로 설정
– [Shift] 키를 누른 채 선택 영역을 추가
– [Shift]+[Ctrl]+[I]를 클릭하여 선택 영역을 반대로 활성화시킴

03 Move Tool(이동도구, [⊕])을 선택한 후 이미지를 작업 창으로 이동시킵니다.

– [Ctrl]+[T](자유 변형)를 눌러 〈출력형태〉처럼 좌우 대칭하여 크기와 위치를 조절한 후 [Enter] 키를 누름

04 Layers Palette(레이어 팔레트)에서 '여자 어린이'(Layer 3) 레이어를 선택합니다. Add a layer style(레이어 스타일 추가, *fx.*)을 클릭한 후 [Outer Glow(외부광선)]를 선택합니다.

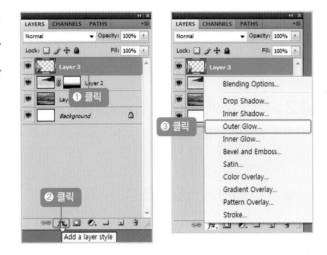

05 [Layer Style(레이어 스타일)] 대화상자가 나오면 각각의 항목을 설정합니다.

– 'Color(색상)'는 #ffffff, 'Size(크기)'는 50px로 설정

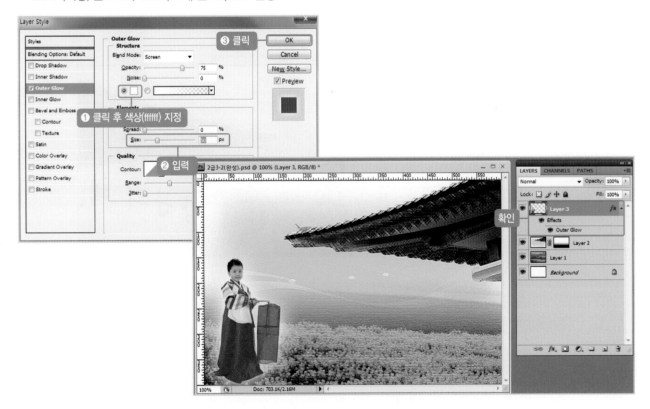

5. 문자 작업 후 꾸미기

01 Tool Box(도구상자)에서 Horizontal Type Tool(수평 문자 도구, T)을 선택한 후 Option Bar(옵션 바)를 설정합니다.

– Font(글꼴) : 궁서
– Font Size(크기) : 45pt, Color(색상) : #000000

02 여자 어린이 앞부분에서 마우스를 클릭하여 한국 방문의 해를 입력한 후 Ctrl+Enter를 누릅니다.

– Move Tool(이동 도구, ⊕)로 문자의 위치를 조정

03 Option Bar(옵션 바)에서 Create warped text(텍스트 변형 만들기, ⊥)를 클릭합니다.

– [Warp Text(텍스트 변형)] 대화상자가 나오면 'Style(스타일)'을 'Rise(상승)'를 선택

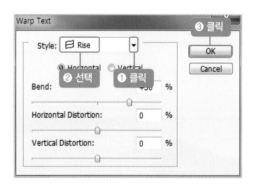

04 Layers Palette(레이어 팔레트)에서 Text(문자) 레이어를 선택합니다. Add a layer style(레이어 스타일 추가, [fx.])을 클릭한 후 [Stroke(선)]를 선택합니다.

– Size(크기) : 3px, Color(색상) : #ffffff

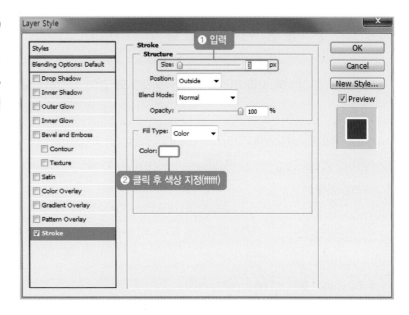

05 [Layer Style(레이어 스타일)] 대화상자에서 Drop Shadow(그림자 효과)를 선택한 후 'Distance(거리)'를 5, 'Size(크기)'를 10으로 설정합니다.

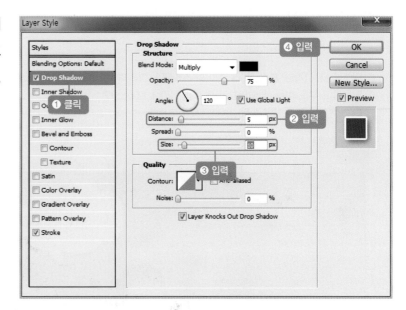

06 아래 세부 내용을 실행한 후 [File(파일)]-[Save(저장)]([Ctrl]+[S])는 눌러 완성된 이미지 파일을 기존 저장 파일에 덮어쓰기 하여 저장합니다.

– [Ctrl]+[T](자유 변형)를 눌러 최종적으로 문자의 크기와 위치를 조절한 후 [Enter] 키를 누름

다음의 ≪조건≫에 따라 아래의 ≪출력형태≫와 같이 작업하시오.

조건

원본 이미지		내문서₩GTQ 2급₩Image₩2급-5.jpg, 2급-6.jpg, 2급-7.jpg, 2급-8.jpg	
파일 저장 규칙	JPG	**파일명**	내문서₩GTQ₩수험번호-성명-3.jpg
		크기	600 × 400 pixels
	PSD	**파일명**	내문서₩GTQ₩수험번호-성명-3.psd
		크기	60 × 40 pixels

1. 그림 효과

① 2급-5.jpg : 필터 – Texturizer(텍스처화)
② 2급-6.jpg : 필터 – Texturizer(텍스처화), 레이어 마스크 – 가로 방향으로 흐릿하게
③ 2급-7.jpg : 레이어 스타일 – Outer Glow(외부광선)
④ 2급-8.jpg : 레이어 스타일 – Drop Shadow(그림자 효과)
⑤ 그 외≪출력형태≫참조

2. 문자 효과

① Fruit & Milk (Arial, Bold, 40pt, 레이어 스타일 – 그라디언트 오버레이(#ffcc00, #ffffcc), Stroke(선)(3px, #ff6600))
② 달콤하고 부드러운... 러블리한 라떼 (바탕, 20pt, #66cc00)

출력형태

Shape Tool(모양 도구) 사용
#ffffcc, 레이어 스타일 – Drop Shadow(그림자 효과)

Shape Tool(모양 도구) 사용
#ff6666, 레이어 스타일 – Stroke(선)(5px, #ffcccc)

Shape Tool(모양 도구) 사용
(#ffffff, #0066ff), Opacity(불투명도)(70%)

사진편집

새 캔버스 만들기 및 배경이미지 필터 적용 → 레이어 마스크 → 모양 도구 작업 → 문자도구 작업 → 정답파일 저장

완성된 파일 완성파일₩매뉴얼₩따라하기₩G123456789-홍길동-3(원본).PSD, G123456789-홍길동-3.PSD,
G123456789-홍길동-3.JPG

1. 새 캔버스 만들기 및 저장하기

01 [File(파일)]-[New(새로 만들기)]([Ctrl]+[N])를 클릭한 후 [New(새로 만들기)] 대화상자가 나오면 각각의 항목을 설정합니다.

– Width(폭) : 600 Pixels, Height(높이) : 400 Pixels
– Resolution(해상도) : 72, Color Mode(색상 모드) : RGB

02 [File(파일)]-[Save As...(다른 이름으로 저장)]([Ctrl]+[Shift]+[S])를 클릭한 후 [Save As(다른 이름으로 저장)] 대화상자가 나오면 각각의 항목을 설정합니다.

– 저장 위치 : [내문서₩GTQ]
– Format(형식) : Photoshop(*.PSD;*.PDD)
– 파일 이름 : 수험번호–성명–3(원본)(G123456789–홍길동–3(원본))
※원본파일은 임시저장 파일로 감독관 PC로 전송하지 않습니다.

2. 이미지 이동하기

01 [View(보기)]-[Rulers(눈금자)]([Ctrl]+[R])를 클릭하여 눈금자를 표시합니다. 눈금자가 나오면 눈금자 위에서 마우스 오른쪽 버튼을 눌러 [Pixels(픽셀)]을 선택합니다.

02 [File(파일)]-[Open(열기)]([Ctrl]+[O])을 클릭한 후 [Open(열기)] 대화상자가 나오면 파일을 불러옵니다.

– 경로 : '[내 문서]₩GTQ 2급₩Image₩매뉴얼₩2급–5.jpg, 2급–6.jpg, 2급–7.jpg, 2급–8.jpg'

03 Tool Box(도구상자)에서 Move Tool(이동도구, ▶+)을 선택한 후 **Shift** 키를 누른 채 '2급–5.jpg' 창의 이미지를 작업 창으로 드래그하여 정중앙에 위치시킵니다.

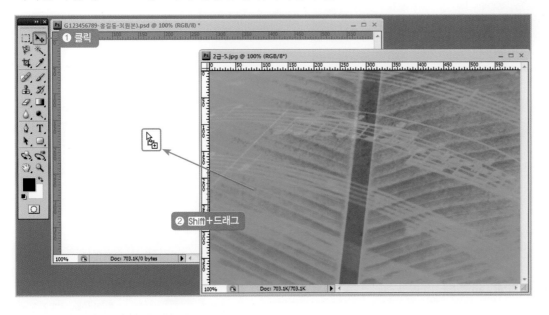

3. 필터와 레이어 마스크 적용하기

01 [Filter(필터)]–[Texture(텍스처)]–[Texturizer(텍스처화)]를 클릭하여 필터를 적용시킵니다.

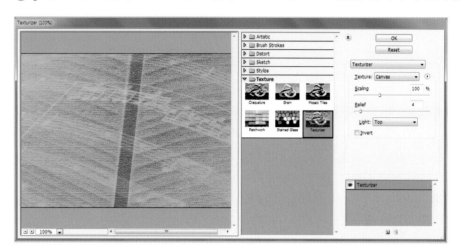

02 Tool Box(도구상자)에서 Move Tool(이동도구, ┡╈)을 선택한 후 '2급–6.jpg' 창의 이미지를 작업 창으로 드래그하여 이동시키고 필터를 적용합니다.

– [Filter(필터)]–[Texture(텍스처)]–[Texturizer(텍스처화)]를 선택

03 Layers Palette(레이어 팔레트)의 Add layer mask(레이어 마스크 추가, ▣)를 클릭하여 레이어 마스크를 추가합니다.

04 Tool Box(도구상자)에서 Gradient Tool(그라디언트 도구, ▣)을 선택한 후 Option Bar(옵션 바)를 설정합니다.

– Click to edit the gradient(클릭하여 그라디언트 편집, ◼◼▣) 클릭
– [Gradient Editor(그라디언트 편집기)] 대화상자가 나오면 Presets(사전 설정)에서 'Black(검정), White(흰색)'를 클릭

05 왼쪽에서 오른쪽으로 짧게 드래그하여 Layer Mask(레이어 마스크)를 생성합니다.

4. 모양 만들기

01 Tool Box(도구상자)에서 Rectangle Tool(직사각형 도구, ▭)을 선택합니다. Option Bar(옵션 바)를 설정한 후 마우스로 드래그 하여 〈출력형태〉처럼 그립니다.

– Option Mode(옵션 모드) : Shape layers(모양 레이어, ▣)
– Color(색상) : #0066ff

02 사각형 레이어의 Opacity(불투명도)를 70%로 입력합니다.

– Ctrl+T(자유 변형)를 눌러 〈출력형태〉처럼 크기와 위치를 조절한 후 Enter 키를 누름

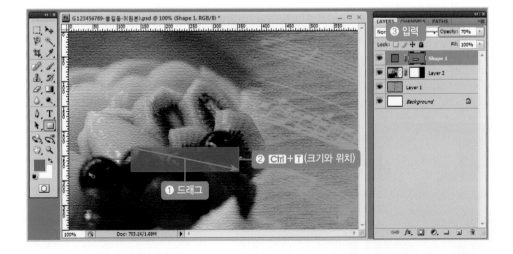

03 사각형 모양이 완성되면 Move Tool(이동도구, ▶⊕)을 선택한 후 Alt 키를 누른 채 드래그하여 복제합니다.

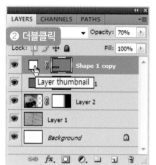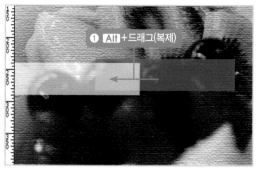

– 복사된 레이어의 Layer thumbnail(레이어 축소판)을 더블클릭하여 Color(색상)을 #ffffff로 변경
– 사각형 모양의 패스(외곽)선이 보이지 않도록 'Vector mask thumbnail(벡터 마스크 축소판)'을 클릭

04 Tool Box(도구상자)에서 Custom Shape Tool(사용자 정의 모양 도구, ▨)을 선택한 후 Option Bar(옵션 바)를 설정합니다.

– Option Mode(옵션 모드) : Shape layers(모양 레이어, ▣)
– Shape(모양) : Talk 3(말풍선 3), Color(색상) : #ffffcc
– Style(스타일) : 초기 스타일 없음(Style: ◪ ▾)

05 오른쪽 윗부분에서 마우스를 드래그하여 말풍선 모양을 그립니다.

– Ctrl + T(자유 변형)를 눌러 〈출력형태〉처럼 크기와 위치를 조절한 후 Enter 키를 누름

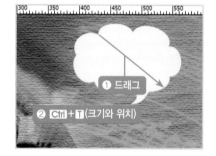

06 Layers Palette(레이어 팔레트)에서 Add a layer style(레이어 스타일 추가, fx.)을 클릭한 후 [Drop Shadow(그림자 효과)]를 선택합니다.

– 말풍선 모양의 패스(외곽)선이 보이지 않도록 'Vector mask thumbnail(벡터 마스크 축소판)'을 클릭

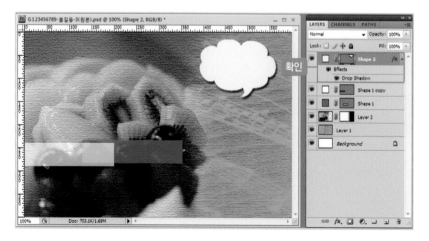

07 Tool Box(도구상자)에서 Custom Shape Tool(사용자 정의 모양 도구, )을 선택한 후 Option Bar (옵션 바)를 설정합니다.

– Option Mode(옵션 모드) : Shape layers(모양 레이어, ▣)
– Shape(모양) : Heart Card (하트카드), Color(색상) : #ff6666
– Style(스타일) : 초기 스타일 없음(Style: ◻ ▾)

08 말풍선 오른쪽 부분에서 마우스를 드래그하여 하트 모양을 그립니다.

– Ctrl+T(자유 변형)를 눌러 〈출력형태〉처럼 크기와 위치를 조절한 후 Enter 키를 누름

09 Layers Palette(레이어 팔레트)에서 Add a layer style(레이어 스타일 추가, *fx.*)을 클릭한 후 [Stroke(선)]를 선택합니다.

– Size(크기) : 5px, Color(색상) : #ffcccc

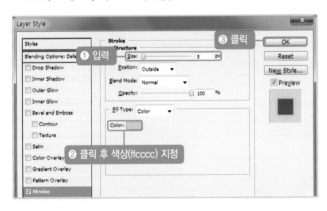

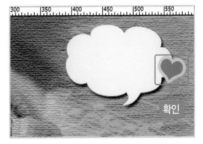

5. 이미지 편집

01 '2급–7.jpg' 이미지에서 Magnetic Lasso Tool(자석 올가미 도구, ▣)을 선택한 후 여자 이미지를 선택 영역으로 설정합니다.

– Frequency(빈도 수) 값을 '100'으로 지정
– 포인터 삭제 : Back space 또는 Delete 키를 누름

02 Move Tool(이동도구, )을 선택한 후 이미지를 작업 창으로 이동시킵니다.

- Ctrl+T(자유 변형)를 눌러 〈출력형태〉처럼 크기와 위치를 조절한 후 Enter 키를 누름

03 Layers Palette(레이어 팔레트)에서 Add a layer style(레이어 스타일 추가, fx.)을 클릭한 후 [Outer Glow(외부광선)]를 선택합니다.

- Spread(스프레드) : 0%, Size(크기) : 5px
* 〈출력형태〉를 참고하여 Style 옵션은 사용자가 임의 조정합니다.

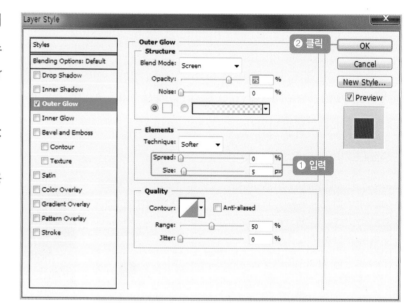

04 Tool Box(도구상자)에서 Magic Wand Tool(자동 선택 도구, )을 선택한 후 '2급-8.jpg'의 배경 부분을 클릭합니다.

- Shift 키를 누른 채 빈 공간을 차례대로 클릭
- Tolerance(허용치) '50'으로 설정
- Shift+Ctrl+I 를 클릭하여 선택 영역을 반대로 활성화시킴

05 Move Tool(이동도구,)을 선택한 후 이미지를 작업 창으로 이동시킵니다.

– Ctrl+T(자유 변형)를 눌러 〈출력형태〉처럼 크기와 위치를 조절한 후 Enter 키를 누름

06 Layers Palette(레이어 팔레트)에서 Add a layer style(레이어 스타일 추가, fx.)을 클릭한 후 [Drop Shadow(그림자 효과)]를 선택합니다.

6. 문자 작업 후 꾸미기

01 Tool Box(도구상자)에서 Horizontal Type Tool(수평 문자 도구, T)을 선택한 후 Option Bar(옵션 바)를 설정합니다.

– Font(글꼴) : Arial , Font Style(글꼴 스타일) : Bold
– Font Size(크기) : 40pt, Color(색상) : 임의색

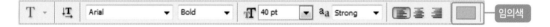

02 흰색 도형 부분의 바깥쪽을 마우스로 클릭하여 Fruit & Milk 를 입력한 후 Ctrl+Enter를 누릅니다.

– 문자 입력이 끝나면 Move Tool(이동도구,)로 문자의 위치를 조정

03 Layers Palette(레이어 팔레트)에서 Add a layer style(레이어 스타일 추가, fx.)을 클릭한 후 [Gradient Overlay(그라디언트 오버레이)]를 선택합니다.

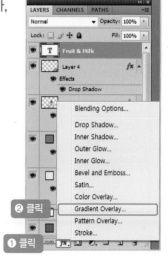

04 [Layer Style(레이어 스타일)] 대화상자가 나오면 Gradient (그라디언트, ) 막대의 가운데를 클릭합니다.

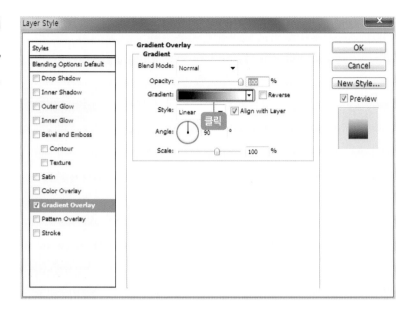

05 [Gradient Editor(그라디언트 편집기)] 대화상자가 나오면 색상을 설정합니다.

– Color Stop(색상 정지점, ⬛)'을 더블클릭
– 왼쪽 색상 : #ffcc00, 오른쪽 색상 : #ffffcc

❶ 더블클릭 후 색상(#ffcc00) 지정   ❷ 더블클릭 후 색상(#ffffcc) 지정

06 Layer Style(레이어 스타일) 대화상자에서 [Stroke(선)]를 선택한 후 각각의 항목을 설정합니다.

– Size(크기) : 3px, Color(색상) : #ff6600

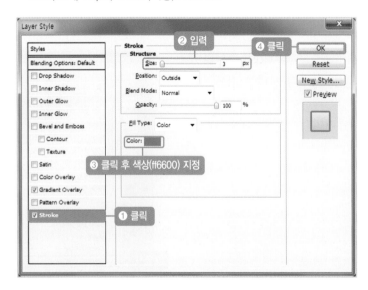

07 Tool Box(도구상자)에서 Horizontal Type Tool(수평 문자 도구, T)을 선택합니다. 두 번째 글자를 입력할 위치를 먼저 클릭한 후 Option Bar(옵션 바)를 설정합니다.

– Font(글꼴) : 바탕
– Font Size(크기) : 20pt, Color(색상) : #66cc00

문자 스타일(새 레이어 생성)

2개 이상의 문장을 연속으로 입력할 경우에는 첫 번째 문장의 스타일이 두 번째 문장에 똑같이 적용되지 않도록 반드시 글자를 입력할 위치에 마우스로 클릭한 후 Option Bar(옵션 바)를 설정합니다.

08 달콤하고 부드러운... 러블리한 라떼를 입력한 후 Tool Box(도구상자)에서 Move Tool(이동 도구,)로 문자의 위치를 조정합니다.

7. 정답 파일 저장

01 [File(파일)]–[Save(저장)](Ctrl + S)를 눌러 완성된 '원본' 이미지 파일을 저장합니다.

02 JPG 파일로 저장하기 위해 [File(파일)]–[Save As...(다른 이름으로 저장)](Shift + Ctrl + S)를 클릭합니다. [Save As(다른 이름으로 저장)] 대화상자가 나오면 각각의 항목을 설정합니다.

– 저장 위치 : [내문서₩GTQ]
– Format(형식) : JPEG(*.JPG;*.JPEG;*.JPE)
– 파일 이름 : 수험번호–성명–3(G123456789–홍길동–3)

03 [JPEG Options(JPEG 옵션)] 대화상자가 나오면 파일 용량이 2MB가 넘지 않도록 설정한 후 〈OK(확인)〉 버튼을 클릭합니다.

– Quality(품질) : High(고) 수준으로 설정하여 용량을 체크

04 이미지 크기를 줄인 PSD 파일로 저장하기 위하여 [Image(이미지)]–[Image Size(이미지 크기)]([Alt]+[Ctrl]+[I])를 클릭한 후 [Image Size(이미지 크기)] 대화상자를 설정합니다.

– Width(폭) : 60pixels(픽셀), Height(높이) : 40pixels(픽셀)

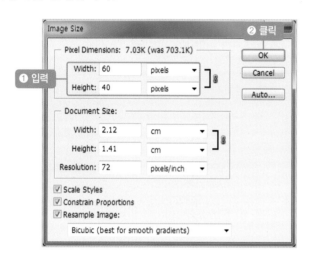

05 이미지가 축소되면 [File(파일)]–[Save As...(다른 이름으로 저장)]([Shift]+[Ctrl]+[S])를 클릭합니다. [Save As(다른 이름으로 저장)] 대화상자가 나오면 각각의 항목을 설정합니다.

– 저장 위치 : [내문서₩GTQ]
– Format(형식) : Photoshop(*.PSD;*.PDD)
– 파일 이름 : 수험번호–성명–3(G123456789–홍길동–3)

06 답안 저장이 끝나면 수험자 프로그램의 〈답안전송〉 버튼을 클릭하여 3개의 파일 중 (원본)파일을 제외한 'JPG'와 '축소된 PSD' 파일만 선택하여 파일을 전송합니다.

[기능평가]
사진편집 완전정복

완성된 파일 완성파일₩매뉴얼₩완전정복1₩G123456789-홍길동-3(1)(원본).PSD, G123456789-홍길동-3(1).PSD, G123456789-홍길동-3(1).JPG

문제 01 [기능평가] 사진편집

다음의 ≪조건≫에 따라 아래의 ≪출력형태≫와 같이 작업하시오.

조건

원본 이미지		내문서₩GTQ 2급₩Image₩매뉴얼₩2급-5(1).jpg, 2급-6(1).jpg, 2급-7(1).jpg, 2급-8(1).jpg	
파일 저장 규칙	JPG	**파일명**	내문서₩GTQ₩수험번호-성명-3(1).jpg
		크기	600 × 400 pixels
	PSD	**파일명**	내문서₩GTQ₩수험번호-성명-3(1).psd
		크기	60 × 40 pixels

1. 그림 효과

① 2급-5(1).jpg : 필터 - Facet(단면화)
② 2급-6(1).jpg : 필터 - Crosshatch(그물눈), 레이어 마스크 - 대각선 방향으로 흐릿하게
③ 2급-7(1).jpg : 레이어 스타일 - Drop Shadow(그림자 효과), Outer Glow(외부 광선)
④ 2급-8(1).jpg : 레이어 스타일 - Drop Shadow(그림자 효과)
⑤ 그 외《출력형태》참조

2. 문자 효과

① Hot Summer (Arial, Bold, 35pt, 레이어 스타일 - 그라디언트 오버레이(#0099ff, #ccffff), Stroke(선)(3px, #0033ff))
② 아이스커피 이벤트! (돋움, 28pt, #ffffff), 레이어 스타일 - Drop Shadow(그림자 효과),
Stroke (선) (2px, 그라디언트(#0099ff, #ccffff))

출력형태

Shape Tool(모양 도구) 사용
#ffcc00, 레이어 스타일
- Stroke(선)(2px, #ffffff)

Shape Tool(모양 도구) 사용
(#ffffcc, #cc6600), 레이어 스타일
- Drop Shadow(그림자 효과)

[기능평가]
사진편집 완전정복

 완성된 파일 완성파일₩매뉴얼₩완전정복2₩G123456789-홍길동-3(2)(원본).PSD, G123456789-홍길동-3(2).PSD, G123456789-홍길동-3(2).JPG

문제 02 [기능평가] 사진편집

다음의 ≪조건≫에 따라 아래의 ≪출력형태≫와 같이 작업하시오.

 조건

원본 이미지			내문서₩GTQ 2급₩Image₩매뉴얼₩2급-5(2).jpg, 2급-6(2).jpg, 2급-7(2).jpg, 2급-8(2).jpg
파일 저장 규칙	JPG	파일명	내문서₩GTQ₩수험번호-성명-3(2).jpg
		크기	600 × 400 pixels
	PSD	파일명	내문서₩GTQ₩수험번호-성명-3(2).psd
		크기	60 ×40 pixels

1. 그림 효과

① 2급-5(2).jpg : 필터 – Shapen (선명하게)
② 2급-6(2).jpg : 필터 – Crosshatch(그물눈), 레이어 마스크 – 대각선 방향으로 흐릿하게
③ 2급-7(2).jpg : 레이어 스타일 – Outer Glow(외부 광선)
④ 2급-8(2).jpg : 레이어 스타일 – Drop Shadow(그림자 효과)
⑤ 그 외《출력형태》참조

2. 문자 효과

① CLASSIC (Arial, Black, 40pt, 레이어 스타일 – 그라디언트 오버레이(#e10019, #00601b), Stroke(선)(2px, #ffffff))
② CONCERT FESTIVAL (Arial, Bold Italic 30pt, #ffffff)

출력형태

Shape Tool(모양 도구) 사용 (#00000), 레이어 스타일 – Drop Shadow(그림자 효과)

Shape Tool(모양 도구) 사용 (#ffffff), Opacity(불투명도)(50%) 레이어 스타일 – Drop Shadow (그림자 효과)

Chapter 04

Graphic Technology Qualification

[실무응용]

이벤트 페이지 제작

01 클리핑 마스크 활용하기

⭐ 클리핑 마스크(Clipping Mask)

클리핑 마스크는 도형의 내부를 특정 이미지로 채워서 보여주는 기능으로 이미지에 따라 똑같은 도형도 다르게 보일 수 있습니다. 레이어 팔레트에서 **Alt** 키를 누른 채 레이어의 경계선을 클릭하면 클리핑 마스크가 실행됩니다.

 불러올 파일 [내 문서]₩GTQ 2급₩Image₩매뉴얼₩2급4-1.jpg, 2급 4-1(그림1).jpg, 2급 4-1(그림2).jpg, 2급 4-1(그림3).jpg
완성된 파일 완성파일₩매뉴얼₩2급4-1(완성).PSD

1. 도형을 그린 후 클리핑 마스크 적용하기

01 [File(파일)]-[Open(열기)]([Ctrl]+[O])을 클릭한 후 [Open(열기)] 대화상자가 나오면 파일을 불러옵니다.

– 경로 : '[내 문서]₩GTQ 2급₩Image₩매뉴얼₩2급4-1.jpg'

02 Tool Box(도구상자)에서 Custom Shape Tool(사용자 정의 모양 도구, ⬕)을 선택한 후 Option Bar(옵션 바)를 설정합니다.

– Option Mode(옵션 모드) : Shape layers(모양 레이어, ⬜)
– Shape(모양) : Butterfly(나비), Color(색상) : 임의색

임의색

Shape(모양)과 마스크

클리핑 마스크 용도로 사용할 Shape(모양)은 다른 이미지가 덮어 씌워지기 때문에 임의의 색상으로 지정합니다.

Default Style(None)(초기 스타일(없음), Style: ▧ ▼)

❶ 새로운 모양을 그릴 때 기존에 그렸던 모양에 적용된 스타일이 다시 적용되지 않도록 하기 위한 기능입니다.

❷ Option Bar(옵션 바)의 Style(스타일)은 Default Style(None)(초기 스타일(없음), Style: ▧ ▼)으로 설정한 후 작업합니다.

03 꽃의 윗부분에서 마우스를 드래그하여 나비 모양을 그립니다.

– Ctrl + T (자유 변형)를 눌러 〈출력형태〉처럼 크기와 위치를 조절한 후 Enter 키를 누름

04 '2급4-1(그림1).jpg' 파일을 불러와 Tool Box(도구상자)에서 Move Tool(이동도구, ▶⊹)을 선택합니다.

– 작업 창으로 드래그하여 나비 모양 위로 위치시킴

05 [Layer(레이어)]–[Create Clipping Mask(클리핑 마스크 만들기)]를 클릭하여 Clipping Masking(클리핑 마스크)을 실행합니다.

클리핑 마스크 실행 방법

❶ 바로 가기 키 : <kbd>Alt</kbd>+<kbd>Ctrl</kbd>+<kbd>G</kbd>

❷ <kbd>Alt</kbd>+클릭 : Shape(모양) 레이어와 이미지가 있는 레이어의 경계선에서 <kbd>Alt</kbd> 키를 누른 채 클릭합니다.

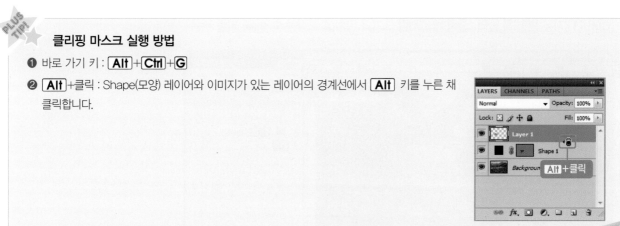

06 Clipping Masking(클리핑 마스크)가 실행되면 <kbd>Ctrl</kbd>+<kbd>T</kbd>(자유 변형)를 눌러 꽃 이미지의 크기와 위치를 조절한 후 <kbd>Enter</kbd> 키를 누릅니다.

2. 클리핑 마스크에 레이어 스타일 적용하기

01 Tool Box(도구상자)에서 Custom Shape Tool(사용자 정의 모양 도구, )을 선택한 후 Option Bar(옵션 바)를 설정합니다.

– Option Mode(옵션 모드) : Shape layers(모양 레이어, ▢)
– Shape(모양) : Bird 2(새 2), Color(색상) : 임의색

02 산 부분에서 마우스를 드래그하여 새 모양을 그립니다.

– [Ctrl]+[T](자유 변형)를 눌러 〈출력형태〉처럼 크기와 위치를 조절한 후 [Enter] 키를 누름

03 Layers Palette(레이어 팔레트)에서 '새 모양(Shape 2)' 레이어를 선택합니다. Add a layer style(레이어 스타일 추가, *fx.*)을 클릭한 후 [Stroke(선)]를 선택합니다.

– Size(크기) : 3px, Color(색상) : #ffffff

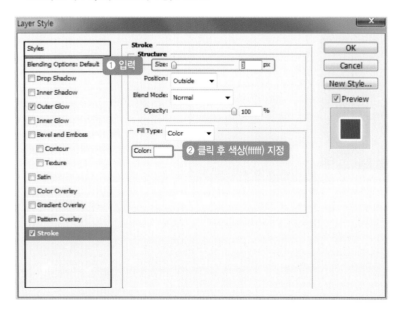

04 [Layer Style(레이어 스타일)] 대화상자에서 [Outer Glow(외부 광선)]를 선택한 후 'Size(크기)'를 25px로 설정합니다.

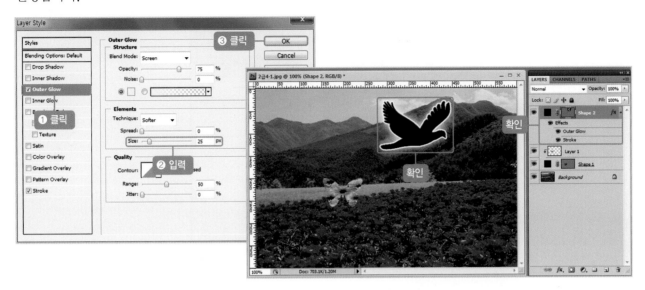

05 '2급4-1(그림2).jpg' 파일을 불러와 Tool Box(도구 상자)에서 Move Tool(이동도구, ⊕)을 선택합니다.

– 작업 창으로 드래그하여 새 모양 위로 위치시킴

06 새 모양 레이어(Shape 2)와 2급4-1(그림2).jpg(Layer 2) 레이어의 경계선에서 Alt 키를 누른 채 클릭합니다.

07 Clipping Masking(클리핑 마스크)가 실행되면 **Ctrl**+**T**(자유 변형)를 눌러 구름 이미지의 위치를 조절한 후 **Enter** 키를 누릅니다.

3. 문자 입력 후 클리핑 마스크 적용하기

01 Tool Box(도구상자)에서 Horizontal Type Tool(수평 문자 도구, **T**)을 선택한 후 Option Bar(옵션 바)를 설정합니다.

– Font(글꼴) : 궁서
– Font Size(크기) : 45pt, Color(색상) : 임의색

| T · | ⥯ | 궁서 ▼ | - ▼ | ⫟T 45 pt ▼ | a_a Strong ▼ | 臺 臺 臺 | ■ |

임의색

02 작업 창의 윗부분에서 마우스를 클릭하여 **자연을 사랑하자**를 입력한 후 **Ctrl**+**Enter**를 누릅니다.

03 Tool Box(도구상자)의 Move Tool(이동 도구, ▶)로 문자의 위치를 조정합니다.

– 키보드의 방향키를 이용하면 보다 정확하게 위치를 조정할 수 있음

04 Layers Palette(레이어 팔레트)에서 Text(문자) 레이어를 선택합니다. Add a layer style(레이어 스타일 추가, *fx.*)을 클릭한 후 [Stroke(선)]를 선택합니다.

– Size(크기) : 2px, Color(색상) : #55ff00
– Drop Shadow(그림자 효과)를 선택

05 '2급4-1(그림3).jpg' 파일을 불러와 Tool Box(도구상자)에서 Move Tool(이동도구, *⊕*)을 선택합니다.

– 작업 창으로 드래그하여 글자 위로 위치시킴

06 텍스트 레이어와 '2급4-1(그림3).jpg'(Layer 3) 레이어의 경계선에서 **Alt** 키를 누른 채 클릭합니다.

07 Clipping Masking(클리핑 마스크)가 실행되면 **Ctrl**+**T**(자유 변형)를 눌러 꽃 이미지의 크기와 위치를 조절한 후 **Enter** 키를 누릅니다.

Pen Tool(펜 도구, ✎)

특정 이미지에서 사용자가 원하는 형태의 윤곽(패스)을 직접 그릴 때 사용하는 도구입니다. 펜 도구는 초보자가 사용하기에는 약간 어려운 도구이기 때문에 반복적인 연습이 필요합니다.

불러올 파일 없음
완성된 파일 완성 파일₩매뉴얼₩2급4-2(완성).PSD

1. 새 캔버스 만들기

01 [File(파일)]-[New(새로 만들기)]([Ctrl]+[N])를 클릭한 후 [New(새로 만들기)] 대화상자가 나오면 각각의 항목을 설정합니다.

– Width(폭) : 400 Pixels, Height(높이) : 400 Pixels
– Resolution(해상도) : 72, Color Mode(색상 모드) : RGB(8bit)

02 [View(보기)]-[Rulers(눈금자)]([Ctrl]+[R])를 클릭하여 눈금자를 표시합니다. 눈금자가 나오면 눈금자 위에서 마우스 오른쪽 버튼을 눌러 [Pixels(픽셀)]을 선택합니다.

2. Pen Tool(펜 도구) 활용하기

01 Tool Box(도구상자)에서 Move Tool(이동 도구, ⊹)로 그림처럼 가이드라인을 그린 후 Pen Tool(펜 도구, ✎)를 선택합니다.

– Option Bar(옵션 바)에서 Paths(패스, ▨)를 선택

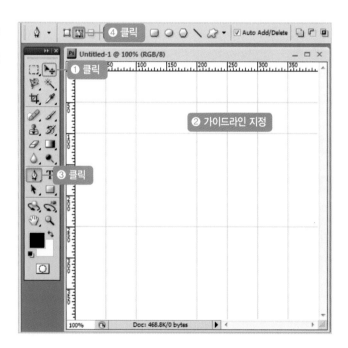

가이드라인 수정

가이드라인을 그리다가 위치가 틀렸을 경우 Move Tool(이동 도구, 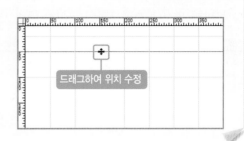로 해당 가이드라인을 드래그하여 수정함

Pen Tool(펜 도구)의 Option Mode(옵션 모드)

❶ Shape Layers(모양 레이어, ▣) : 사용자가 그린 윤곽의 형태로 도형이 만들어 집니다.

❷ Paths(패스, ▨) : 사용자가 그린 윤곽의 형태로 패스가 만들어 집니다.

02 시작 지점에서 클릭하여 앵커 포인트를 설정한 후 두 번째 지점을 클릭과 동시에 드래그하여 핸들로 곡선을 만듭니다.

– 곡선을 만들고자 하는 반대 방향으로 핸들을 드래그

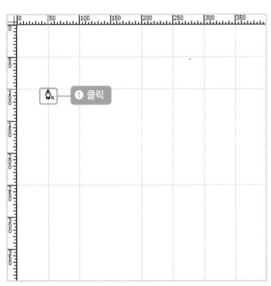

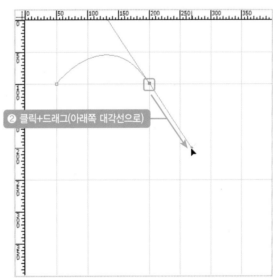

Path(패스) 작업

❶ Anchor Point(앵커 포인트) : 마우스를 클릭했을 때 나타나는 사각형 모양의 점으로 패스 작업의 모양과 형태를 결정합니다.

❷ Handle(핸들) : 곡선의 패스(클릭+드래그)를 그리면 나타나는 선분 모양으로 곡선의 곡률을 조절할 수 있습니다. **Alt** 키를 누른 채 앵커 포인트를 클릭하면 진행 방향의 핸들이 없어지게 됩니다.

❸ Segment(세그먼트) : 앵커 포인트 사이의 직선이나 곡선을 말합니다.

❹ 패스 작업을 중간에 종료하고자 할 때는 **Ctrl** 키를 누른 채 클릭합니다.

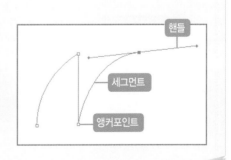

03 Anchor Point(앵커 포인트)에서 [Alt] 키를 누른 채 클릭하여 핸들의 방향성을 제거합니다. 세 번째 지점을 클릭과 동시에 드래그하여 동일한 방법으로 곡선을 만듭니다.

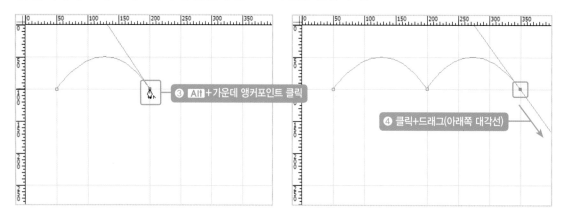

04 [Alt] 키로 핸들의 방향성을 제거하면서 하트 모양을 그려 나갑니다.

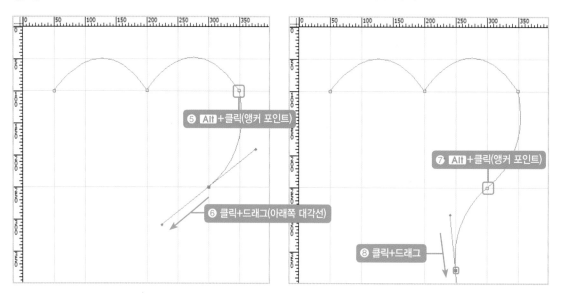

05 처음 시작점과 만나는 부분에서 클릭(직선으로 끝낼 때) 또는 클릭+드래그(곡선으로 끝낼 때)하여 하트 모양 패스를 완성합니다.

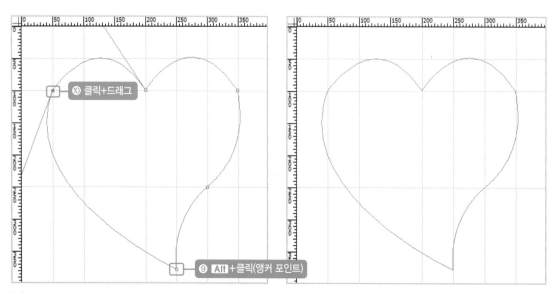

06 Layers Palette(레이어 팔레트)의 [Paths(패스)]탭을 선택한 후 'Work Path'를 더블클릭하여 패스를 저장합니다.

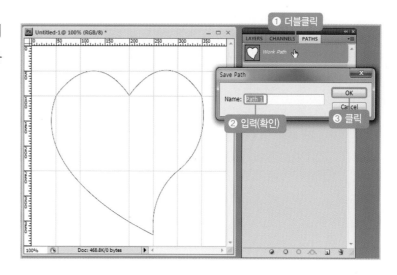

3. Paths(패스) 영역에 색 입히기

01 Paths Palette(패스 팔레트)에서 Ctrl 키를 누른 채 'Path 1'을 클릭하여 선택 영역으로 설정합니다.

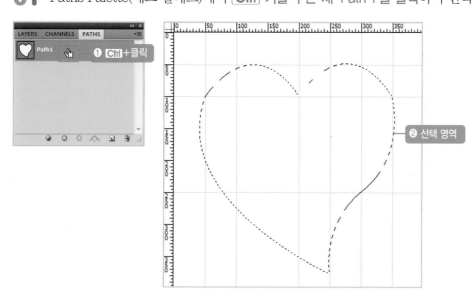

02 Tool Box(도구상자)에서 Gradient Tool(그라디언트 도구, ▣)을 선택한 후 Option Bar(옵션 바)를 설정합니다.

- Click to edit the gradient(클릭하여 그라디언트 편집, ▭▬◼) 클릭
- Gradient Editor(그라디언트 편집기) 대화상자가 나오면 Presets(사전 설정)에서 'Spectrum(스펙트럼)'을 클릭

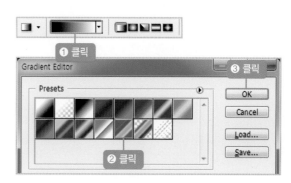

03 하트 모양의 선택 영역 안에서 아래 방향으로 드래그하여 그라디언트 효과를 적용시킵니다.

– 선택 영역 해제 : Ctrl + D 를 누름
– Ctrl + ; 누름 : 가이드라인을 숨김

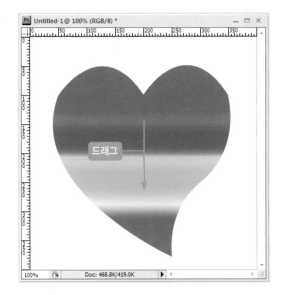

다음의 ≪조건≫에 따라 아래의 ≪출력형태≫와 같이 작업하시오.

조건

원본 이미지			내문서₩GTQ 2급₩Image₩2급-9.jpg, 2급-10.jpg, 2급-11.jpg, 2급-12.jpg, 2급-13.jpg
파일 저장 규칙	JPG	파일명	내문서₩GTQ₩수험번호-성명-4.jpg
		크기	600 × 400 pixels
	PSD	파일명	내문서₩GTQ₩수험번호-성명-4.psd
		크기	60 × 40 pixels

1. 그림 효과

① 2급-10.jpg : Crosshatch(그물눈), Opacity(불투명도)(50%), 레이어 마스크 – 대각선 방향으로 흐릿하게
② 2급-11.jpg : Outer Glow(외부 광선)
③ 2급-12.jpg : 레이어 스타일 – Inner Shadow(내부 그림자), Drop Shadow(그림자 효과)
④ 2급-13.jpg : 레이어 스타일 – Inner Shadow(내부 그림자), Drop Shadow(그림자 효과)
⑤ 그 외《출력형태》참조

2. 문자 효과

① 40% (Arial, Black, 48pt, 레이어 스타일 – 그라디언트 오버레이(#0a00b2, #ff0000, #fffc00), Stroke(선)(2px, #ffffff), Drop Shadow (그림자 효과)
② S/A/L/E(Arial, Bold Italic, 48pt, #ff0000, 레이어 스타일 – Outer Glow(외부 광선), Drop Shadow(그림자 효과)
③ 유럽여행 할인 이벤트 (돋움, 38pt, #0000ff), Stroke(선)(2px, #ffffff), Drop Shadow(그림자 효과)

출력형태

Shape Tool(모양 도구) 사용

Shape Tool(모양 도구) 사용 (#ffffff), Opacity(불투명도)(50%) 레이어 스타일 – Drop Shadow(그림자 효과)

Shape Tool(모양 도구) 사용

Shape Tool(모양 도구) 사용 (#ffff00), Opacity(불투명도)(50%) 레이어 스타일 – Drop Shadow(그림자 효과)

 이벤트 페이지 제작 작업 과정

새 캔버스 만들기 및 배경이미지 필터 적용 → 레이어 마스크 → 클리핑 마스크 → 모양 도구 작업 → 문자도구 작업 → 정답파일 저장

 완성된 파일 완성 파일₩매뉴얼₩따라하기₩G123456789-홍길동-4(원본).PSD, G123456789-홍길동-4.PSD, G123456789-홍길동-4.JPG

1. 새 캔버스 만들기 및 저장하기

01 [File(파일)]–[New(새로 만들기)]([Ctrl]+[N])를 클릭한 후 [New(새로 만들기)] 대화상자가 나오면 각각의 항목을 설정합니다.

– Width(폭) : 600 Pixels, Height(높이) : 400 Pixels
– Resolution(해상도) : 72, Color Mode(색상 모드) : RGB

02 [File(파일)]–[Save As...(다른 이름으로 저장)]([Ctrl]+[Shift]+[S])를 클릭한 후 [Save As(다른 이름으로 저장)] 대화상자가 나오면 각각의 항목을 설정합니다.

– 저장 위치 : [내문서₩GTQ]
– Format(형식) : Photoshop(*.PSD;*.PDD)
– 파일 이름 : 수험번호–성명–4(원본)(G123456789–홍길동–4(원본))
※원본파일은 임시저장 파일로 감독관 PC로 전송하지 않습니다.

2. 이미지 이동하기

01 [View(보기)]–[Rulers(눈금자)]([Ctrl]+[R])를 클릭하여 눈금자를 표시합니다. 눈금자가 나오면 눈금자 위에서 마우스 오른쪽 버튼을 눌러 [Pixels(픽셀)]을 선택합니다.

02 [File(파일)]–[Open(열기)]([Ctrl]+[O])을 클릭한 후 [Open(열기)] 대화상자가 나오면 파일을 불러옵니다.

– 경로 : '[내 문서]₩GTQ 2급₩Image₩매뉴얼₩2급–9.jpg, 2급–10.jpg, 2급–11.jpg, 2급–12.jpg'

03 Tool Box(도구상자)에서 Move Tool(이동도구, ▶+)을 선택한 후 [Shift] 키를 누른 채 '2급–9.jpg' 창의 이미지를 작업 창으로 드래그하여 정중앙에 위치시킵니다.

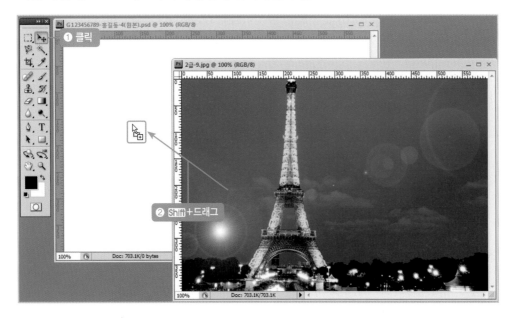

3. 필터와 레이어 마스크 적용하기

01 Move Tool(이동도구, ⊕)이 선택된 것을 확인한 후 '2급-10.jpg' 창의 이미지를 작업 창으로 드래그하여 출력형태처럼(오른쪽 벗어나게) 위치시키고 필터를 적용합니다.

– [Filter(필터)]–[Brush Strokes(브러쉬 선)]–[Crosshatch(그물눈)] 클릭

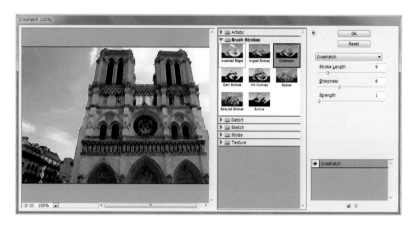

02 Layers Palette(레이어 팔레트)의 Add layer mask(레이어 마스크 추가, ▣)를 클릭하여 레이어 마스크를 추가합니다.

03 Tool Box(도구상자)에서 Gradient Tool(그라디언트 도구, ▣)을 선택한 후 Option Bar(옵션 바)를 설정합니다.

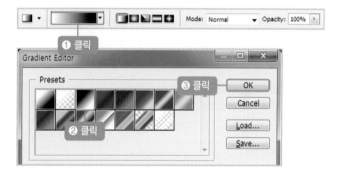

– Click to edit the gradient(클릭하여 그라디언트 편집, ▰▱) 클릭
– Gradient Editor(그라디언트 편집기) 대화상자가 나오면 Presets(사전 설정)에서 'Black(검정), White(흰색)'를 클릭

04 대각선 방향으로 드래그하여 Layer Mask(레이어 마스크)를 생성합니다.

– Layers palette(레이어 팔레트)의 'Opacity(불투명도)'를 50%로 입력

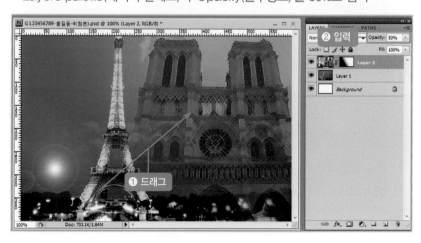

05 '2급-11.jpg' 이미지에서 개선문 부분을 Magnetic Lasso Tool(자석 올가미 도구, [🖉])로 선택 영역을 설정합니다.

– Frequency(빈도 수) 값을 '100'으로 지정
– 포인터 삭제 : [Back space] 또는 [Delete] 키를 누름
– 개선문의 아랫부분은 출력형태에 나오지 않는 부분이기 때문에 적당히 선택 영역으로 설정함

선택 영역 지정

06 Move Tool(이동도구, [➡])을 선택한 후 이미지를 작업 창으로 이동시킵니다.

– [Ctrl]+[T](자유 변형)를 눌러 〈출력형태〉처럼 크기와 위치를 조절한 후 [Enter] 키를 누름

07 Add a layer style(레이어 스타일 추가, [fx.])을 클릭한 후 [Outer Glow(외부광선)]를 선택합니다.

– Spread(스프레드) : 0%, Size(크기) : 5px
* 수험자가 출력형태를 보고 임의 조정합니다

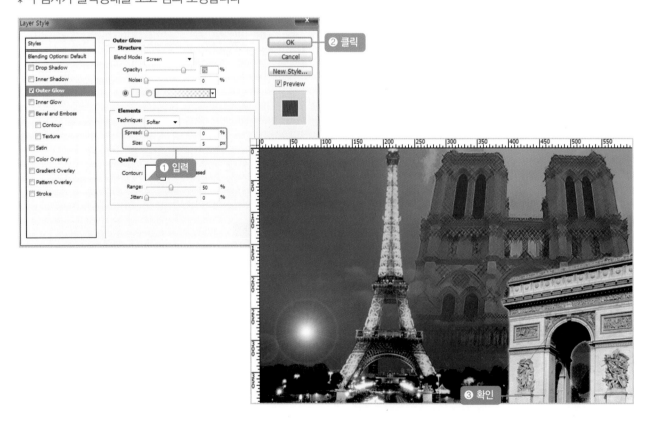

4. 클리핑 마스크

01 Tool Box(도구상자)에서 Ellipse Tool(타원 도구, ⬭)을 선택한 후 Option Bar(옵션 바)를 설정합니다.

– Option Mode(옵션 모드) : Shape layers(모양 레이어, ▣)
– Color(색상) : 임의색

02 에펠탑 왼쪽 윗부분에서 마우스를 드래그하여 원을 그립니다.

– Ctrl+T(자유 변형)를 눌러 〈출력형태〉처럼 크기와 위치를 조절한 후 Enter 키를 누름

03 Layers Palette(레이어 팔레트)에서 Add a layer style (레이어 스타일 추가, fx.)을 클릭한 후 [Drop Shadow(그림자 효과)]를 선택합니다.

– Layer Style(레이어 스타일) 대화상자에서 'Inner Shadow(내부 그림자)'도 선택

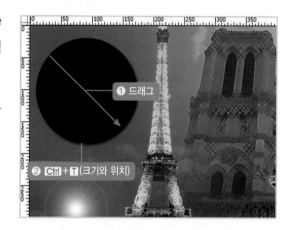

04 Move Tool(이동도구, ▶⊕)이 선택된 상태에서 Alt 키를 누른 채 원을 드래그하여 복제합니다.

– Ctrl+T(자유 변형)를 눌러 〈출력형태〉처럼 크기와 위치를 조절한 후 Enter 키를 누름
– Layer thumbnail(레이어 축소판)을 더블클릭하여 색을 #ffffff로 바꿈
– 레이어 이름을 'Shape 2'로 변경

05 검은색 원 모양의 레이어(Shape 1)를 클릭한 후, '2급-12.jpg' 파일을 이동도구로 드래그하여 검은색 원 모양 위로 이동시킵니다.

06 검은색 원 모양 레이어(Shape 1)와 '2급-12.jpg' 레이어(Layer 4)의 경계선에서 Alt 키를 누른 채 클릭합니다.

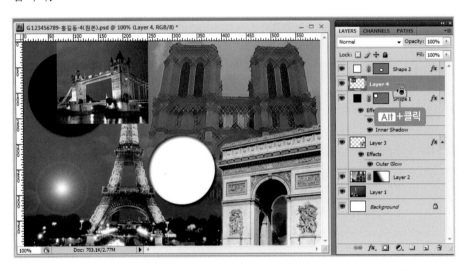

07 Clipping Masking(클리핑 마스크)가 실행되면 Ctrl+T(자유 변형)를 눌러 원 안에 이미지가 채워질 수 있도록 크기와 위치를 조절한 후 Enter 키를 누릅니다.

08 흰색 원 모양의 레이어(Shape 2)를 클릭한 후, '2급-13.jpg' 파일을 이동도구로 드래그하여 흰색 원 모양 위로 이동시킵니다.

09 흰색 원 모양 레이어(Shape 2)와 '2급-13.jpg' 레이어(Layer 5)의 경계선에서 [Alt] 키를 누른 채 클릭합니다.

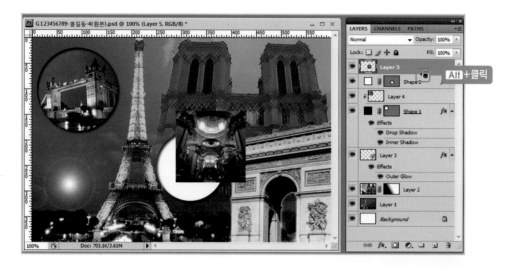

10 Clipping Masking(클리핑 마스크)가 실행되면 [Ctrl] +[T](자유 변형)를 눌러 원 안에 이미지가 채워질 수 있도록 크기와 위치를 조절한 후 [Enter] 키를 누릅니다.

5. 모양 만들기

01 Tool Box(도구상자)에서 Custom Shape Tool(사용자 정의 모양 도구, 🔳)을 선택한 후 Option Bar(옵션 바)를 설정합니다.

– Option Mode(옵션 모드) : Shape layers(모양 레이어, 🔳)
– Shape(모양) : Stamp 1 (도장1), Color(색상) : #ffff00

02 에펠탑 아랫부분에서 마우스를 드래그하여 도장 모양을 그립니다.

– [Ctrl]+[T](자유 변형)를 눌러 〈출력형태〉처럼 크기와 위치를 조절한 후 [Enter] 키를 누름

03 도장 레이어의 Opacity(불투명도)를 50% 로 입력한 후 Add a layer style(레이어 스타일 추가, [fx.])을 클릭하여 [Drop Shadow(그림자 효과)]를 선택합니다.

– 도장 모양의 패스(외곽)선이 보이지 않도록 'Vector mask thumbnail(벡터 마스크 축소판)'을 클릭

04 Tool Box(도구상자)에서 Custom Shape Tool(사용자 정의 모양 도구, [아이콘])을 선택한 후 Option Bar(옵션 바)를 설정합니다.

– Option Mode(옵션 모드) : Shape layers(모양 레이어, [아이콘])
– Shape(모양) : Hedera 2(아이비 2), Color(색상) : #ffffff
– Style(스타일) : 초기 스타일 없음([Style: ▨ ▾])

05 개선문 윗부분에서 마우스를 드래그하여 아이비 모양을 그립니다.

– [Ctrl]+[T](자유 변형)를 눌러 〈출력형태〉처럼 크기와 위치를 조절한 후 [Enter] 키를 누름

06 아이비 레이어의 Opacity(불투명도)를 50%로 입력한 후 Add a layer style(레이어 스타일 추가, *fx.*)을 클릭하여 [Drop Shadow(그림자 효과)]를 선택합니다.

6. 문자 작업 후 꾸미기

01 Tool Box(도구상자)에서 Horizontal Type Tool(수평 문자 도구, T)을 선택한 후 Option Bar(옵션 바)를 설정합니다.

– Font(글꼴) : Arial, Font Style(글꼴 스타일) : Black
– Font Size(크기) : 48pt, Color(색상) : 임의색

02 아이비 도형의 바깥쪽 부분 중 잘 보이는 곳을 마우스로 클릭하여 40%를 입력한 후 **Ctrl**+**Enter**를 누릅니다.

도형 안쪽에 글자 입력

❶ 글자 입력 시 Shape(모양)을 클릭하여 글자를 입력하면 Shape(모양)에 연결되어 글자가 변형될 수 있으니 주의해야 합니다.

❷ 만약 도형 안쪽에 바로 글자를 입력하고자 한다면 패스(외곽) 선이 보이지 않도록 'Vector mask thumbnail(벡터 마스크 축소판)'을 클릭한 후 글자를 입력합니다.

03 Tool Box(도구상자)의 Move Tool(이동 도구, ⊞)로 문자의 위치를 조정합니다.

– 키보드의 방향키를 이용하면 보다 정확하게 위치를 조정할 수 있음

04 Layers Palette(레이어 팔레트)에서 Add a layer style(레이어 스타일 추가, 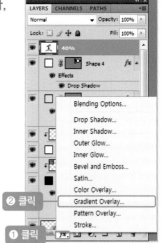)을 클릭한 후 [Gradient Overlay(그라디언트 오버레이)]를 선택합니다.

05 [Gradient Overlay(그라디언트 오버레이)] 대화상자가 나오면 Gradient(그라디언트, ▭) 막대의 가운데를 클릭합니다.

– 왼쪽 색상 : #0a00b2, 가운데 색상 : #ff0000, 오른쪽 색상 : #fffc00

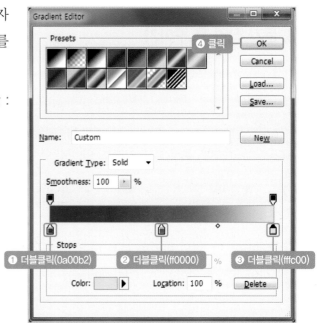

Color Stop(색상 정지점, ▣) 추가

❶ 그라디언트 색상을 3가지로 설정하기 위하여 그라디언트 편집 막대의 가운데 지점을 클릭합니다.(Location 50%)
❷ 색상 정지점이 생기면 더블클릭하여 색상을 지정합니다.

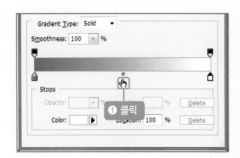 

06 Layer Style(레이어 스타일) 대화
상자에서 [Stroke(선)]를 선택한 후 각각
의 항목을 설정합니다.

– Size(크기) : 2px, Color(색상) : #ffffff
– Drop Shadow(그림자 효과)를 선택

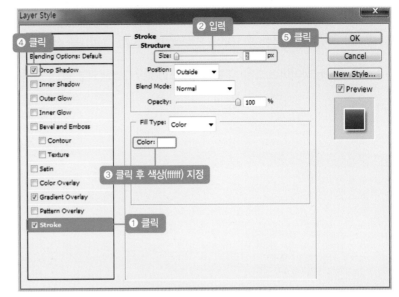

07 Option Bar(옵션 바)에서 Create warped text(텍스트 변형 만들기, 🛠)를 클릭합니다.

– Style(스타일) : Arch , Bend : + 50

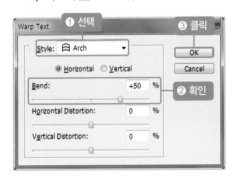

08 Horizontal Type Tool(수평 문자 도구, T.)이 선택된 것을 확인합니다. 두 번째 글자를 입력할 위치를 먼
저 클릭한 후 Option Bar(옵션 바)를 설정합니다.

– Font(글꼴) : Arial, Font Style(글꼴 스타일) : Bold Italic
– Font Size(크기) : 48pt, Color(색상) : #ff0000

09 S/A/L/E을 입력한 후 Tool Box(도구상자)에서 Move Tool(이동 도구, ⊕)로 문자의 위치를 조정합니다.

10 Layers Palette(레이어 팔레트)에서 Add a layer style(레이어 스타일 추가, _fx._)을 클릭한 후 [Drop Shadow(그림자 효과)]를 선택합니다.

– Layer Style(레이어 스타일) 대화상자에서 Outer Glow(외부 광선) 선택

11 Horizontal Type Tool(수평 문자 도구, _T._)이 선택된 것을 확인합니다. 세 번째 글자를 입력할 위치를 먼저 클릭한 후 Option Bar(옵션 바)를 설정합니다.

– Font(글꼴) : 돋움
– Font Size(크기) : 38pt, Color(색상) : #0000ff

12 유럽여행 할인 이벤트를 입력한 후 Tool Box(도구상자)에서 Move Tool(이동 도구, _▶+_)로 문자의 위치를 조정합니다.

13 Layers Palette(레이어 팔레트)에서 Add a layer style(레이어 스타일 추가, _fx._)을 클릭한 후 [Stroke(선)]를 선택합니다.

– Size(크기) : 2px, Color(색상) : #ffffff

7. 정답 파일 저장

01 [File(파일)]–[Save(저장)]([Ctrl]+[S])를 눌러 완성된 '원본' 이미지 파일을 저장합니다.

02 JPG 파일로 저장하기 위해 [File(파일)]–[Save As...(다른 이름으로 저장)]([Shift]+[Ctrl]+[S])를 클릭합니다. [Save As(다른 이름으로 저장)] 대화상자가 나오면 각각의 항목을 설정합니다.

– 저장 위치 : [내문서₩GTQ]
– Format(형식) : JPEG(*.JPG;*.JPEG;*.JPE)
– 파일 이름 : 수험번호–성명–4(G123456789–홍길동–4)

03 [JPEG Options(JPEG 옵션)] 대화상자가 나오면 파일 용량이 2MB가 넘지 않도록 설정한 후 〈OK(확인)〉 버튼을 클릭합니다.

– Quality(품질) : High(고) 수준으로 설정하여 용량을 체크

04 이미지 크기를 줄인 PSD 파일로 저장하기 위하여 [Image(이미지)]–[Image Size(이미지 크기)]([Alt]+[Ctrl]+[I])를 클릭한 후 [Image Size(이미지 크기)] 대화상자를 설정합니다.

– Width(폭) : 60pixels(픽셀), Height(높이) : 40pixels(픽셀)

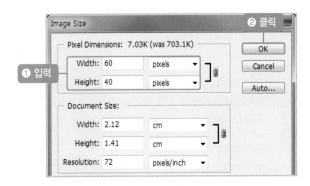

05 이미지가 축소되면 [File(파일)]–[Save As...(다른 이름으로 저장)]([Shift]+[Ctrl]+[S])를 클릭합니다. [Save As(다른 이름으로 저장)] 대화상자가 나오면 각각의 항목을 설정합니다.

– 저장 위치 : [내문서₩GTQ]
– Format(형식) : Photoshop(*.PSD;*.PDD)
– 파일 이름 : 수험번호–성명–4(G123456789–홍길동–4)

06 답안 저장이 끝나면 수험자 프로그램의 〈답안전송〉 버튼을 클릭하여 3개의 파일 중 (원본)파일을 제외한 'JPG'와 '축소된 PSD' 파일만 선택하여 파일을 전송합니다.

[실무응용]
이벤트 페이지 제작 완전정복

 완성된 파일 완성 파일₩매뉴얼₩완전정복1₩G123456789-홍길동-4(1)(원본).PSD, G123456789-홍길동-4(1).PSD, G123456789-홍길동-4(1).JPG

문제 01 [실무응용] 이벤트 페이지 제작

다음의 ≪조건≫에 따라 아래의 ≪출력형태≫와 같이 작업하시오.

조건

원본 이미지			내문서₩GTQ 2급₩Image₩매뉴얼₩2급-9(1).jpg, 2급-10(1).jpg, 2급-11(1).jpg, 2급-12(1).jpg, 2급-13(1).jpg
파일 저장 규칙	JPG	파일명	내문서₩GTQ₩수험번호-성명-4(1).jpg
		크기	600 × 400 pixels
	PSD	파일명	내문서₩GTQ₩수험번호-성명-4(1).psd
		크기	60 ×40 pixels

1. 그림 효과

① 2급-10(1).jpg : Crosshatch(그물눈), 레이어 마스크 - 대각선 방향으로 흐릿하게
② 2급-11(1).jpg : Outer Glow(외부 광선), Drop Shadow(그림자 효과)
③ 2급-12(1).jpg : 레이어 스타일 - Outer Glow(외부 광선)
④ 2급-13(1).jpg : 레이어 스타일 - Drop Shadow(그림자 효과)
⑤ 그 외《출력형태》참조

2. 문자 효과

① 중국 3대 골프 여행지 (궁서, 40pt, 레이어 스타일 - 그라디언트 오버레이(#e10019, #00601b), Stroke(선)(3px, #ffffff)
② 4계절 내내 따뜻한 겨울 중국 골프여행 쿤밍/샤먼/푸저우 (돋움, 22pt, #ffffff, 레이어 스타일 - Drop Shadow(그림자 효과)
③ GO! (Arial, Black, 48pt, #ffffff)

출력형태

Shape Tool(모양 도구) 사용(#cc0d14), 레이어 스타일 - Inner Shadow(내부 그림자)

Shape Tool(모양 도구) 사용 #000000

Shape Tool(모양 도구) 사용 #ffffff, 레이어 스타일 - Stroke(선)(3px, #0090ff)

[실무응용]
이벤트 페이지 제작 완전정복

⊙ **완성된 파일** 완성 파일₩매뉴얼₩완전정복2₩G123456789-홍길동-4(2)(원본).PSD, G123456789-홍길동-4(2).PSD, G123456789-홍길동-4(2).JPG

문제 O2 [실무응용] 이벤트 페이지 제작

다음의 ≪조건≫에 따라 아래의 ≪출력형태≫와 같이 작업하시오.

조건

원본 이미지			내문서₩GTQ 2급₩Image₩매뉴얼₩2급-9(2).jpg, 2급-10(2).jpg, 2급-11(2).jpg, 2급-12(2).jpg, 2급-13(2).jpg
파일 저장 규칙	JPG	**파일명**	내문서₩GTQ₩수험번호-성명-4(2).jpg
		크기	600 × 400 pixels
	PSD	**파일명**	내문서₩GTQ₩수험번호-성명-4(2).psd
		크기	60 × 40 pixels

1. 그림 효과

① 2급-9(2).jpg : Texturizer(텍스처화)
② 2급-10(2).jpg : Grain(그레인), 레이어 마스크 - 대각선 방향으로 흐릿하게
③ 2급-11(2).jpg : 레이어 스타일 - Drop Shadow(그림자 효과), Outer Glow(외부광선)
④ 2급-12(2).jpg : 레이어 스타일 - Stroke(선)(3px, #ffffff), Inner Shadow(내부 그림자)
⑤ 2급-13(2).jpg : 레이어 스타일 - Stroke(선)(3px, #ffffff), Inner Shadow(내부 그림자)
⑥ 그 외《출력형태》참조

2. 문자 효과

① 내장산 단풍 축제 (궁서, 60pt, 레이어 스타일 - 그라디언트 오버레이(#290a59,#ff7c00), Inner Shadow(내부 그림자)
② 일시:매년 10월 말 장소:내장산문화광장 부부사랑 단풍축제 (돋움, 22pt, #ffffff, 레이어 스타일 - Stroke(선)(2px, #000000)

출력형태

Shape Tool(모양 도구)사용
레이어 스타일 - Drop Shadow(그림자 효과), Inner Shadow(내부 그림자), Outer Glow(외부광선), Gradient Overlay(그라디언트 오버레이(#800700, #400300))

Pen Tool(펜 툴) 사용, #ffffff, Opacity(불투명도) (70%), 레이어 스타일 - Drop Shadow(그림자 효과)

Shape Tool(모양 도구) 사용

Graphic Technology Qualification

최신 기출문제
따라하기

Chapter 01 최신 기출문제 따라하기

Part
03

최신 기출문제 따라하기

급수	문제유형	시험시간	수험번호	성명
2급	A	90분		

수 험 자 유 의 사 항

▶ 수험자는 문제지를 받는 즉시 응시하고자 하는 **과목 및 급수가 맞는지 확인**한 후 수험번호와 성명을 작성합니다.

▶ 파일명은 본인의 "수험번호-성명-문제번호"로 공백 없이 정확히 입력하고 답안폴더(내문서₩GTQ₩ 또는 라이브러리₩문서₩GTQ)에 jpg 파일과 psd 파일의 2가지 포맷으로 저장해야 하며, jpg 파일과 psd 파일의 내용이 상이할 경우 0점 처리됩니다. 답안문서 파일명이 "수험번호-성명-문제번호"와 일치하지 않거나, 답안파일을 전송하지 않아 미제출로 처리될 경우 불합격 처리됩니다(예 : G123456789-홍길동-1.jpg).

▶ 문제의 세부조건은 '영문(한글)' 형식으로 표기되어 있으니 유의하시기 바랍니다.

▶ 수험자 정보와 저장한 파일명, 저장 위치가 다를 경우 전송이 되지 않으므로, 주의하시기 바랍니다.

▶ 답안 작성 중에도 **주기적으로 '저장'과 '답안 전송'을 이용**하여 감독위원 PC로 답안을 전송하셔야합니다.

　(**※ 작업한 내용을 저장하지 않고 전송할 경우 이전의 저장내용이 전송되오니 이점 반드시 유념하시기 바랍니다.**)

▶ 답안문서는 지정된 경로 외의 다른 보조기억장치에 저장하는 행위, 지정된 시험 시간 외에 작성된 파일을 활용한 행위, 기타 통신수단(이메일, 메신저, 네트워크 등)을 이용하여 타인에게 전달 또는 외부 반출하는 행위는 부정으로 간주되어 **자격기본법 제32조에 의거 본 시험 및 국가공인 자격시험을 2년간 응시할 수 없습니다.**

▶ 시험 중 부주의 또는 고의로 시스템을 파손한 경우와 〈수험자 유의사항〉에 기재된 방법대로 이행하지 않아 생기는 불이익은 수험자의 책임임을 알려 드립니다.

▶ 시험을 완료한 수험자는 최종적으로 저장한 답안파일이 전송되었는지 확인한 후 감독위원의 지시에 따라 문제지를 제출하고 퇴실합니다.

답 안 작 성 요 령

▶ 온라인 답안 작성 절차

　수험자 등록 ⇒ 시험 시작 ⇒ 답안파일 저장 ⇒ 답안 전송 ⇒ 시험 종료

▶ 내문서₩GTQ₩Image 폴더에 있는 그림 원본파일을 사용하여 답안을 작성하시고 최종답안을 답안폴더(내문서₩GTQ)에 저장하여 답안을 전송하시고, 이미지의 크기가 다른 경우 감점 처리됩니다.

▶ 배점은 총 100점으로 이루어지며, 점수는 각 문제별로 차등 배분됩니다.

▶ 각 문제는 주어진 〈조건〉에 따라 작성하고, 언급하지 않은 조건은 ≪출력형태≫와 같이 작성합니다.

▶ 배치 등의 편의를 위해 주어진 눈금자의 단위는 '픽셀'입니다.

　그 외는 출력형태(효과, 이미지, 문자, 색상, 레이아웃, 규격 등)와 같게 작업하십시오.

▶ 문제 조건에 서체의 지정이 없을 경우 한글은 굴림이나 돋움, 영문은 Arial로 작업하십시오.

　(단, 그 외에 제시되지 않은 문자 속성을 기본값으로 작성하지 않은 경우는 감점 처리됩니다.)

▶ Image Mode(이미지 모드)는 별도의 처리조건이 없을 경우에는 RGB(8비트)로 작업하십시오.

▶ 모든 답안 파일은 해상도 72 pixels/inch 로 작업하십시오.

▶ Layer(레이어)는 각 기능별로 분할해야 하며, 임의로 합칠 경우나 각 기능에 대한 속성을 해지할 경우 해당 요소는 0점 처리됩니다.

한 국 생 산 성 본 부

문제 01 [기능평가] Tool(도구) 활용

다음의 ≪조건≫에 따라 아래의 ≪출력형태≫와 같이 작업하시오.

조건

원본 이미지		내문서₩GTQ 2급₩Image₩기출따라하기₩2급-1.jpg	
파일 저장 규칙	JPG	파일명	내문서₩GTQ₩수험번호-성명-1.jpg
		크기	400 × 500 pixels
	PSD	파일명	내문서₩GTQ₩수험번호-성명-1.psd
		크기	40 × 50 pixels

출력형태

1. 그림효과
① 복제 및 변형 : 꽃
② Shape Tool(모양 도구)사용 : 나비 모양
　(레이어 스타일 – 그라디언트 오버레이(#ff6600, #ffff00, #ff6600)),
　꽃 모양 (#ffffff, 레이어 스타일 – Outer Glow(외부 광선))

2. 문자 효과
① 도라지 꽃(돋움, 40pt, #ffffff, 레이어 스타일 – Stroke(선)(3px, #6600cc)

문제 02 [기능평가] 사진편집 기초

다음의 ≪조건≫에 따라 아래의 ≪출력형태≫와 같이 작업하시오.

조건

원본 이미지		내문서₩GTQ 2급₩Image₩기출따라하기₩2급-2.jpg, 2급-3.jpg, 2급-4.jpg	
파일 저장 규칙	JPG	파일명	내문서₩GTQ₩수험번호-성명-2.jpg
		크기	400 × 500 pixels
	PSD	파일명	내문서₩GTQ₩수험번호-성명-2.psd
		크기	40 × 50 pixels

출력형태

1. 그림효과
① 색상 보정 : 2급-4.jpg – 노란색 계열로 보정,
　레이어 스타일 – Drop Shadow(그림자 효과)
② 액자 제작 : 바깥 테두리 (#ccff66),
　필터 – Patchwork(패치워크), 안쪽 테두리 (5px, #ffffff)
③ 2급-3.jpg : 레이어 스타일 – Outer Glow(외부 광선)

2. 문자 효과
① 어느 여름날~ (돋움, 40pt, #33cc00,
　레이어 스타일 – Stroke(선)(2px, #ffffff), Drop Shadow(그림자 효과))

문제 03 [기능평가] 사진편집 (25점)

다음의 ≪조건≫에 따라 아래의 ≪출력형태≫와 같이 작업하시오

조건

원본 이미지		내문서₩GTQ 2급₩Image₩기출따라하기₩2급-5.jpg, 2급-6.jpg, 2급-7.jpg, 2급-8.jpg	
파일 저장 규칙	JPG	파일명	내문서₩GTQ₩수험번호-성명-3.jpg
		크기	600 × 400 pixels
	PSD	파일명	내문서₩GTQ₩수험번호-성명-3.psd
		크기	60 × 40 pixels

1. 그림효과

① 2급-5.jpg : 필터 - Crosshatch(그물눈)
② 2급-6.jpg : 필터 - Rough Pastels(거친 파스텔), 레이어 마스크 - 세로 방향으로 흐릿하게
③ 2급-7.jpg : 레이어 스타일 - Stroke(선)(5px, #ffffff), Drop Shadow(그림자 효과)
④ 2급-8.jpg : 레이어 스타일 - Bevel and Emboss(경사와 엠보스)
⑤ 그 외《출력형태》참조

2. 문자 효과

① SUMMER PHOTO EVENT! (Arial, Bold, 38pt, 레이어 스타일 -
　그라디언트 오버레이(#ff6600, #ffcc66, #ff6600), Stroke(선)(3px, #ffffff))
② 여/름/꽃/사/진/공/모/전 (굴림, 25pt, #ff0066)

출력형태

Shape Tool(모양 도구) 사용#996633

Shape Tool(모양 도구) 사용 #ffffff, Opacity(불투명도)(70%),레이어 스타일 - Drop Shadow(그림자 효과)

Shape Tool(모양 도구) 사용 #ff9900, 레이어 스타일 - Drop Shadow(그림자 효과)

다음의 ≪조건≫에 따라 아래의 ≪출력형태≫와 같이 작업하시오.

조건

원본 이미지		내문서₩GTQ 2급₩Image₩기출따라하기₩2급-9.jpg, 2급-10.jpg, 2급-11.jpg, 2급-12.jpg, 2급-13.jpg
파일 저장 규칙	JPG	**파일명** 내문서₩GTQ₩수험번호-성명-4.jpg
		크기 600 × 400 pixels
	PSD	**파일명** 내문서₩GTQ₩수험번호-성명-4.psd
		크기 60 × 40 pixels

1. 그림효과

① 2급-9.jpg : 필터 – Facet(단면화)
② 2급-10.jpg : 레이어 스타일 – Inner Shadow(내부 그림자)
③ 2급-11.jpg : 필터 – Texturizer(텍스처화), 레이어 스타일 – Inner Shadow(내부 그림자)
④ 2급-12.jpg : 레이어 스타일 – Outer Glow (외부 광선)
⑤ 2급-13.jpg : 레이어 스타일 – Drop Shadow(그림자 효과)
⑥ 그 외《출력형태》참조

2. 문자 효과

① August 해바라기 축제! (돋움, 30pt, #ffffff, 레이어 스타일 – Stroke(선)(3px, #339900))
② 한여름 해바라기의 초대~ (돋움, 20pt, #99ff33)
③ 일정 안내 (굴림, 18pt, #003300)

출력형태

Shape Tool(모양 도구) 사용 #ffffcc, Opacity(불투명도)(80%)

Shape Tool(모양 도구) 사용#333333

Shape Tool(모양 도구) 사용 #ffffff, 레이어 스타일 – Drop Shadow(그림자 효과)

Shape Tool(모양 도구) 사용 #ccffcc, 레이어 스타일 – Stroke(선) (3px, #009900)

최신 기출문제 따라하기

완성된 파일 완성 파일₩기출따라하기

01 [기능평가] Tool(도구) 활용

1. 새 캔버스 만들기 및 저장하기

01 [File(파일)]–[New(새로 만들기)](**Ctrl**+**N**)를 클릭한 후 [New(새로 만들기)]를 선택합니다.

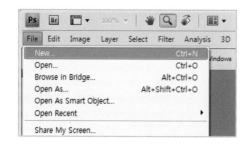

02 [New(새로 만들기)] 대화상자가 나오면 각각의 항목을 설정한 후 〈OK〉 단추를 클릭합니다.

– Width(폭) : 400 Pixels, Height(높이) : 500 Pixels
– Resolution(해상도) : 72, Color Mode(색상 모드) : RGB

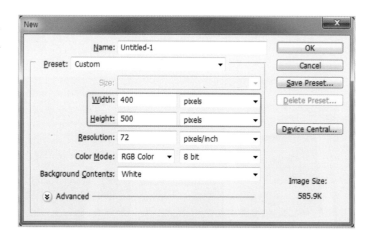

03 [File(파일)]–[Save As…(다른 이름으로 저장)](**Ctrl**+**Shift**+**S**)를 클릭한 후 [Save As(다른 이름으로 저장)] 대화상자가 나오면 각각의 항목을 설정합니다.

– 저장 위치 : [내문서₩GTQ]
– Format(형식) : Photoshop(*.PSD;*.PDD)
– 파일 이름 : 수험번호–성명–1(원본)
          (G123456789–홍길동–1(원본))

저장 시 주의사항

❶ 초기 저장은 레이어를 포함시켜야 하기 때문에 Format(형식)을 PSD 형식으로 저장하되, 오류를 최소화하기 위하여 파일 이름은 임의저장(예 : 수험번호–성명–문제번호(원본)) 합니다.

❷ 작업 중 문제가 발생할 수 있기 때문에 수시로 저장합니다.

❸ 전송 파일 형식 저장

• 최종 완성 파일은 Format(형식)을 JPEG(*.JPG;*.JPEG;*.JPE)로 바꾸어 다시 저장하되, 답안 전송을 해야 함으로 '수험번호–성명–문제번호(G123456789–홍길동–1.JPG)'로 파일 이름을 변경하여 저장합니다.

• 이미지 사이즈($\frac{1}{10}$)를 줄여 Format(형식)을 PSD 형식으로 지정하고, '수험번호–성명–문제번호(G123456789–홍길동–1.PSD)'로 파일 이름을 변경하여 저장합니다.

2. 이미지 이동하기

01 [View(보기)]–[Rulers(눈금자)]([Ctrl]+[R])를 클릭하여 눈금자를 표시합니다. 눈금자가 나오면 눈금자 위에서 마우스 오른쪽 버튼을 눌러 [Pixels(픽셀)]을 선택합니다.

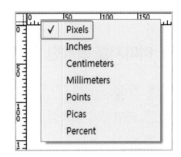

02 [File(파일)]–[Open(열기)]([Ctrl]+[O])를 클릭한 후 [Open(열기)] 대화상자가 나오면 파일을 불러옵니다.

– 경로 : '[내 문서]₩GTQ 2급₩Image₩기출따라하기₩2급–1.jpg'

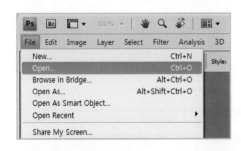

03 Tool Box(도구상자)에서 Move Tool(이동도구,)을 선택한 후 **Shift** 키를 누른 채 '2급-1.jpg' 창의 이미지를 작업 창으로 드래그하여 정중앙에 위치시킵니다.

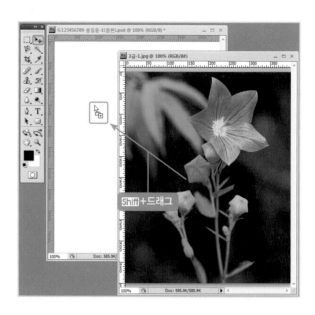

3. 이미지를 복제한 후 변형시키기

01 Tool Box(도구상자)에서 Zoom Tool(돋보기 도구, 🔍)을 선택한 후 작업창의 위쪽에 위치한 도라지꽃 부분을 클릭 또는 드래그하여 확대시킵니다.

확대 방법

❶ 확대할 부분을 마우스로 드래그하면 자동으로 확대 배율이 조정되어 보입니다.

❷ 확대할 부분을 클릭하면 100%씩 확대되어 나타납니다. 만약 1번 클릭했다면 200%로 확대되어 보입니다.

02 Magnetic Lasso Tool(자석 올가미 도구, 🔾)을 선택한 후 확대한 도라지꽃 이미지를 선택 영역으로 설정합니다.

– Frequency(빈도수) : 100으로 설정
– 포인터 삭제 : **Back space** 또는 **Delete** 키를 눌러 지정된 포인터를 삭제
– 전체 포인터 삭제 : **Esc**

03 [Ctrl]+[−](축소)를 눌러 캔버스 크기를 100%로 축소한 후 [Ctrl]+[J](레이어 복제)를 눌러 선택 영역을 레이어로 복제합니다.

– Move Tool(이동도구, [↖])을 선택한 후
  꽃을 복제할 위치로 드래그
– [Ctrl]+[T](자유 변형)를 눌러 〈출력형태〉
  처럼 크기와 위치를 조절한 후 [Enter] 키를
  누름

마우스를 이용한 복제 방법([Alt]+드래그)
❶ Move Tool(이동도구, [↖])을 선택한 후 [Alt] 키를 누른 채 드래그하면 이미지가 복제됩니다.
❷ 단, 선택영역일 경우 복제 레이어가 생성되지 않습니다.

4. 모양 만들기

01 Tool Box(도구상자)에서 Custom Shape Tool(사용자 정의 모양 도구, [⬚])을 선택한 후 Option Bar(옵션바)를 설정합니다.

– Option Mode(옵션 모드) : Shape layers(모양 레이어, [▢])
– Shape(모양) : Butterfly(나비), Color(색상) : 임의색

02 작업 창의 왼쪽 윗부분에서 마우스를 드래그하여 나비
모양을 그립니다.

– [Ctrl]+[T](자유 변형)를 눌러 〈출력형태〉처럼 크기와 위치를 조절하
  여 회전시킨 후 [Enter] 키를 누름

03 Layers Palette(레이어 팔레트)에서 Add a layer style(레이어 스타일 추가, **fx.**)을 클릭한 후 [Gradient Overlay(그라디언트 오버레이)]를 선택합니다.

04 [Gradient Overlay(그라디언트 오버레이)] 대화상자가 나오면 Gradient (그라디언트, 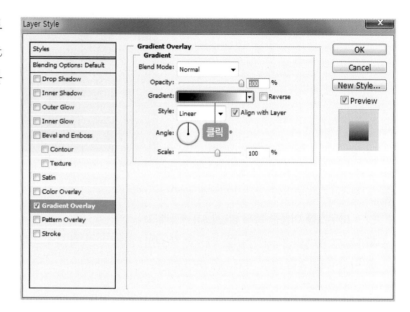) 막대의 가운데를 클릭합니다.

05 [Gradient Editor(그라디언트 편집기)] 대화상자가 나오면 색상을 설정합니다.

– 왼쪽 'Color Stop(색상 정지점, ▲)'을 더블클릭한 후 'Color(색상)'을 '#ff6600'으로 입력합니다.
– 가운데 'Color Stop(색상 정지점, ▲)'을 만든 후 더블클릭하여 'Color(색상)'을 '#ffff00'으로 입력합니다.
– 오른쪽 'Color Stop(색상 정지점, ▲)'을 더블클릭한 후 'Color(색상)'을 '#ff6600'으로 입력합니다.

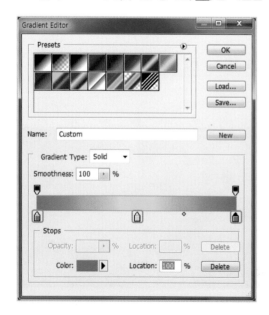

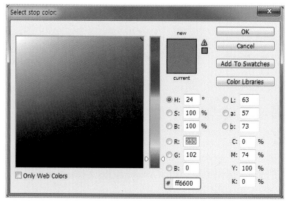

Color Stop(색상 정지점,) 추가

❶ 그라디언트 색상을 3가지로 설정하기 위하여 그라디언트 편집 막대의 가운데 지점을 클릭합니다.

❷ 색상 정지점이 생기면 더블클릭하여 색상을 지정합니다.

06 나비 모양의 위치와 크기가 〈출력 형태〉와 동일한지 확인합니다.

07 Tool Box(도구상자)에서 Custom Shape Tool(사용자 정의 모양 도구, ⬚)을 선택한 후 Option Bar(옵션 바)를 설정합니다.

– Option Mode(옵션 모드) : Shape layers(모양 레이어, ⬚)
– Shape(모양) : flower 3 (꽃 3), Color(색상) : #ffffff
– Style(스타일) : 초기 스타일 없음(Style: ⬚•)

Default Style(None)(초기 스타일(없음), Style: ⬚•)

새로운 모양을 그릴 때 기존에 그렸던 모양에 적용된 스타일이 다시 적용되지 않도록 하기 위한 기능입니다.

08 작업 창의 왼쪽 아랫부분에서 마우스를 드래그하여 꽃 모양을 그립니다.

– Ctrl+T(자유 변형)를 눌러 〈출력형태〉처럼 크기와 위치를 조절한 후 Enter 키를 누름

09 Layers Palette(레이어 팔레 트)에서 Add a layer style(레이어 스 타일 추가, fx,)을 클릭한 후 [Outer Glow(외부광선)]를 선택합니다.

– 〈출력형태〉를 참고하여 최대한 비슷하게 조정(Spread(스프레드) : 0%, Size(크기) : 5px)

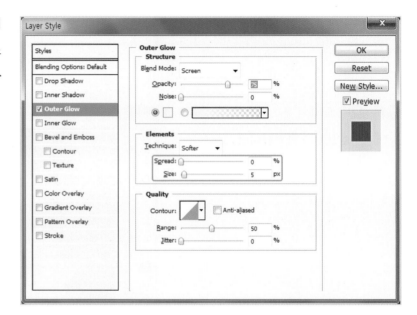

10 꽃 모양의 위치와 크기가 〈출력 형태〉와 동일한지 확인합니다.

5. 문자 작업 후 꾸미기

01 Tool Box(도구상자)에서 Horizontal Type Tool(수평 문자 도구, T)을 선택한 후 Option Bar(옵션 바)를 설정합니다.

– Font(글꼴) : 돋움
– Size(크기) : 40pt, Color(색상) : #ffffff

02 작업 창 아랫부분에서 마우스를 클릭하여 도라지 꽃을 입력한 후 **Ctrl**+**Enter**를 누릅니다.

– 문자 입력이 끝나면 Move Tool(이동도구, ⊞)로 문자의 위치를 조정

03 Layers Palette(레이어 팔레트)에서 Add a layer style(레이어 스타일 추가, *fx.*)을 클릭한 후 [Stroke(선)]를 선택합니다.

– Size(크기) : 3px, Color(색상) : #6600cc

6. 정답 파일 저장

01 [File(파일)]-[Save(저장)]([Ctrl]+[S])를 눌러 완성된 '원본' 이미지 파일을 저장합니다.

02 JPG 파일로 저장하기 위해 [File(파일)]-[Save As...(다른 이름으로 저장)]([Shift]+[Ctrl]+[S])를 클릭합니다. [Save As(다른 이름으로 저장)] 대화상자가 나오면 각각의 항목을 설정합니다.

– 저장 위치 : [내문서₩GTQ]
– Format(형식) : JPEG(*.JPG;*.JPEG;*.JPE)
– 파일 이름 : 수험번호–성명–1
　　　　　　(G123456789–홍길동–1)

03 [JPEG Options(JPEG 옵션)] 대화상자가 나오면 파일 용량이 2MB가 넘지 않도록 설정합니다.

– Quality(품질) : High(고) 수준으로 설정하여 용량을 체크

04 이미지 크기를 줄인 PSD 파일로 저장하기 위하여 [Image(이미지)]-[Image Size(이미지 크기)]([Alt]+[Ctrl]+[I])를 클릭한 후 [Image Size(이미지 크기)] 대화상자를 설정합니다.

– Width(폭) : 40pixels(픽셀), Height(높이) : 50pixels(픽셀)

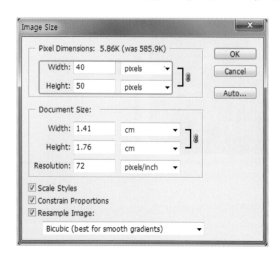

05 이미지가 축소되면 [File(파일)]-[Save As...(다른 이름으로 저장)](**Shift**+**Ctrl**+**S**)를 클릭합니다. [Save As(다른 이름으로 저장)] 대화상자가 나오면 각각의 항목을 설정합니다.

– 저장 위치 : [내문서₩GTQ]
– Format(형식) : Photoshop(*.PSD;*.PDD)
– 파일 이름 : 수험번호–성명–1
        (G123456789–홍길동–1)

06 답안 저장이 끝나면 수험자 프로그램의 〈답안전송〉 버튼을 클릭하여 3개의 파일 중 (원본) 파일을 제외한 'JPG'와 '축소된 PSD' 파일만 선택하여 파일을 전송합니다.

원본 이미지 파일

❶ 원본 PSD 파일을 최종 작업이 끝날 때까지 삭제하지 않습니다.

❷ 축소된 PSD 파일은 수정이 불가능하기 때문에 원본 PSD 파일을 이용하여 수정 작업을 합니다.

❸ 만약 완성된 이미지 파일에 수정 사항이 있다면 원본 PSD 파일을 불러와 수정 작업을 마친 후 다시 'JPG'와 '축소된 PSD' 파일로 저장하여 답안 파일을 제출합니다.

---

02 [기능평가] 사진편집 기초

1. 새 캔버스 만들기 및 저장하기

01 [File(파일)]-[New(새로 만들기)](**Ctrl**+**N**)를 클릭한 후 [New(새로 만들기)] 대화상자가 나오면 각각의 항목을 설정합니다.

– Width(폭) : 400 Pixels, Height(높이) : 500 Pixels
– Resolution(해상도) : 72, Color Mode(색상 모드) : RGB

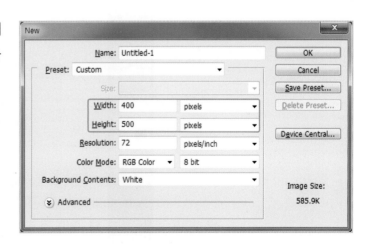

02 [File(파일)]-[Save As...(다른 이름으로 저장)]([Ctrl]+[Shift]+[S])를 클릭한 후 [Save As(다른 이름으로 저장)] 대화상자가 나오면 각각의 항목을 설정합니다.

– 저장 위치 : [내문서₩GTQ]
– Format(형식) : Photoshop(*.PSD;*.PDD)
– 파일 이름 : 수험번호-성명-2(원본)(G123456789
   -홍길동-2(원본))

2. 이미지 이동하기

01 [File(파일)]-[Open(열기)]([Ctrl]+[O])을 클릭한 후 [Open(열기)] 대화상자가 나오면 '기출따라하기₩2급-2.jpg, 2급-3.jpg, 2급-4.jpg' 파일을 불러옵니다.

02 Move Tool(이동도구,) 을 선택한 후 [Shift] 키를 누른 상태에서 '2급-2.jpg'창의 이미지를 작업 창으로 드래그하여 정중앙에 위치시킵니다.

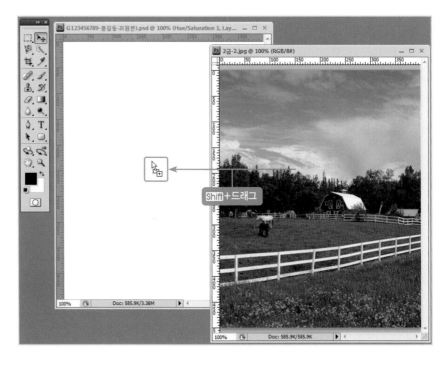

3. 액자 만들기

01 Tool Box(도구상자)에서 Move Tool(이동도구,)을 선택한 후 〈출력형태〉의 테두리 크기만큼 가로 눈금자와 세로 눈금자를 드래그하여 가이드라인을 만듭니다.

– 가이드라인은 〈출력형태〉의 테두리 위치에 해당하는 눈금자를 보면서 위치를 설정

Guide Line(안내선)

❶ 안내선은 작업의 정교함을 위한 수단으로 GTQ 시험에서는 모든 문제의 〈출력형태〉에 눈금자가 표시되어 제시됩니다. 반드시 [Pixels(픽셀)] 단위로 표시해야 합니다.

❷ Move Tool(이동도구,)을 선택한 후 위치가 지정된 가이드라인을 드래그하면 위치를 변경할 수 있습니다.

❸ Ctrl + ; : 가이드라인을 숨기거나 보여줍니다.

02 Tool Box(도구상자)에서 Rounded Rectangle Tool(모서리가 둥근 사각형, ▢)을 선택한 후 그림과 같이 가이드라인의 안쪽 부분을 드래그하여 둥근 사각형을 그립니다.

– Shape 1(모양 1) 레이어의 Layer thumbnail(레이어 축소판)을 Ctrl+클릭하여 선택 영역 설정
– [Select(선택)]–[Inverse(반전)](Shift+Ctrl+I)를 눌러 바깥쪽으로 선택 영역을 반전시킴

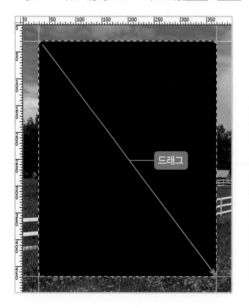

03 Shape 1(모양 1) 레이어를 삭제하고, Layers Palette(레이어 팔레트)에서 Create a new layer(새 레이어 만들기, ▣)를 클릭하여 새 레이어를 추가한 후 전경색을 설정합니다.

– Set Foreground Color(전경색 설정, ▣) 을 클릭한 후 [Color Picker(색상 피커)] 대화상자가 나오면 'Color(색상)'을 '#ccff66'으로 입력
– 색 채우기 : Alt + Delete (전경색으로 채우기)를 눌러 전경색으로 색칠

04 [Filter(필터)]–[Texture(텍스처)]–[Patchwork(패치워크)]를 선택하여 필터를 적용시킵니다.

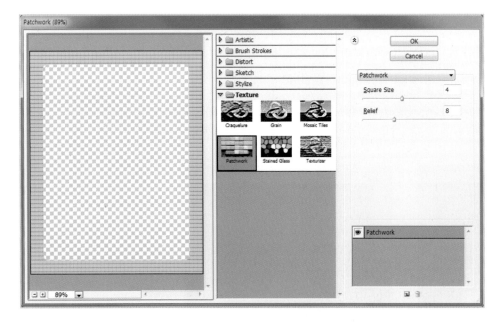

05 액자의 안쪽에 테두리를 설정하기 위해 `Shift`+`Ctrl`+`I`(선택 영역 반전)를 눌러 선택 영역을 반전하고, [Edit(편집)]-[Stroke(선)]을 클릭합니다.

06 [Stroke(선)] 대화상자의 각각의 항목을 설정합니다.

– Width(폭) : 5px, Color(색상) : #ffffff
– Location(위치) : Inside(안쪽)

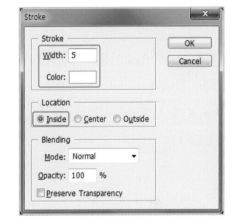

07 모든 작업이 끝나면 액자와 테두리가 출력형태와 동일한지 확인합니다.

– `Ctrl`+`D`를 눌러 선택 영역을 해제
– `Ctrl`+`;`을 눌러 모든 안내선을 숨김

4. 이미지 편집 및 색상 보정

01 '2급-3.jpg' 이미지에서 어린이 부분을 Magnetic Lasso Tool(자석 올가미 도구, ⌾)로 선택 영역을 설정합니다.

– Frequency(빈도 수) 값을 '100'으로 지정
– 포인터 삭제 : Back Space 또는 Delete 키를 누름

02 Move Tool(이동도구, ⌖)을 선택한 후 이미지를 작업 창으로 이동시킵니다.

– Ctrl+T(자유 변형)를 눌러 〈출력형태〉처럼 크기와 위치를 조절한 후 Enter 키를 누름

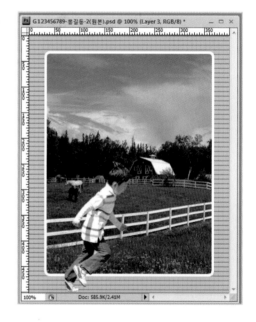

03 Layers Palette(레이어 팔레트)에서 Add a layer style(레이어 스타일 추가, fx.)을 클릭한 후 [Outer Glow(외부광선)]를 선택합니다.

– 〈출력형태〉를 참고하여 최대한 비슷하게 조정 (Spread (스프레드) : 0%, Size(크기) : 5px)

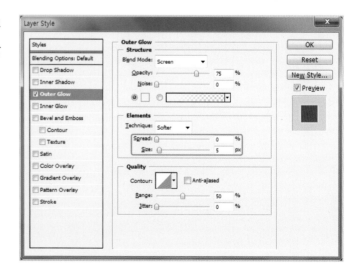

04 '2급-4.jpg' 이미지에서 꽃나무 부분을 Magnetic Lasso Tool(자석 올가미 도구, 🎯)로 선택 영역을 설정합니다.

– Frequency(빈도 수) 값을 '100'으로 지정
– 포인터 삭제 : [Back space] 또는 [Delete] 키를 누름

05 작업창의 최상위 레이어를 클릭하고, Move Tool(이동 도구, 🔁)로 꽃나무 이미지를 작업 창으로 이동시킵니다.

– [Ctrl]+[T](자유 변형)를 눌러 〈출력형태〉처럼 크기와 위치를 조절 하여 회전시킨 후 [Enter] 키를 누름

06 꽃나무의 색을 보정하기 위해 [Ctrl] 키를 누른 채 레이어 팔레트에서 해당 레이어의 Layer thumbnail(레이어 축소판)을 클릭합니다.

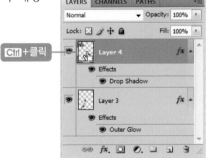

07 Layers Palette(레이어 팔레트)에서 Create new fill or adjustment layer(레 이어 새 칠/보정, ⬤)를 클릭하여 [Hue/Saturation(색조/채도)]를 선택합니다.

– Hue(색상) : +40, Saturation(채도) : 0, Lightness(밝기) : 0

08 꽃나무 레이어를 선택한 후 Layers Palette(레이어 팔레트)에서 Add a layer style(레이어 스타일 추가,)을 클릭한 후 [Drop Shadow(그림자 효과)]를 선택합니다.

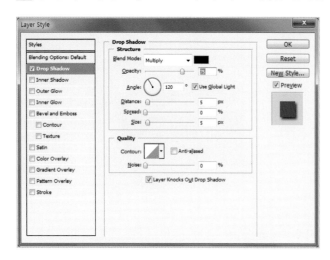 

5. 문자 작업 후 꾸미기

01 Tool Box(도구상자)에서 Horizontal Type Tool(수평 문자 도구, T)을 선택한 후 Option Bar(옵션 바)를 설정합니다.

– Font(글꼴) : 돋움
– Size(크기) : 40pt, Color(색상) : #33cc00

PLUS TIP!

글꼴이 영문으로 나올 경우(돋움–Dotum)

❶ [Edit(편집)]–[Preference(환경설정)]–[Type(문자)]을 클릭합니다.

❷ [Preference(환경설정)] 대화상자가 나오면 'Show Font Names in English(글꼴 이름을 영어로 표시)' 항목의 선택을 해제합니다.

02 글자를 입력할 위치에서 마우스로 클릭하여 **어느 여름날~**을 입력한 후 Ctrl+Enter를 누릅니다.

– 문자 입력이 끝나면 Move Tool(이동도구, ➕)로 문자의 위치를 조정

03 Option Bar(옵션 바)에서 Create warped text(텍스트 변형 만들기, ⬆)를 클릭합니다.

04 [Warp Text(텍스트 변형)] 대화상자가 나오면 각각의 항목을 설정합니다.

– Style(스타일) : Flag(깃발), Bend(구부리기) : 25%

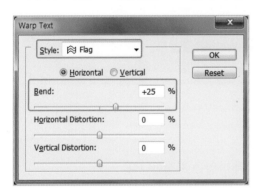

05 Layers Palette(레이어 팔레트)에서 Add a layer style(레이어 스타일 추가, [fx])을 클릭한 후 [Drop Shadow(그림자 효과)]를 선택합니다.

06 [Layer Style(레이어 스타일)] 대화상자에서 [Stroke(선)]를 선택합니다.

– Size(크기) : 2px, Color(색상) : #ffffff

6. 정답 파일 저장

01 [File(파일)]–[Save(저장)]([Ctrl]+[S])를 눌러 완성된 '원본' 이미지 파일을 저장합니다.

02 JPG 파일로 저장하기 위해 [File(파일)]–[Save As...(다른 이름으로 저장)]([Shift]+[Ctrl]+[S])를 클릭합니다. [Save As(다른 이름으로 저장)] 대화상자가 나오면 각각의 항목을 설정합니다.

– 저장 위치 : [내문서₩GTQ]
– Format(형식) : JPEG(*.JPG;*.JPEG;*.JPE)
– 파일 이름 : 수험번호–성명–2
　　　　(G123456789–홍길동–2)

03 [JPEG Options(JPEG 옵션)] 대화상자가 나오면 파일 용량이 2MB가 넘지 않도록 설정한 후 〈OK(확인)〉 버튼을 클릭합니다.

– Quality(품질) : High(고) 수준으로 설정하여 용량을 체크

04 이미지 크기를 줄인 PSD 파일로 저장하기 위하여 [Image(이미지)]–[Image Size(이미지 크기)]([Alt]+[Ctrl]+[I])를 클릭한 후 [Image Size(이미지 크기)] 대화상자를 설정합니다.

– Width(폭) : 40pixels(픽셀), Height(높이) : 50pixels(픽셀)

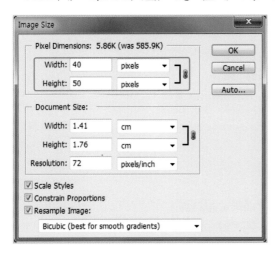

05 이미지가 축소되면 [File(파일)]–[Save As...(다른 이름으로 저장)]([Shift]+[Ctrl]+[S])를 클릭합니다. [Save As(다른 이름으로 저장)] 대화상자가 나오면 각각의 항목을 설정합니다.

– 저장 위치 : [내문서₩GTQ]
– Format(형식) : Photoshop(*.PSD;*.PDD)
– 파일 이름 : 수험번호–성명–2
　　　　　　(G123456789–홍길동–2)

06 답안 저장이 끝나면 수험자 프로그램의 〈답안전송〉 버튼을 클릭하여 3개의 파일 중 (원본)파일을 제외한 'JPG'와 '축소된 PSD' 파일만 선택하여 파일을 전송합니다.

1. 새 캔버스 만들기 및 저장하기

01 Ctrl+N(새로 만들기)을 눌러 'Width (폭)'는 600pixels(픽셀), 'Height(높이)'는 400 pixels(픽셀)의 크기로 새 캔버스를 만듭니다.

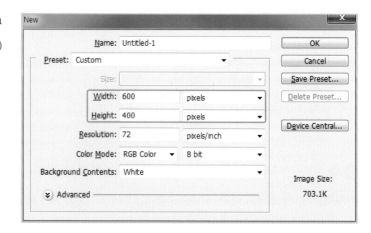

02 Ctrl+Shift+S(다른 이름으로 저장)를 눌러 [Save As(다른 이름으로 저장)] 대화상자가 나오면 [내문서₩GTQ] 폴더에 파일 이름을 '수험번호-성명-3(원본) (G123456789-홍길동-3(원본))'으로 입력하여 저장합니다.

03 Ctrl+O(열기)를 눌러 [Open(열기)] 대화상자가 나오면 '기출따라하기₩2급-5. jpg, 2급-6.jpg, 2급-7.jpg, 2급-8.jpg' 파일을 불러옵니다.

2. 필터와 레이어 마스크 적용하기

01 Tool Box(도구상자)에서 Move Tool(이동도구, ⊕)을 선택한 후 **Shift** 키를 누른 채 '2급-5.jpg' 창의 이미지를 작업 창으로 드래그하여 정중앙에 위치시키고 필터를 적용합니다.

– [Filter(필터)]–[Brush Strokes(브러쉬 선)]–[Crosshatch(그물눈)]를 선택

02 Tool Box(도구상자)에서 Move Tool(이동도구, ⊕)을 선택한 후 **Shift** 키를 누른 채 '2급-6.jpg' 창의 이미지를 작업 창으로 드래그하여 정중앙에 위치시키고 필터를 적용합니다.

– [Filter(필터)]–[Artistic(예술적 효과)]–[Rough Pastels(거친 파스텔)]를 선택

03 Layer2 레이어를 선택한 후 Layers Palette(레이어 팔레트)의 Add layer mask(레이어 마스크 추가, )를 클릭하여 레이어 마스크를 추가합니다.

04 Tool Box(도구상자)에서 Gradient Tool(그라디언트 도구, ■)을 선택한 후 Option Bar(옵션 바)를 설정합니다.

– Click to edit the gradient(클릭하여 그라디언트 편집, ■) 클릭
– Gradient Editor(그라디언트 편집기) 대화상자가 나오면 Presets(사전 설정)에서 'Black(검정), White(흰색)'를 클릭

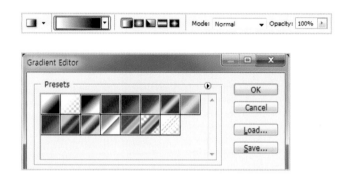

05 위에서 아래 방향으로 짧게 드래그하여 Layer Mask(레이어 마스크)를 생성합니다.

3. 모양 만들기

01 Tool Box(도구상자)에서 Custom Shape Tool(사용자 정의 모양 도구, )을 선택한 후 Option Bar(옵션 바)를 설정합니다.

– Option Mode(옵션 모드) : Shape layers(모양 레이어, 🔲)
– Shape(모양) : Banner 2 (배너 2), Color(색상) : #ffffff

02 작업 창에서 마우스로 드래그하여 배너 모양을 그립니다.

– Ctrl+T(자유 변형)를 눌러 〈출력형태〉처럼 크 기와 위치를 조절한 후 Enter 키를 누름

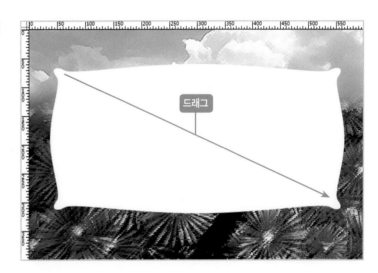

03 Layers Palette(레이어 팔레트)에서 Opacity(불투명도)를 70%로 조정한 후 패스선이 보이지 않도록 Vector mask thumbnail(벡터 마스크 축소판)을 클릭합니다.

⭐ **PLUS TIP!**

패스(외곽) 선 비활성화(Vector mask thumbnail(벡터 마스크 축소판)

❶ 현재 배너에 적용된 색상이 다음 작업으로 인하여 변경되지 않도록 보호하기 위해서 패스(외곽) 선을 비활성화 시킵니다.

❷ 패스(외곽) 선 활성화(🔲) : 외곽에 흰색 선이 보임

❸ 패스(외곽) 선 비활성화(🔲) : 외곽에 흰색 선이 없음

04 Layers Palette(레이어 팔레트)에서 Add a layer style(레이어 스타일 추가, **fx.**)을 클릭한 후 [Drop Shadow(그림자 효과)]를 선택합니다.

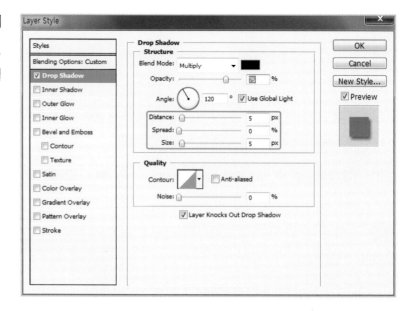

05 Tool Box(도구상자)에서 Ellipse Tool(타원 도구, ⬤)을 선택한 후 Option Bar(옵션 바)를 설정합니다.

– Option Mode(옵션 모드) : Shape layers(모양 레이어, ▣)
– Color(색상) : #996633
– Style(스타일) : 초기 스타일 없음(Style: ◩·)

06 배너 도형 왼쪽 모서리 부분에서 마우스를 드래그하여 작은 원 모양을 그립니다.

– Ctrl + T (자유 변형)를 눌러 〈출력형태〉처럼 크기와 위치를 조절한 후 Enter 키를 누름

07 Tool Box(도구상자)에서 Move Tool(이동도구, ▶+)을 선택한 후 **Alt**+**Shift** 키를 누른 채 드래그 하여 아래 그림처럼 두 개의 원 모양을 복제합니다.

– 패스선이 보이지 않도록 Vector mask thumbnail(벡터 마스크 축소판) 클릭

08 Tool Box(도구상자)에서 Custom Shape Tool(사용자 정의 모양 도구, ☑)을 선택한 후 Option Bar(옵션 바)를 설정합니다.

– Option Mode(옵션 모드) : Shape layers(모양 레이어, ☐)
– Shape(모양) : Spade Card (스페이드 카드), Color(색상) : #ff9900
– Style(스타일) : 초기 스타일 없음(Style: ☐·)

09 배너 도형 아래쪽 부분에서 마우스를 드래그 하여 작은 스페이스 카드 모양을 그립니다.

– **Ctrl**+**T**(자유 변형)를 눌러 〈출력형태〉처럼 크기와 위치 를 조절한 후 **Enter** 키를 누름

10 Layers Palette(레이어 팔레트)에서 Add a layer style(레이어 스타일 추가, [fx.])을 클릭한 후 [Drop Shadow(그림자 효과)]를 선택합니다.

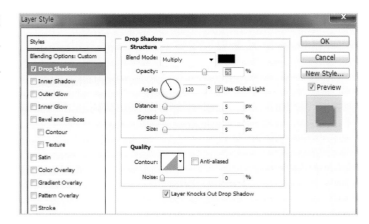

4. 이미지 편집

01 Tool Box(도구상자)에서 Move Tool(이동도구, [▶◆])을 선택한 후 '2급-7.jpg' 창의 이미지를 작업 창으로 드래그하여 위치시킵니다.

– [Ctrl]+[T](자유 변형)를 눌러 〈출력형태〉처럼 크기와 위치를 조절하여 회전시킨 후 [Enter] 키를 누름

02 Layers Palette(레이어 팔레트)에서 Add a layer style(레이어 스타일 추가, [fx.])을 클릭한 후 [Drop Shadow(그림자 효과)]를 선택합니다.

03 [Layer Style(레이어 스타일)] 대화상자에서 [Stroke(선)]를 선택합니다.

– Size(크기) : 5px, Color(색상) : #ffffff

04 Tool Box(도구상자)에서 Magic Wand Tool(자동 선택 도구, ✦)을 선택한 후 '2급-8.jpg'의 흰색 배경 부분을 클릭합니다.

– Shift 키를 누른 채 빈 공간을 클릭
– Tolerance(허용치) '15'로 설정

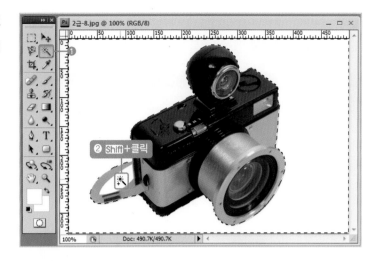

05 [Select(선택)]–[Inverse(반전)]를 선택하거나 Shift+Ctrl+I 를 눌러 선택 영역을 반전 시킵니다.

06 Move Tool(이동도구, ✦)을 선택한 후 이미지를 작업 창으로 이동시킵니다.

– Ctrl+T(자유 변형)를 눌러 〈출력형태〉처럼 크기와 위치를 조절한 후 Enter 키를 누름

07 Layers Palette(레이어 팔레트)에서 Add a layer style(레이어 스타일 추가, fx.)을 클릭한 후 [Bevel and Emboss(경사와 엠보스)]를 선택합니다.

5. 문자 작업 후 꾸미기

01 Tool Box(도구상자)에서 Horizontal Type Tool(수평 문자 도구, T)을 선택한 후 Option Bar(옵션 바)를 설정합니다.

– Font(글꼴) : Arial, Font Style(스타일) : Bold
– Size(크기) : 38pt, Color(색상) : 임의색

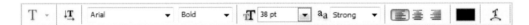

02 글자를 입력할 위치를 마우스로 클릭하여 SUMMER PHOTO EVENT! 를 입력한 후 Ctrl+Enter를 누릅니다.

– 문자 입력이 끝나면 Move Tool(이동도구, ▸⊹)로 문자의 위치를 조정

03 Layers Palette(레이어 팔레트)에서 Add a layer style(레이어 스타일 추가, *fx.*)을 클릭한 후 [Stroke(선)]를 선택합니다.

– Size(크기) : 3px, Color(색상) : #ffffff

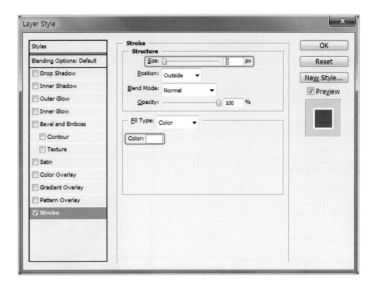

04 [Layer Style(레이어 스타일)] 대화상자에서 [Gradient Overlay(그라디언트 오버레이)]를 선택한 후 Gradient(그라디언트, ▭) 막대의 가운데를 클릭합니다.

05 [Gradient Editor(그라디언트 편집기)] 대화상자가 나오면 색상을 설정합니다.

– 왼쪽 색상 정지점 : #ff6600, 가운데 색상 정지점 : #ffcc66, 오른쪽 색상 정지점 : #ff6600

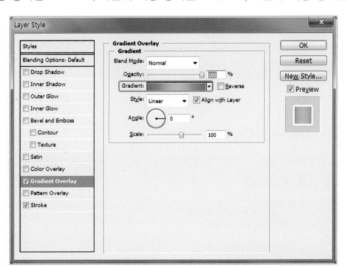
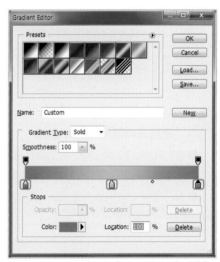

06 Option Bar(옵션 바)에서 Create warped text(텍스트 변형 만들기,)를 클릭합니다.

07 [Warp Text(텍스트 변형)] 대화상자가 나오면 각각의 항목을 설정합니다.

– Style(스타일) : Arc(부채꼴), Bend(구부리기) : 12%

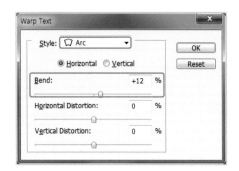 

08 Tool Box(도구상자)에서 Horizontal Type Tool(수평 문자 도구, T)을 선택합니다. 두 번째 글자를 입력할 위치를 먼저 클릭(새 레이어 생성)한 후 Option Bar(옵션 바)를 설정합니다.

– Font(글꼴) : 굴림
– Size(크기) : 25pt, Color(색상) : #ff0066

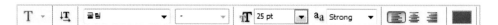

> **PLUS TIP!**
>
> **문자 스타일(새 레이어 생성)**
> ❶ 2개 이상의 문장을 연속으로 입력할 경우에는 첫 번째 문장의 스타일이 두 번째 문장에 똑같이 적용되지 않도록 반드시 글자를 입력할 위치를 먼저 클릭한 후 Option Bar(옵션 바)를 설정합니다.
> ❷ 글자 입력 전에 작업 창을 클릭하면 새로운 레이어가 생성됩니다.

09 Option Bar(옵션 바) 설정이 끝나면 **여/름/꽃/사/진/공/모/전**을 입력한 후 Move Tool(이동 도구, )로 문자의 위치를 조정합니다.

6. 정답 파일 저장

01 [File(파일)]-[Save(저장)](**Ctrl**+**S**)를 눌러 완성된 '원본' 이미지 파일을 저장합니다.

02 JPG 파일로 저장하기 위해 [File(파일)]-[Save As...(다른 이름으로 저장)](**Shift**+**Ctrl**+**S**)를 클릭합니다. [Save As(다른 이름으로 저장)] 대화상자가 나오면 각각의 항목을 설정합니다.

– 저장 위치 : [내문서₩GTQ]
– Format(형식) : JPEG(*.JPG;*.JPEG;*.JPE)
– 파일 이름 : 수험번호-성명-3(G123456789-홍길동-3)

03 [JPEG Options(JPEG 옵션)] 대화상자가 나오면 파일 용량이 2MB가 넘지 않도록 설정한 후 〈OK(확인)〉 버튼을 클릭합니다.

– Quality(품질) : High(고) 수준으로 설정하여 용량을 체크

04 이미지 크기를 줄인 PSD 파일로 저장하기 위하여 [Image(이미지)]-[Image Size(이미지 크기)](**Alt** +**Ctrl**+**I**)를 클릭한 후 [Image Size(이미지 크기)] 대화상자를 설정합니다.

– Width(폭) : 60pixels(픽셀), Height(높이) : 40pixels(픽셀)

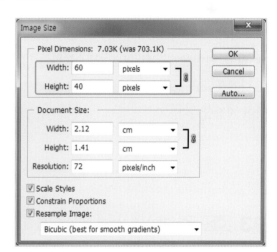

05 이미지가 축소되면 [File(파일)]-[Save As...(다른 이름으로 저장)](**Shift**+**Ctrl**+**S**)를 클릭합니다. [Save As(다른 이름으로 저장)] 대화상자가 나오면 각각의 항목을 설정합니다.

– 저장 위치 : [내문서₩GTQ]
– Format(형식) : Photoshop(*.PSD;*.PDD)
– 파일 이름 : 수험번호-성명-3(G123456789-홍길동-3)

06 답안 저장이 끝나면 수험자 프로그램의 〈답안전송〉 버튼을 클릭하여 3개의 파일 중 (원본)파일을 제외한 'JPG'와 '축소된 PSD' 파일만 선택하여 파일을 전송합니다.

1. 새 캔버스 만들기 및 저장하기

01 Ctrl+N(새로 만들기)을 눌러 'Width (폭)'는 600pixels(픽셀), 'Height(높이)'는 400 pixels(픽셀)의 크기로 새 캔버스를 만듭니다.

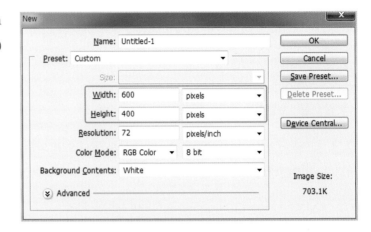

02 Ctrl+Shift+S(다른 이름으로 저장)를 눌러 [Save As(다른 이름으로 저장)] 대화상자가 나오면 [내문서₩GTQ] 폴더에 파일 이름을 '수험번호-성명-4(원본) (G123456789-홍길동-4(원본))'으로 입력하여 저장합니다.

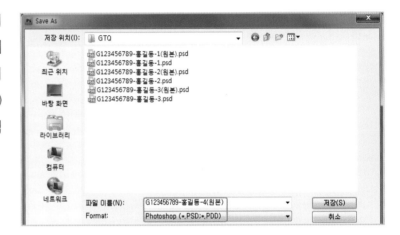

03 Ctrl+O(열기)를 눌러 [Open(열기)] 대화상자가 나오면 '기출따라하기₩2급-9. jpg, 2급-10.jpg, 2급-11.jpg, 2급-12.jpg, 2 급-13.jpg' 파일을 불러옵니다.

2. 필터 적용하기

01 Tool Box(도구상자)에서 Move Tool(이동도구, ⊞)을 선택한 후 **Shift** 키를 누른 채 '2급-9.jpg' 창의 이미지를 작업 창으로 드래그하여 정중앙에 위치시키고 필터를 적용합니다.

– [Filter(필터)]–[Pixelate(픽셀화)]–[Facet(단면화)]를 선택

3. 모양 만들기

01 Tool Box(도구상자)에서 Rectangle Tool(사각형 도구, ☐)을 선택합니다. Option Bar(옵션 바)를 설정한 후 마우스로 드래그 하여 〈출력형태〉처럼 그립니다.

– Option Mode(옵션 모드) : Shape layers(모양 레이어, ☐)
– Color(색상) : #ffffff

02 Layers Palette(레이어 팔레트)에서 Add a layer style(레이어 스타일 추가, *fx.*)을 클릭한 후 [Drop Shadow(그림자 효과)]를 선택합니다.

– **Ctrl**+**T**(자유 변형)를 눌러 〈출력형태〉처럼 크기와 위치를 조절하여 회전시킨 후 **Enter** 키를 누름

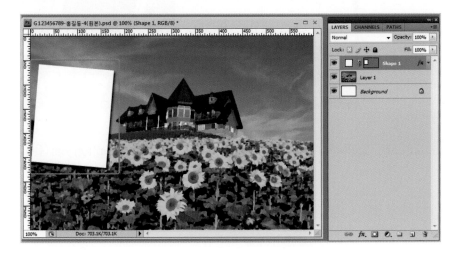

03 Tool Box(도구상자)에서 Move Tool(이동도구, ⊕)을 선택한 후 **Alt** 키를 누른 채 드래그 하여 아래 그림처럼 두 개의 사각형 모양을 복제합니다.

– **Ctrl**+**T**(자유 변형)를 눌러 〈출력형태〉처럼 크기와 위치를 조절하여 회전시킨 후 **Enter** 키를 누름
– 사각형 모양의 패스(외곽)선이 보이지 않도록 Vector mask thumbnail(벡터 마스크 축소판)을 클릭

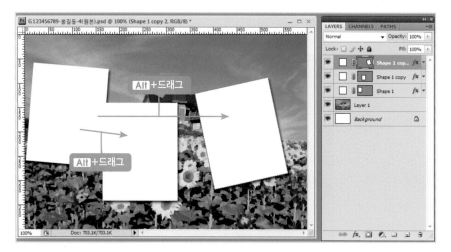

04 Tool Box(도구상자)에서 Rectangle Tool(사각형 도구, ▢)을 선택합니다. Option Bar(옵션 바)를 설정한 후 마우스로 드래그 하여 〈출력형태〉처럼 그립니다.

– Option Mode(옵션 모드) : Shape layers(모양 레이어, ▣)
– Color(색상) : #333333
– Style(스타일) : 초기 스타일 없음(Style: ◻·)

05 **Ctrl**+**T**(자유 변형)를 눌러 〈출력형태〉처럼 크기와 위치를 조절한 후 **Enter** 키를 누릅니다.

06 Tool Box(도구상자)에서 Custom Shape Tool(사용자 정의 모양 도구, ✍)을 선택한 후 Option Bar(옵션바)를 설정합니다.

– Option Mode(옵션 모드) : Shape layers(모양 레이어, ▣)
– Shape(모양) : Stamp 1 (도장 1), Color(색상) : #ffffcc, Style(스타일) : 초기 스타일 없음

07 사각형 도형 위에서 마우스로 드래그하여 도장 모양을 그립니다.

– Ctrl + T (자유 변형)를 눌러 〈출력형태〉처럼 크기와 위치를 조절한 후 Enter 키를 누름
– Layers Palette(레이어 팔레트)에서 Opacity(불투명도)를 80%로 입력

08 Tool Box(도구상자)에서 Move Tool(이동도구, ▶♣)을 선택한 후 Alt 키를 누른 채 드래그 하여 아래 그림처럼 도장 모양을 복제합니다.

– Ctrl + T (자유 변형)를 눌러 〈출력형태〉처럼 위치를 조절하여 회전시킨 후 Enter 키를 누름

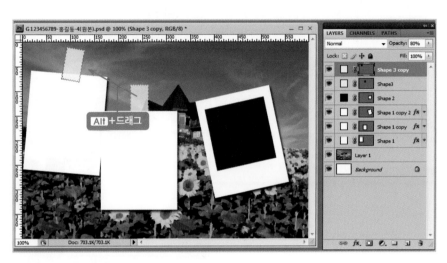

09 Tool Box(도구상자)에서 Rounded Rectangle Tool(모서리가 둥근 직사각형 도구, ▢)을 선택합니다. Option Bar(옵션 바)를 설정한 후 마우스로 드래그 하여 〈출력형태〉처럼 그립니다.

– Option Mode(옵션 모드) : Shape layers(모양 레이어, ▢)
– Radius : 50px, Color(색상) : #ccffcc
– Style(스타일) : 초기 스타일 없음(Style: ◻ ▾)

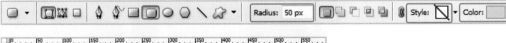

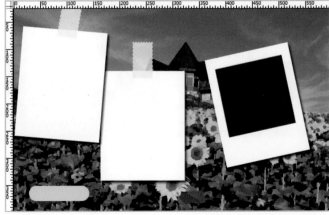

Radius(반경)

❶ 모서리가 둥근 직사각형의 모서리를 다듬습니다.

❷ 수치가 높을수록 모서리의 둥근 반경이 커지며, 수치가 낮을수록 둥근 반경이 작아집니다.

❸ 기본값은 10px입니다.

10 Layers Palette(레이어 팔레트)에서 Add a layer style(레이어 스타일 추가, fx.)을 클릭한 후 [Stroke(선)]를 선택합니다.

– Size(크기) : 3px, Color(색상) : #009900

4. 필터 적용과 이미지 편집하기

01 Move Tool(이동도구, ▶+)로 '2급-10. jpg' 창의 이미지를 작업 창으로 드래그합니다.

– Ctrl+T(자유 변형)를 눌러 〈출력형태〉처럼 크 기와 위치를 조절하여 회전시킨 후 Enter 키를 누름

02 Layers Palette(레이어 팔레트)에서 Add a layer style(레이어 스타일 추가, *fx.*)을 클릭한 후 [Inner Shadow(내부 그림자)]을 선택합니다.

03 Move Tool(이동도구, *▶+*)로 '2급-11.jpg' 창의 이미지를 작업 창으로 드래그합니다.

– Ctrl+T(자유 변형)를 눌러 〈출력형태〉처럼 크기와 위치를 조절한 후 Enter 키를 누름
– [Filter(필터)]-[Texture(텍스처)]-[Texturizer(텍스처화)] 클릭

04 Layers Palette(레이어 팔레트)에서 Add a layer style(레이어 스타일 추가, **fx.**)을 클릭한 후 [Inner Shadow(내부 그림자)]을 선택합니다.

05 Tool Box(도구상자)에서 Magic Wand Tool (자동 선택 도구, **✦**)을 선택한 후 '2급-12.jpg' 의 흰색 배경 부분을 클릭합니다.

– Shift + Ctrl + I 를 눌러 선택 영역을 반전시킴

06 Move Tool(이동도구, **✦**)을 선택한 후 이 미지를 작업 창으로 이동시킵니다.

– Ctrl + T (자유 변형)를 눌러 〈출력형태〉처럼 크기와 위치를 조절한 후 Enter 키를 누름

07 Layers Palette(레이어 팔레트)에서 Add a layer style(레이어 스타일 추가, [fx])을 클릭한 후 [Outer Glow(외부 그림자)]를 선택합니다.

08 Tool Box(도구상자)에서 Zoom Tool(돋보기 도구, [🔍])을 선택한 후 2급-13.jpg 작업창의 해바라기를 드래그 하여 확대시킵니다.

09 Magnetic Lasso Tool(자석 올가미 도구, [🧲])을 선택한 후 확대한 해바라기 꽃 이미지를 선택 영역으로 설정합니다.

– Frequency(빈도수) : 100으로 설정
– 포인터 삭제 : [Back space] 또는 [Delete] 키를 눌러 지정된 포인터를 삭제
– 전체 포인터 삭제 : [Esc]

10 [Ctrl]+[−](축소)를 눌러 캔버스 크기를 100%로 축소한 후 Move Tool(이동도구, [⊕])을 선택한 후 이미지를 작업 창으로 이동시킵니다.

– [Ctrl]+[T](자유 변형)를 눌러 〈출력형태〉처럼 크기와 위치를 조절하여 회전시킨 후 [Enter] 키를 누름

11 Layers Palette(레이어 팔레트)에서 Add a layer style(레이어 스타일 추가, fx.)을 클릭한 후 [Drop Shadow (그림자 효과)]을 선택합니다.

5. 문자 작업 후 꾸미기

01 Tool Box(도구상자)에서 Horizontal Type Tool(수평 문자 도구, T)을 선택한 후 Option Bar(옵션 바)를 설정합니다.

– Font(글꼴) : 돋움
– Size(크기) : 30pt, Color(색상) : #ffffff

02 작업 창 윗부분을 마우스로 클릭하여 2011 August 해바라기 축제!를 입력한 후 Ctrl+Enter를 누릅니다.

– 문자 입력이 끝나면 Move Tool(이동도구, ➥)로 문자의 위치를 조정

03 Layers Palette(레이어 팔레트)에서 Add a layer style(레이어 스타일 추가,)을 클릭한 후 [Stroke(선)]를 선택합니다.

– Size(크기) : 3px, Color(색상) : #339900

04 Tool Box(도구상자)에서 Horizontal Type Tool(수평 문자 도구, T)을 선택합니다. 두 번째 글자를 입력 할 위치를 먼저 클릭(새 레이어 생성)한 후 Option Bar(옵션 바)를 설정합니다.

– Font(글꼴) : 돋움
– Size(크기) : 20pt, Color(색상) : #99ff33

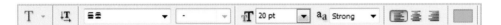

05 Option Bar(옵션 바) 설정이 끝나면 **한여름 해바라기의 초대~**를 입력한 후 Move Tool(이동 도구, ⊕)로 문자의 위치를 조정합니다.

– Ctrl + T (자유 변형)를 눌러 〈출력형태〉처럼 크기와 위치를 조절하여 회전시킨 후 Enter 키를 누름

06 Tool Box(도구상자)에서 Horizontal Type Tool(수평 문자 도구, ⊤)을 선택합니다. 세 번째 글자를 입력할 위치를 먼저 클릭(새 레이어 생성)한 후 Option Bar(옵션 바)를 설정합니다.

– Font(글꼴) : 굴림
– Size(크기) : 18pt, Color(색상) : #003300

07 Option Bar(옵션 바) 설정이 끝나면 **일정 안내**를 입력한 후 Move Tool(이동 도구,) 로 문자의 위치를 조정합니다.

6. 정답 파일 저장

01 [File(파일)]–[Save(저장)](**Ctrl**+**S**)를 눌러 완성된 '원본' 이미지 파일을 저장합니다.

02 JPG 파일로 저장하기 위해 [File(파일)]–[Save As...(다른 이름으로 저장)](**Shift**+**Ctrl**+**S**)를 클릭합니다. [Save As(다른 이름으로 저장)] 대화상자가 나오면 각각의 항목을 설정합니다.

– 저장 위치 : [내문서₩GTQ]
– Format(형식) : JPEG(*.JPG;*.JPEG;*.JPE)
– 파일 이름 : 수험번호–성명–4(G123456789–홍길동–4)

03 [JPEG Options(JPEG 옵션)] 대화상자가 나오면 파일 용량이 2MB가 넘지 않도록 설정한 후 〈OK(확인)〉 버튼을 클릭합니다.

– Quality(품질) : High(고) 수준으로 설정하여 용량을 체크

04 이미지 크기를 줄인 PSD 파일로 저장하기 위하여 [Image(이미지)]–[Image Size(이미지 크기)](**Alt** +**Ctrl**+**I**)를 클릭한 후 [Image Size(이미지 크기)] 대화상자를 설정합니다.

– Width(폭) : 60pixels(픽셀), Height(높이) : 40pixels(픽셀)

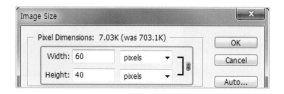

05 이미지가 축소되면 [File(파일)]–[Save As...(다른 이름으로 저장)](**Shift**+**Ctrl**+**S**)를 클릭합니다. [Save As(다른 이름으로 저장)] 대화상자가 나오면 각각의 항목을 설정합니다.

– 저장 위치 : [내문서₩GTQ]
– Format(형식) : Photoshop(*.PSD;*.PDD)
– 파일 이름 : 수험번호–성명–4(G123456789–홍길동–4)

06 답안 저장이 끝나면 수험자 프로그램의 〈답안전송〉 버튼을 클릭하여 3개의 파일 중 (원본)파일을 제외하고 'JPG'와 '축소된 PSD' 파일만 선택하여 파일을 전송합니다.

Graphic Technology Qualification

실전 모의고사

Part 04

실전 모의고사 01회

문제유형	시험시간	수험번호	성명
2급	A	90분		

수 험 자 유 의 사 항

▶ 수험자는 문제지를 받는 즉시 응시하고자 하는 **과목 및 급수가 맞는지 확인**한 후 수험번호와 성명을 작성합니다.

▶ 파일명은 본인의 "수험번호−성명−문제번호"로 공백 없이 정확히 입력하고 답안폴더(내문서₩GTQ₩ 또는 라이브러리₩문서₩GTQ)에 jpg 파일과 psd 파일의 2가지 포맷으로 저장해야 하며, jpg 파일과 psd 파일의 내용이 상이할 경우 0점 처리됩니다. 답안문서 파일명이 "수험번호−성명−문제번호"와 일치하지 않거나, 답안파일을 전송하지 않아 미제출로 처리될 경우 불합격 처리됩니다(예 : G123456789−홍길동−1.jpg).

▶ 문제의 세부조건은 '영문(한글)' 형식으로 표기되어 있으니 유의하시기 바랍니다.

▶ 수험자 정보와 저장한 파일명, 저장 위치가 다를 경우 전송이 되지 않으므로, 주의하시기 바랍니다.

▶ 답안 작성 중에도 **주기적으로 '저장'과 '답안 전송'을 이용**하여 감독위원 PC로 답안을 전송하셔야합니다.

   (**※ 작업한 내용을 저장하지 않고 전송할 경우 이전의 저장내용이 전송되오니 이점 반드시 유념하시기 바랍니다.**)

▶ 답안문서는 지정된 경로 외의 다른 보조기억장치에 저장하는 행위, 지정된 시험 시간 외에 작성된 파일을 활용한 행위, 기타 통신수단(이메일, 메신저, 네트워크 등)을 이용하여 타인에게 전달 또는 외부 반출하는 행위는 부정으로 간주되어 **자격기본법 제32조에 의거 본 시험 및 국가공인 자격시험을 2년간 응시할 수 없습니다.**

▶ 시험 중 부주의 또는 고의로 시스템을 파손한 경우와 〈수험자 유의사항〉에 기재된 방법대로 이행하지 않아 생기는 불이익은 수험자의 책임임을 알려 드립니다.

▶ 시험을 완료한 수험자는 최종적으로 저장한 답안파일이 전송되었는지 확인한 후 감독위원의 지시에 따라 문제지를 제출하고 퇴실합니다.

답 안 작 성 요 령

▶ 온라인 답안 작성 절차

   수험자 등록 ⇒ 시험 시작 ⇒ 답안파일 저장 ⇒ 답안 전송 ⇒ 시험 종료

▶ 내문서₩GTQ₩Image 폴더에 있는 그림 원본파일을 사용하여 답안을 작성하시고 최종답안을 답안폴더(내문서₩GTQ)에 저장하여 답안을 전송하시고, 이미지의 크기가 다른 경우 감점 처리됩니다.

▶ 배점은 총 100점으로 이루어지며, 점수는 각 문제별로 차등 배분됩니다.

▶ 각 문제는 주어진 〈조건〉에 따라 작성하고, 언급하지 않은 조건은 ≪출력형태≫와 같이 작성합니다.

▶ 배치 등의 편의를 위해 주어진 눈금자의 단위는 '픽셀'입니다.

   그 외는 출력형태(효과, 이미지, 문자, 색상, 레이아웃, 규격 등)와 같이 작업하십시오.

▶ 문제 조건에 서체의 지정이 없을 경우 한글은 굴림이나 돋움, 영문은 Arial로 작업하십시오.

   (단, 그 외에 제시되지 않은 문자 속성을 기본값으로 작성하지 않은 경우는 감점 처리됩니다.)

▶ Image Mode(이미지 모드)는 별도의 처리조건이 없을 경우에는 RGB(8비트)로 작업하십시오.

▶ 모든 답안 파일은 해상도 72 pixels/inch 로 작업하십시오.

▶ Layer(레이어)는 각 기능별로 분할해야 하며, 임의로 합칠 경우나 각 기능에 대한 속성을 해지할 경우 해당 요소는 0점 처리됩니다.

한 국 생 산 성 본 부

문제 01 [기능평가] Tool(도구) 활용

다음의 ≪조건≫에 따라 아래의 ≪출력형태≫와 같이 작업하시오.

조건

원본 이미지		내문서₩GTQ 2급₩Image₩실전 1회₩2급-1.jpg	
파일 저장 규칙	JPG	파일명	내문서₩GTQ₩수험번호-성명-1.jpg
		크기	400 × 500 pixels
	PSD	파일명	내문서₩GTQ₩수험번호-성명-1.psd
		크기	40 × 50 pixels

1. 그림효과

① 복제 및 변형 : 장미꽃
② Shape Tool(모양 도구)사용 :
　나비 모양, 레이어 스타일 – Outer Glow(외부 광선) Gradient Overlay
　(그라디언트 오버레이)(#ff00dd, #0000ff)

2. 문자효과

① Surprise Event!! (Arial, Bold Italic, 45pt, #004400,
　레이어 스타일 – Stroke(선)(3px, #ffffff), Inner Shadow(내부 그림자
　효과))

출력형태

문제 02 [기능평가] 사진편집 기초

다음의 ≪조건≫에 따라 아래의 ≪출력형태≫와 같이 작업하시오.

조건

원본 이미지		내문서₩GTQ 2급₩Image₩실전 1회₩2급-2.jpg, 2급-3.jpg, 2급-4.jpg	
파일 저장 규칙	JPG	파일명	내문서₩GTQ₩수험번호-성명-2.jpg
		크기	400 × 500 pixels
	PSD	파일명	내문서₩GTQ₩수험번호-성명-2.psd
		크기	40 × 50 pixels

1. 그림효과

① 액자제작 : 바깥 테두리(#ffcc99)
　필터 – Tiles(타일)
　안쪽 테두리(5px, #ff6600)
② 색상보정 : 2급-3.jpg – 노란색 계열로 보정
③ 2급-4 : 레이어 스타일 – Drop Shadow(그림자 효과)

2. 문자효과

① 꽃으로의 초대(궁서, 35, #ffffff,
　레이어 스타일-Stroke(선)(3px, #000000))

출력형태

다음의 ≪조건≫에 따라 아래의 ≪출력형태≫와 같이 작업하시오

조건

원본 이미지			내문서₩GTQ 2급₩Image₩실전 1회₩2급-5.jpg, 2급-6.jpg, 2급-7.jpg, 2급-8.jpg
파일 저장 규칙	JPG	파일명	내문서₩GTQ₩수험번호-성명-3.jpg
		크기	600 × 400 pixels
	PSD	파일명	내문서₩GTQ₩수험번호-성명-3.psd
		크기	60 × 40 pixels

1. 그림효과

① 2급-5.jpg : 필터 – Dry Brush(드라이 브러쉬)
② 2급-6.jpg : 필터 – Facet(단면화), 레이어 마스크 – 세로 방향으로 흐릿하게
③ 2급-7.jpg : 색상보정 – 파란색 계열로 보정, 레이어 스타일 – Bevel and Emboss(경사와 엠보스)
④ 2급-8.jpg : 레이어 스타일 – Drop Shadow(그림자 효과)
⑤ 그 외 ≪출력형태≫ 참조

2. 문자효과

① Beauty Flower Shop (Arial, Regular, 20pt, #ffffff)
② 꽃과 함 께 사랑을 전하세요(궁서, 30pt, #000000
레이어스타일 – Stroke(선)(3px, 그라디언트(#ff6666, #ffcc99, #ff6666))

Shape Tool(모양도구)사용
Gradient Overlay(그라디언트 오버레이)
(#666666, #cccccc, #666666)

출력형태

Shape Tool(모양도구)사용
#000000

Shape Tool(모양도구)사용
#ff3366, 레이어스타일–Bevel and Emboss(경사와 엠보스)

Shape Tool(모양도구)사용
#ffffcc, 레이어스타일–Drop Shadow(그림자효과),
Opacity(불투명도) 80%

문제 04 [실무응용] 이벤트 페이지 제작

다음의 ≪조건≫에 따라 아래의 ≪출력형태≫와 같이 작업하시오.

조건

원본 이미지		내문서₩GTQ 2급₩Image₩실전 1회₩2급-9.jpg, 2급-10.jpg, 2급-11.jpg, 2급-12.jpg, 2급-13.jpg	
파일 저장 규칙	JPG	파일명	내문서₩GTQ₩수험번호-성명-4.jpg
		크기	600 × 400 pixels
	PSD	파일명	내문서₩GTQ₩수험번호-성명-4.psd
		크기	60 × 40 pixels

1. 그림효과

① 배경 : #ffcccc
② 2급-9.jpg : 필터 – Crosshatch(그물눈), 레이어 마스크 – 대각선 방향으로 흐릿하게
③ 2급-10.jpg : 레이어 스타일 – Outer Glow(외부 광선)
④ 2급-11.jpg : 레이어 스타일 – Stroke(선)(5px, #ffffff)
⑤ 2급-12.jpg : 필터 – Film Grain(필름 그레인), 레이어 스타일 – Drop Shadow(그림자 효과)
⑥ 2급-13.jpg : 레이어 스타일 – Outer Glow(외부 광선)
⑦ 그 외 ≪출력형태≫ 참조

2. 문자효과

① 플라워 특별 기획전 (궁서, 35pt, 레이어 스타일 – 그라디언트 오버레이(#660066, #ff6699), Stroke(선)(3px, #ffffff))
② 감사의 달 특별 할인 기획전!!(궁서, 24pt, #000000, 레이어스타일 – Stroke(선)(2px, #ffffff))
③ 기획전으로 GO (돋움, 18pt, #660000)

출력형태

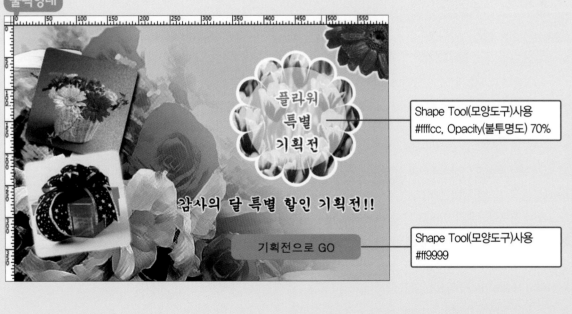

Shape Tool(모양도구)사용
#ffffcc, Opacity(불투명도) 70%

Shape Tool(모양도구)사용
#ff9999

실전 모의고사 02회

급수	문제유형	시험시간	수험번호	성명
2급	A	90분		

수 험 자 유 의 사 항

▶ 수험자는 문제지를 받는 즉시 응시하고자 하는 **과목 및 급수가 맞는지 확인**한 후 수험번호와 성명을 작성합니다.

▶ 파일명은 본인의 "수험번호–성명–문제번호"로 공백 없이 정확히 입력하고 답안폴더(내문서₩GTQ₩ 또는 라이브 러리₩문서₩GTQ)에 jpg 파일과 psd 파일의 2가지 포맷으로 저장해야 하며, jpg 파일과 psd 파일의 내용이 상이 할 경우 0점 처리됩니다. 답안문서 파일명이 "수험번호–성명–문제번호"와 일치하지 않거나, 답안파일을 전송하지 않아 미제출로 처리될 경우 불합격 처리됩니다(예 : G123456789–홍길동–1.jpg).

▶ 문제의 세부조건은 '영문(한글)' 형식으로 표기되어 있으니 유의하시기 바랍니다.

▶ 수험자 정보와 저장한 파일명, 저장 위치가 다를 경우 전송이 되지 않으므로, 주의하시기 바랍니다.

▶ 답안 작성 중에도 **주기적으로 '저장'과 '답안 전송'을 이용**하여 감독위원 PC로 답안을 전송하셔야합니다.

　(※ 작업한 내용을 저장하지 않고 전송할 경우 이전의 저장내용이 전송되오니 이점 반드시 유념하시기 바랍니다.)

▶ 답안문서는 지정된 경로 외의 다른 보조기억장치에 저장하는 행위, 지정된 시험 시간 외에 작성된 파일을 활용한 행위, 기타 통신수단(이메일, 메신저, 네트워크 등)을 이용하여 타인에게 전달 또는 외부 반출하는 행위는 부정으로 간주되어 **자격기본법 제32조에 의거 본 시험 및 국가공인 자격시험을 2년간 응시할 수 없습니다.**

▶ 시험 중 부주의 또는 고의로 시스템을 파손한 경우와 〈수험자 유의사항〉에 기재된 방법대로 이행하지 않아 생기는 불이익은 수험자의 책임임을 알려 드립니다.

▶ 시험을 완료한 수험자는 최종적으로 저장한 답안파일이 전송되었는지 확인한 후 감독위원의 지시에 따라 문제지를 제출하고 퇴실합니다.

답 안 작 성 요 령

▶ 온라인 답안 작성 절차

　수험자 등록 ⇒ 시험 시작 ⇒ 답안파일 저장 ⇒ 답안 전송 ⇒ 시험 종료

▶ 내문서₩GTQ₩Image 폴더에 있는 그림 원본파일을 사용하여 답안을 작성하시고 최종답안을 답안폴더(내문서₩GTQ)에 저장하여 답안을 전송하시고, 이미지의 크기가 다른 경우 감점 처리됩니다.

▶ 배점은 총 100점으로 이루어지며, 점수는 각 문제별로 차등 배분됩니다.

▶ 각 문제는 주어진 〈조건〉에 따라 작성하고, 언급하지 않은 조건은 ≪출력형태≫와 같이 작성합니다.

▶ 배치 등의 편의를 위해 주어진 눈금자의 단위는 '픽셀'입니다.

　그 외는 출력형태(효과, 이미지, 문자, 색상, 레이아웃, 규격 등)와 같게 작업하십시오.

▶ 문제 조건에 서체의 지정이 없을 경우 한글은 굴림이나 돋움, 영문은 Arial로 작업하십시오.

　(단, 그 외에 제시되지 않은 문자 속성을 기본값으로 작성하지 않은 경우는 감점 처리됩니다.)

▶ Image Mode(이미지 모드)는 별도의 처리조건이 없을 경우에는 RGB(8비트)로 작업하십시오.

▶ 모든 답안 파일은 해상도 72 pixels/inch 로 작업하십시오.

▶ Layer(레이어)는 각 기능별로 분할해야 하며, 임의로 합칠 경우나 각 기능에 대한 속성을 해지할 경우 해당 요소는 0점 처리됩니다.

한 국 생 산 성 본 부

문제 01 [기능평가] Tool(도구) 활용

다음의 ≪조건≫에 따라 아래의 ≪출력형태≫와 같이 작업하시오.

조건			
원본 이미지			내문서₩GTQ 2급₩Image₩실전 2회₩2급-1.jpg
파일 저장 규칙	JPG	파일명	내문서₩GTQ₩수험번호-성명-1.jpg
		크기	400 × 500 pixels
	PSD	파일명	내문서₩GTQ₩수험번호-성명-1.psd
		크기	40 × 50 pixels

1. 그림효과

① 복제 및 변형 : 국화꽃

② Shape Tool(모양 도구)사용 :
하트카드 모양(#ff0000), 레이어 스타일 – Stroke(선)(3px, 000000), Drop Shadow(그림자 효과)

2. 문자효과

① Enj y The Food (Arial, Bold, 60pt, #ffff00,
레이어 스타일 – Stroke(선)(3px, #000000), Drop Shadow(그림자 효과))

문제 02 [기능평가] 사진편집 기초

다음의 ≪조건≫에 따라 아래의 ≪출력형태≫와 같이 작업하시오.

조건			
원본 이미지			내문서₩GTQ 2급₩Image₩실전 2회₩2급-2.jpg, 2급-3.jpg, 2급-4.jpg
파일 저장 규칙	JPG	파일명	내문서₩GTQ₩수험번호-성명-2.jpg
		크기	400 × 500 pixels
	PSD	파일명	내문서₩GTQ₩수험번호-성명-2.psd
		크기	40 × 50 pixels

1. 그림효과

① 액자제작 : 필터 – Stained Glass(스테인드 글라스)
안쪽테두리(5px, #ffffff)

② 색상보정 : 2급-3.jpg – 파란색 계열로 보정

③ 2급-4 : 레이어 스타일 – Drop Shadow(그림자 효과)

2. 문자효과

① 따뜻한 마음을 담아 (바탕, 35pt, #ffffff,
레이어 스타일 – Stroke(선)(2px, #336600), Outer Glow(외부광선))

문제 03 [기능평가] 사진편집

다음의 ≪조건≫에 따라 아래의 ≪출력형태≫와 같이 작업하시오

조건

원본 이미지	내문서₩GTQ 2급₩Image₩실전 2회₩2급-5.jpg, 2급-6.jpg, 2급-7.jpg, 2급-8.jpg		
파일 저장 규칙	JPG	파일명	내문서₩GTQ₩수험번호-성명-3.jpg
		크기	600 × 400 pixels
	PSD	파일명	내문서₩GTQ₩수험번호-성명-3.psd
		크기	60 × 40 pixels

1. 그림효과

① 배경 : #ffcc99, 필터 - Texturizer(텍스처화)
② 2급-5.jpg : 필터 - Facet(단면화), 레이어 마스크 - 대각선 방향으로 흐릿하게
③ 2급-6.jpg : 필터 - Film Grain(필름 그레인), 레이어 스타일 - Drop Shadow(그림자 효과)
④ 2급-7.jpg : 필터 - Crosshatch(그물눈)
④ 2급-8.jpg : 색상보정 - 초록색 계열로 보정, 레이어 스타일 - Drop Shadow(그림자 효과)
⑤ 그 외 ≪출력형태≫ 참조

2. 문자효과

① Food Festival (Arial, Bold, 30pt, #660000, 레이어 스타일 - Stroke(선)(3px, #ffff99))
② 우리의 음식을 찾아서...(궁서, 30pt, #660000
레이어스타일 - Stroke(선)(2px, #cc9966))

Shape Tool(모양도구)사용
#ff0000, 레이어스타일-Drop Shadow(그림자효과)

출력형태

Shape Tool(모양도구)사용
#ffffff, 레이어스타일-Drop Shadow(그림자효과), Opacity (불투명도) 60%

Shape Tool(모양도구)사용
#660000, 레이어스타일-Bevel and Emboss(경사와 엠보스)

다음의 ≪조건≫에 따라 아래의 ≪출력형태≫와 같이 작업하시오.

조건

원본 이미지	내문서₩GTQ 2급₩Image₩실전 2회₩2급–9.jpg, 2급–10.jpg, 2급–11.jpg, 2급–12.jpg, 2급–13.jpg		
파일 저장 규칙	JPG	**파일명**	내문서₩GTQ₩수험번호–성명–4.jpg
		크기	600 × 400 pixels
	PSD	**파일명**	내문서₩GTQ₩수험번호–성명–4.psd
		크기	60 × 40 pixels

1. 그림효과

① 배경 : #ddffff
② 2급–9.jpg : 필터 – Rough pastels(거친 파스텔), 레이어 마스크 – 세로 방향으로 흐릿하게
② 2급–10.jpg : 레이어 스타일 – Outer Glow(외부 광선)
③ 2급–11.jpg, 2급–13.jpg : 필터 – Sharpen(선명하게), 레이어 스타일 – Inner Shadow(내부 그림자), Stroke(선)(5px, #44cc11)
④ 2급–12.jpg : 레이어 스타일 – Inner Shadow(내부 그림자), Stroke(선)(5px, #44cc11)
⑤ 그 외 ≪출력형태≫ 참조

2. 문자효과

① 나만의 레시피 공개하기 (궁서, 30pt, #000000, 레이어 스타일 – Stroke(선)(4px, 그라디언트(#ffcccc, #bbffbb, #33ffdd))
② 자신만의 레시피를 소개해주세요!!(바탕, 20pt, #ffff22, 레이어스타일 – Stroke(선)(2px, #000000))
③ 레시피 등록하기 (굴림, 18pt, #ffffff, 레이어스타일 – Stroke(선)(2px, #000000)))

Shape Tool(모양도구)사용
#0000ff, 레이어스타일–Drop Shadow(그림자 효과)
Stroke(선)(2px, #ff0000)

출력형태

Shape Tool(모양도구)사용
#ffffff, 레이어스타일–Stroke(선)(9px, #ff7e00), Opacity(불투명도) 70%

Shape Tool(모양도구)사용
#ffff22, 레이어스타일–Bevel and Emboss(경사와 엠보스)

실전 모의고사 03회

급수	문제유형	시험시간	수험번호	성명
2급	A	90분		

문제 01　[기능평가] Tool(도구) 활용

다음의 ≪조건≫에 따라 아래의 ≪출력형태≫와 같이 작업하시오.

조건

원본 이미지		내문서\GTQ 2급\Image\실전 3회\2급-1.jpg	
파일 저장 규칙	JPG	파일명	내문서\GTQ\수험번호−성명−1.jpg
		크기	400 × 500 pixels
	PSD	파일명	내문서\GTQ\수험번호−성명−1.psd
		크기	40 × 50 pixels

출력형태

1. 그림효과
① 복제 및 변형 : 인형
② Shape Tool(모양 도구)사용 : 장식품2(#995533)
　레이어 스타일 − DropShadow(그림자 효과),
　Stroke(선)(1px, #000000)

2. 문자 효과
① 한국의 맛과 전통(궁서, 40pt, #995533,
　레이어 스타일 − Stroke(선)(2px, #ffffff), Bevel and Emboss(경사와
엠보스))

문제 02　[기능평가] 사진편집 기초

다음의 ≪조건≫에 따라 아래의 ≪출력형태≫와 같이 작업하시오.

조건

원본 이미지		내문서\GTQ 2급\Image\실전 3회\2급-2.jpg, 2급-3. jpg, 2급-4.jpg	
파일 저장 규칙	JPG	파일명	내문서\GTQ\수험번호−성명−2.jpg
		크기	400 × 500 pixels
	PSD	파일명	내문서\GTQ\수험번호−성명−2.psd
		크기	40 × 50 pixels

출력형태

1. 그림효과
① 액자 제작 : 바깥 테두리(#ff9900)
　　　　　　　필터 − Mosic Tiles(모자이크 타일)
　　　　　　　안쪽 테두리(5px, #000000)
② 색상 보정 : 2급-3.jpg − 파란색 계열로 보정,
　레이어 스타일 − Outer Glow(외부 광선)
③ 2급-4.jpg : 레이어 스타일 − DropShadow(그림자 효과)

2. 문자 효과
① 오감만족 한국의 맛을 찾아서.. (돋움, 34pt, #ffffff,
　레이어 스타일 − Stroke(선)(3px, #ff0000))

문제 03 [기능평가] 사진편집

다음의 《조건》에 따라 아래의 《출력형태》와 같이 작업하시오

조건

원본 이미지	내문서₩GTQ 2급₩Image₩실전 3회₩2급-5.jpg, 2급-6.jpg, 2급-7.jpg, 2급-8.jpg		
파일 저장 규칙	JPG	**파일명**	내문서₩GTQ₩수험번호-성명-3.jpg
		크기	600 × 400 pixels
	PSD	**파일명**	내문서₩GTQ₩수험번호-성명-3.psd
		크기	60 × 40 pixels

1. 그림 효과

① 배경 : #ffffee, 필터 – Texturizer(텍스처화)
② 2급-5.jpg, 2급-6.jpg : 필터 – Crosshatch(그물눈), 레이어 마스크 – 세로 방향으로 흐릿하게
③ 2급-7.jpg : 레이어 스타일 – DropShadow(그림자 효과)
④ 2급-8.jpg : 레이어 스타일 – Outer Glow(외부광선)
⑤ 그 외 《출력형태》 참조

2. 문자 효과

① KOREA FOOD (Arial, Bold Italic, 40pt, 레이어 스타일 – 그라디언트 오버레이(#000000, #ff9900), Stroke(선)(5px, #ffffff))
② FESTIVAL!! (Arial, Bold, 40pt, #000000, 레이어 스타일 – Stroke(선)(5px, #ffffff), DropShadow(그림자 효과))

> Shape Tool(모양도구)사용
> #aaff00, 레이어스타일–Drop Shadow(그림자효과)
> Stroke(선)(2px, #000000)

출력형태

> Shape Tool(모양도구)사용
> #ff0000, 레이어스타일
> –Outer Glow(외부광선)

문제 04 [실무응용] 이벤트 페이지 제작

다음의 ≪조건≫에 따라 아래의 ≪출력형태≫와 같이 작업하시오.

조건

원본 이미지		내문서₩GTQ 2급₩Image₩실전 3회₩2급-9.jpg, 2급-10.jpg, 2급-11.jpg, 2급-12.jpg, 2급-13.jpg	
파일 저장 규칙	JPG	파일명	내문서₩GTQ₩수험번호-성명-4.jpg
		크기	600 × 400 pixels
	PSD	파일명	내문서₩GTQ₩수험번호-성명-4.psd
		크기	60 × 40 pixels

1. 그림 효과

① 배경 : #77aadd 필터 – Texturizer(텍스처화)
② 2급-9.jpg : 필터 – Texturizer(텍스처화), Opacity(불투명도)(60%)
③ 2급-10.jpg : 레이어 스타일 – DropShadow(그림자 효과), Outer Glow(외부 광선)
④ 2급-11.jpg : 필터 – Facet(단면화)
⑤ 2급-12.jpg : 레이어 스타일 – DropShadow(그림자 효과), Outer Glow(외부 광선)
⑥ 2급-13.jpg : 레이어 스타일 – DropShadow(그림자 효과), Inner Glow(내부 광선)
⑦ 그 외 ≪출력형태≫ 참조

2. 문자 효과

① 한국 궁중 음식 초대전 (궁서, 40pt, #000000, 레이어 스타일 – Stroke(선)(4px, #ffffff))
② 한국의 맛의 축제 (돋움, 30pt, #ffffff, 레이어 스타일 – Stroke(선)(2px, #003377))
③ 당신을 초대합니다. (돋움, 25pt, #ffffff)

출력형태

Shape Tool(모양도구)사용
#ffffff, 레이어스타일–Stroke(선)(3px, #003377)

Shape Tool(모양도구)사용
#003377

실전 모의고사 04회

급수	문제유형	시험시간	수험번호	성명
2급	A	90분		

문제 01 [기능평가] Tool(도구) 활용

다음의 《조건》에 따라 아래의 《출력형태》와 같이 작업하시오.

조건

원본 이미지	내문서₩GTQ 2급₩Image₩실전 4회₩2급-1.jpg		
파일 저장 규칙	JPG	파일명	내문서₩GTQ₩수험번호-성명-1.jpg
		크기	400 × 500 pixels
	PSD	파일명	내문서₩GTQ₩수험번호-성명-1.psd
		크기	40 × 50 pixels

출력형태

1. 그림효과
① 복제 및 변형 : 새
② Shape Tool(모양 도구)사용 : 비행기(#2266FF) , 비행기(#FFFF22)
레이어 스타일 – Stroke(선)(2px, #ff0000)

2. 문자 효과
① WORLD TRAVEL(Arial, Bold Italic, 38pt, #000000,
레이어 스타일 – Stroke(선)(2px, #ffffff), Drop Shadow(그림자 효과)

문제 02 [기능평가] 사진편집 기초

다음의 《조건》에 따라 아래의 《출력형태》와 같이 작업하시오.

조건

원본 이미지	내문서₩GTQ 2급₩Image₩실전 4회₩2급-2.jpg, 2급-3. jpg, 2급-4.jpg		
파일 저장 규칙	JPG	파일명	내문서₩GTQ₩수험번호-성명-2.jpg
		크기	400 × 500 pixels
	PSD	파일명	내문서₩GTQ₩수험번호-성명-2.psd
		크기	40 × 50 pixels

출력형태

1. 그림효과
① 액자 제작 : 바깥 테두리(#0088ff)
필터 – Texturizer(텍스처화), 안쪽 테두리(5px, #ffffff)
② 색상 보정 : 2급-3.jpg – 빨간색 계열로 보정,
레이어 스타일 – Outer Glow(외부 광선)
③ 2급-4.jpg : 레이어 스타일 – DropShadow(그림자 효과)

2. 문자 효과
① Summer Vacation!! (Arial, Bold Italic, 32pt,
레이어 스타일 – Stroke(선)(3px, #000000), Gradient Overlay(그라
디언트 오버레이)(#ff6622, #ffff00, #ff6622)

다음의 ≪조건≫에 따라 아래의 ≪출력형태≫와 같이 작업하시오

조건

원본 이미지	내문서₩GTQ 2급₩Image₩실전 4회₩2급−5.jpg, 2급−6.jpg, 2급−7.jpg, 2급−8.jpg		
파일 저장 규칙	JPG	파일명	내문서₩GTQ₩수험번호−성명−3.jpg
		크기	600 × 400 pixels
	PSD	파일명	내문서₩GTQ₩수험번호−성명−3.psd
		크기	60 × 40 pixels

1. 그림 효과

① 2급−5.jpg : 필터 − Texturizer(텍스처화)
② 2급−6.jpg : 필터 − Crosshatch(그물눈), 레이어 마스크 − 가로 방향으로 흐릿하게
③ 2급−7.jpg : 레이어 스타일 − Outer Glow(외부광선)
④ 2급−8.jpg : 필터 − Sharpen More(더 선명하게)
⑤ 그 외 ≪출력형태≫ 참조

2. 문자 효과

① 추억 한가득!! 나홀로 배낭여행!! (굴림, 33pt, 레이어 스타일 − 그라디언트 오버레이(#ee0011, #006611), Stroke(선)(3px, #ffffff))
② 추억은 방울방울 (궁서, 20pt, #000088)

Shape Tool(모양도구)사용
#ff7700, 레이어스타일−Stroke(선)
(2px, #ffdd00)

출력형태

Shape Tool(모양도구)사용
#ffffff, 레이어스타일−Bevel and Emboss(경사와 엠보스)

Shape Tool(모양도구)사용
#ffdd00, 레이어스타일−Drop Shadow(그림자효과)

문제 04 [실무응용] 이벤트 페이지 제작

다음의 ≪조건≫에 따라 아래의 ≪출력형태≫와 같이 작업하시오.

조건

원본 이미지			내문서₩GTQ 2급₩Image₩실전 4회₩2급-9.jpg, 2급-10.jpg, 2급-11.jpg, 2급-12.jpg, 2급-13.jpg
파일 저장 규칙	JPG	파일명	내문서₩GTQ₩수험번호-성명-4.jpg
		크기	600 × 400 pixels
	PSD	파일명	내문서₩GTQ₩수험번호-성명-4.psd
		크기	60 × 40 pixels

1. 그림 효과

① 2급-9.jpg : 필터 – Sharpen More(더 선명하게)
② 2급-10.jpg : 필터 – Crosshatch(그물눈), 레이어 마스크 – 대각선 방향으로 흐릿하게
③ 2급-11.jpg, 2급-12.jpg : 레이어 스타일 – Inner Shadow(내부 그림자), Stroke(선)(5px, #ffffff)
④ 2급-13.jpg : 레이어 스타일 – DropShadow(그림자 효과)
⑤ 그 외 ≪출력형태≫ 참조

2. 문자 효과

① Wellcome to Greece! (Arial, Black, 30pt, #ffffff, 레이어 스타일 – Stroke(선)(3px, #000000))
② Santorini (Arial, Bold Italic, 36pt, #ffffff, 레이어 스타일 – DropShadow(그림자 효과)

출력형태

Pen Tool(펜 도구)사용
#3377bb, Opacity(불투명도) – 70%

실전 모의고사 05회

급수	문제유형	시험시간	수험번호	성명
2급	A	90분		

수 험 자 유 의 사 항

▶ 수험자는 문제지를 받는 즉시 응시하고자 하는 **과목 및 급수가 맞는지 확인**한 후 수험번호와 성명을 작성합니다.

▶ 파일명은 본인의 "수험번호–성명–문제번호"로 공백 없이 정확히 입력하고 답안폴더(내문서₩GTQ₩ 또는 라이브 러리₩문서₩GTQ)에 jpg 파일과 psd 파일의 2가지 포맷으로 저장해야 하며, jpg 파일과 psd 파일의 내용이 상이 할 경우 0점 처리됩니다. 답안문서 파일명이 "수험번호–성명–문제번호"와 일치하지 않거나, 답안파일을 전송하지 않아 미제출로 처리될 경우 불합격 처리됩니다(예 : G123456789–홍길동–1.jpg).

▶ 문제의 세부조건은 '영문(한글)' 형식으로 표기되어 있으니 유의하시기 바랍니다.

▶ 수험자 정보와 저장한 파일명, 저장 위치가 다를 경우 전송이 되지 않으므로, 주의하시기 바랍니다.

▶ 답안 작성 중에도 **주기적으로 '저장'과 '답안 전송'을 이용**하여 감독위원 PC로 답안을 전송하셔야합니다.

  (**※ 작업한 내용을 저장하지 않고 전송할 경우** 이전의 저장내용이 전송되오니 이점 반드시 유념하시기 바랍니다.)

▶ 답안문서는 지정된 경로 외의 다른 보조기억장치에 저장하는 행위, 지정된 시험 시간 외에 작성된 파일을 활용한 행위, 기타 통신수단(이메일, 메신저, 네트워크 등)을 이용하여 타인에게 전달 또는 외부 반출하는 행위는 부정으로 간주되어 **자격기본법 제32조에 의거 본 시험 및 국가공인 자격시험을 2년간 응시할 수 없습니다.**

▶ 시험 중 부주의 또는 고의로 시스템을 파손한 경우와 〈수험자 유의사항〉에 기재된 방법대로 이행하지 않아 생기는 불이익은 수험자의 책임임을 알려 드립니다.

▶ 시험을 완료한 수험자는 최종적으로 저장한 답안파일이 전송되었는지 확인한 후 감독위원의 지시에 따라 문제지를 제출하고 퇴실합니다.

답 안 작 성 요 령

▶ 온라인 답안 작성 절차

  수험자 등록 ⇒ 시험 시작 ⇒ 답안파일 저장 ⇒ 답안 전송 ⇒ 시험 종료

▶ 내문서₩GTQ₩Image 폴더에 있는 그림 원본파일을 사용하여 답안을 작성하시고 최종답안을 답안폴더(내문 서₩GTQ)에 저장하여 답안을 전송하시고, 이미지의 크기가 다른 경우 감점 처리됩니다.

▶ 배점은 총 100점으로 이루어지며, 점수는 각 문제별로 차등 배분됩니다.

▶ 각 문제는 주어진 〈조건〉에 따라 작성하고, 언급하지 않은 조건은 ≪출력형태≫와 같이 작성합니다.

▶ 배치 등의 편의를 위해 주어진 눈금자의 단위는 '픽셀'입니다.

  그 외는 출력형태(효과, 이미지, 문자, 색상, 레이아웃, 규격 등)와 같이 작업하십시오.

▶ 문제 조건에 서체의 지정이 없을 경우 한글은 굴림이나 돋움, 영문은 Arial로 작업하십시오.

  (단, 그 외에 제시되지 않은 문자 속성을 기본값으로 작성하지 않은 경우는 감점 처리됩니다.)

▶ Image Mode(이미지 모드)는 별도의 처리조건이 없을 경우에는 RGB(8비트)로 작업하십시오.

▶ 모든 답안 파일은 해상도 72 pixels/inch 로 작업하십시오.

▶ Layer(레이어)는 각 기능별로 분할해야 하며, 임의로 합칠 경우나 각 기능에 대한 속성을 해지할 경우 해당 요소는 0점 처리됩니다.

한 국 생 산 성 본 부

문제 01 [기능평가] Tool(도구) 활용

다음의 ≪조건≫에 따라 아래의 ≪출력형태≫와 같이 작업하시오.

원본 이미지		내문서₩GTQ 2급₩Image₩실전 5회₩22급−1.jpg	
파일 저장 규칙	JPG	파일명	내문서₩GTQ₩수험번호−성명−1.jpg
		크기	400 × 500 pixels
	PSD	파일명	내문서₩GTQ₩수험번호−성명−1.psd
		크기	40 × 50 pixels

1. 그림효과

① 복제 및 변형 : 딸기
② Shape Tool(모양 도구)사용 : 집(#FF8800, 레이어 스타일 − Bevel and Emboss (경사와 엠보스), Stroke(선)(2px, #663311))
   강아지 프린트(#663311)

2. 문자 효과

① HELLO PUPPY!!(Arial, Black, 38pt, #ff8800,
   레이어 스타일 − Inner Glow(내부광선), Stroke(선)(4px, #663311))

문제 02 [기능평가] 사진편집 기초

다음의 ≪조건≫에 따라 아래의 ≪출력형태≫와 같이 작업하시오.

원본 이미지		내문서₩GTQ 2급₩Image₩실전 5회₩2급−2.jpg, 2급−3. jpg, 2급−4.jpg	
파일 저장 규칙	JPG	파일명	내문서₩GTQ₩수험번호−성명−2.jpg
		크기	400 × 500 pixels
	PSD	파일명	내문서₩GTQ₩수험번호−성명−2.psd
		크기	40 × 50 pixels

1. 그림효과

① 액자 제작 : 필터 − Mosaic Tiles(모자이크 타일)
   안쪽 테두리(5px, #ffbb00)
   레이어 스타일 − Drop Shadow(그림자 효과)
② 색상 보정 : 2급−3.jpg − 빨간색 계열로 보정,
   레이어 스타일 − Drop Shadow(그림자 효과)
③ 2급−4.jpg : 레이어 스타일 − Outer Glow(외부광선)

2. 문자 효과

① 나의 애완동물과 함께 (돋움, 24pt, #ffffff, 레이어 스타일 − Stroke(선)(3px, #000000)
② 추억과 행복쌓기 (돋움, 43pt, #ffffff, 레이어 스타일 − Stroke(선)(3px, #660066)

문제 03 [기능평가] 사진편집

다음의 ≪조건≫에 따라 아래의 ≪출력형태≫와 같이 작업하시오

조건

원본 이미지		내문서₩GTQ 2급₩Image₩실전 5회₩2급-5.jpg, 2급-6.jpg, 2급-7.jpg, 2급-8.jpg	
파일 저장 규칙	JPG	파일명	내문서₩GTQ₩수험번호-성명-3.jpg
		크기	600 × 400 pixels
	PSD	파일명	내문서₩GTQ₩수험번호-성명-3.psd
		크기	60 × 40 pixels

1. 그림 효과

① 2급-5.jpg : 필터 – Dry Brush(드라이 브러쉬)
② 2급-6.jpg : 필터 – Crosshatch(그물눈), 레이어 마스크 – 세로 방향으로 흐릿하게
③ 2급-7.jpg : 레이어 스타일 – Outer Glow(외부광선)
④ 2급-8.jpg : 필터 – Drop Shadow(그림자 효과), Inner Glow(내부 광선)
⑤ 그 외 ≪출력형태≫ 참조

2. 문자 효과

① 기분좋은 만남!! 반려견과 함께!! (돋움, 38pt, 레이어 스타일 – 그라디언트 오버레이(#66aadd, #ffff00), Stroke(선)(2px, #000000))
② 예쁘고 귀여운 반려견들과 함께해요.. (돋움, 18pt, #4499ff)

출력형태

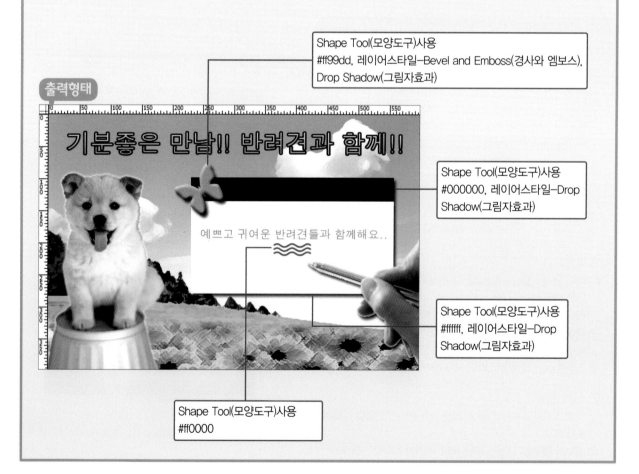

Shape Tool(모양도구)사용
#ff99dd, 레이어스타일–Bevel and Emboss(경사와 엠보스),
Drop Shadow(그림자효과)

Shape Tool(모양도구)사용
#000000, 레이어스타일–Drop
Shadow(그림자효과)

Shape Tool(모양도구)사용
#ffffff, 레이어스타일–Drop
Shadow(그림자효과)

Shape Tool(모양도구)사용
#ff0000

문제 04 [실무응용] 이벤트 페이지 제작

다음의 ≪조건≫에 따라 아래의 ≪출력형태≫와 같이 작업하시오.

조건

원본 이미지		내문서₩GTQ 2급₩Image₩실전 5회₩2급−9.jpg, 2급−10.jpg, 2급−11.jpg, 2급−12.jpg, 2급−13.jpg	
파일 저장 규칙	JPG	파일명	내문서₩GTQ₩수험번호−성명−4.jpg
		크기	600 × 400 pixels
	PSD	파일명	내문서₩GTQ₩수험번호−성명−4.psd
		크기	60 × 40 pixels

1. 그림 효과

① 2급−9.jpg : 필터 − Rough Pastels(거친 파스텔 효과)
② 2급−10.jpg : 레이어 스타일 − Drop Shadow(그림자 효과)
③ 2급−11.jpg : 필터 − Texturizer(텍스처화), 레이어 스타일 − Inner Shadow(내부 그림자)
④ 2급−12.jpg : 레이어 스타일 − Inner Shadow(내부 그림자)
⑤ 2급−13.jpg : 레이어 스타일 − Drop Shadow(그림자 효과)
⑥ 그 외 ≪출력형태≫ 참조

2. 문자 효과

① My Pet (Arial, Bold Italic, 48pt, #ffffff, 레이어 스타일 − Stroke(선)(3px, #339900))
② 사진(#cc0077) 콘테스트(#880088)(궁서, 38pt, 레이어 스타일 − Drop Shadow(그림자 효과), Stroke(선)(2px, #ffffff))
③ 애완동물과 함께 찍은 사진을 블로그에 올려주세요
　(궁서, 16pt, #000000)
④ 사진 올리기 (돋움, 16pt, #ff0000)

출력형태

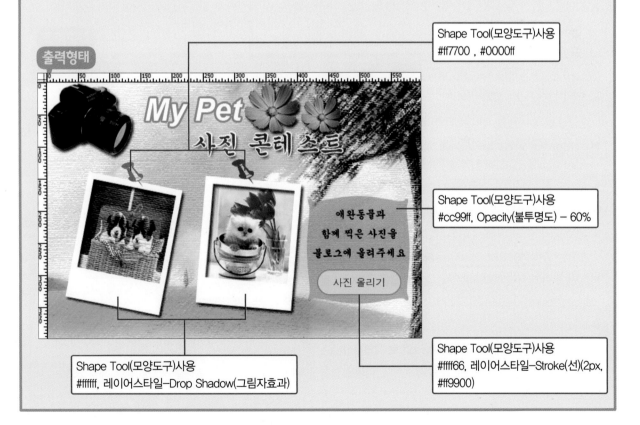

Shape Tool(모양도구)사용
#ff7700 , #0000ff

Shape Tool(모양도구)사용
#cc99ff, Opacity(불투명도) − 60%

Shape Tool(모양도구)사용
#ffffff, 레이어스타일−Drop Shadow(그림자효과)

Shape Tool(모양도구)사용
#ffff66, 레이어스타일−Stroke(선)(2px, #ff9900)

실전 모의고사 06회

급수	문제유형	시험시간	수험번호	성명
2급	A	90분		

문제 01 [기능평가] Tool(도구) 활용

다음의 ≪조건≫에 따라 아래의 ≪출력형태≫와 같이 작업하시오.

원본 이미지		내문서₩GTQ 2급₩Image₩실전 6회₩2급–1.jpg	
파일 저장 규칙	JPG	파일명	내문서₩GTQ₩수험번호–성명–1.jpg
		크기	600 × 400 pixels
	PSD	파일명	내문서₩GTQ₩수험번호–성명–1.psd
		크기	60 × 40 pixels

1. 그림효과

① 복제 및 변형 : 딸기
② Shape Tool(모양 도구)사용 :
   꽃 모양 (레이어 스타일 – Drop Shadow(그림자 효과),
   그라디언트 오버레이(#ffff00, #ff6600, #ffff00))

2. 문자 효과

① Strawberry(Arial, Bold, 48pt, #cc0000,
   레이어 스타일 – Outer Glow(외부광선)
                   Inner Shadow(내부 그림자))

문제 02 [기능평가] 사진편집 기초

다음의 ≪조건≫에 따라 아래의 ≪출력형태≫와 같이 작업하시오.

원본 이미지		내문서₩GTQ 2급₩Image₩실전 6회₩2급–2.jpg, 2급–3.jpg, 2급–4.jpg	
파일 저장 규칙	JPG	파일명	내문서₩GTQ₩수험번호–성명–2.jpg
		크기	400 × 500 pixels
	PSD	파일명	내문서₩GTQ₩수험번호–성명–2.psd
		크기	40 × 50 pixels

1. 그림효과

① 액자 제작 : 필터 – Mosaic Tiles(모자이크 타일)
   안쪽 테두리(5px, #99ff66), 레이어 스타일 – Drop Shadow(그림자
   효과)
② 색상 보정 : 2급–3.jpg – 노란색 계열로 보정,
   레이어 스타일 – Outer Glow(외부 광선)
③ 2급–4.jpg : 레이어 스타일 – Drop Shadow(그림자 효과)

2. 문자 효과

① 상큼한 새 봄의 초대 (돋움, 24pt, #ffff00, 레이어 스타일 – Outer
   Glow(외부 광선))

다음의 ≪조건≫에 따라 아래의 ≪출력형태≫와 같이 작업하시오

조건

원본 이미지	내문서₩GTQ 2급₩Image₩실전 6회₩2급-5.jpg, 2급-6.jpg, 2급-7.jpg, 2급-8.jpg		
파일 저장 규칙	JPG	파일명	내문서₩GTQ₩수험번호-성명-3.jpg
		크기	600 × 400 pixels
	PSD	파일명	내문서₩GTQ₩수험번호-성명-3.psd
		크기	60 × 40 pixels

1. 그림 효과

① 2급-5.jpg : 필터 – Crosshatch(그물눈)
② 2급-6.jpg : 레이어 마스크 – 대각선 방향으로 흐릿하게
③ 2급-7.jpg : 레이어 스타일 – Drop Shadow(그림자 효과)
④ 2급-8.jpg : 레이어 스타일 – Outer Glow(외부광선)
⑤ 그 외《출력형태》참조

2. 문자 효과

① STRAWBERRY (Arial, Bold, 36pt, 레이어 스타일 – 그라디언트 오버레이(#ff0000, #000000), Stroke(선)(5px, #ffff66)
② FESTIVAL (Arial, Bold, 36pt, #000000, 레이어 스타일 – Stroke(선)(5px, #ffff66)

Shape Tool(모양 도구) 사용
#ff0000, 레이어 스타일 – Stroke(선)
(2px, #99ff00)

출력형태

Shape Tool(모양 도구) 사용
레이어 스타일 – 그라디언트 오버레이
(스펙트럼)

문제 04 [실무응용] 이벤트 페이지 제작

다음의 ≪조건≫에 따라 아래의 ≪출력형태≫와 같이 작업하시오.

원본 이미지			내문서₩GTQ 2급₩Image₩실전 6회₩2급-9.jpg, 2급-10.jpg, 2급-11.jpg, 2급-12.jpg, 2급-13.jpg
파일 저장 규칙	JPG	파일명	내문서₩GTQ₩수험번호-성명-4.jpg
		크기	600 × 400 pixels
	PSD	파일명	내문서₩GTQ₩수험번호-성명-4.psd
		크기	60 × 40 pixels

1. 그림 효과

① 배경 : #66ff33
② 2급-9.jpg : 필터 – Dry Brush(드라이 브러쉬) – 레이어 마스크 – 대각선 방향으로 흐릿하게
③ 2급-10.jpg : 레이어 스타일 – Stoke(선)(5px, #ffff00)
④ 2급-11.jpg, 2급-12.jpg : 레이어 스타일 – Drop Shadow(그림자 효과)
⑤ 2급-13.jpg : 레이어 스타일 – Bevel and Emboss(경사와 엠보스), Stroke(선)(2px, #ffffff)
⑥ 그 외 ≪출력형태≫ 참조

2. 문자 효과

① 나만의 딸기 요리 레시피 (돋움, 24pt, #ffffff, 레이어 스타일 – Stroke(선)(2px, #003300))
② 딸기축제 기간 동안 나만의 딸기 요리 레시피를 응모하시면 푸짐한 상품을 드립니다.
　(돋움, 15pt, #333333)
③ 응모하기 (돋움, 12pt, #333333)

Shape Tool(모양 도구) 사용
#ffffff, 레이어 스타일 – Stroke(선)
(1px, #000000)

Shape Tool(모양 도구) 사용
#ffffff, 레이어 스타일 – Inner Shadow
(내부 그림자)

Shape Tool(모양 도구) 사용
#ffff33

실전 모의고사 07회

급수	문제유형	시험시간	수험번호	성명
2급	A	90분		

문제 01 [기능평가] Tool(도구) 활용

다음의 ≪조건≫에 따라 아래의 ≪출력형태≫와 같이 작업하시오.

조건

원본 이미지	내문서₩GTQ 2급₩Image₩실전 7회₩2급-1.jpg		
파일 저장 규칙	JPG	파일명	내문서₩GTQ₩수험번호-성명-1.jpg
		크기	400 × 500 pixels
	PSD	파일명	내문서₩GTQ₩수험번호-성명-1.psd
		크기	40 × 50 pixels

1. 그림효과

① 복제 후 변형 : 돛단배
② Shape Tool(모양 도구)사용 : 해(#ff0033), 물결 모양(#00ffcc)

2. 문자 효과

① 속/초/엑/스/포/투/어 (돋움, 35pt, #0066cc,
　레이어 스타일 – Stroke(선)(2px, #ffffff))
② 속초의 상쾌한 바다체험 (궁서, 30pt, 레이어
　스타일 – 그라디언트 오버레이(#ff6600, #ffff00, #ff6600))

출력형태

문제 02 [기능평가] 사진편집 기초

다음의 ≪조건≫에 따라 아래의 ≪출력형태≫와 같이 작업하시오.

조건

원본 이미지	내문서₩GTQ 2급₩Image₩실전 7회₩2급-2.jpg, 2급-3.jpg, 2급-4.jpg		
파일 저장 규칙	JPG	파일명	내문서₩GTQ₩수험번호-성명-2.jpg
		크기	400 × 500 pixels
	PSD	파일명	내문서₩GTQ₩수험번호-성명-2.psd
		크기	40 × 50 pixels

1. 그림효과

① 액자 제작 : 바깥테두리 (#ff0000), 필터 – Sponge(스폰지 효과), 안
　쪽 테두리 (5px, #ff9900)
② 색상 보정 : 2급-3.jpg – 초록색 계열로 보정
③ 2급-4.jpg : 레이어 스타일 – Drop Shadow(그림자 효과)

2. 문자 효과

① 낭만가득 가평 가는 열차! (궁서, 35pt, #ffffff,
　레이어 스타일 – Drop Shadow(그림자 효과), Stroke(선)(3px,
　#003300))
② 가평 명품 시티투어 (궁서, 25pt, #ffff00,
　레이어 스타일 – Drop Shadow(그림자 효과), Stroke(선)(2px,
　#ff0000))

출력형태

다음의 ≪조건≫에 따라 아래의 ≪출력형태≫와 같이 작업하시오

조건

원본 이미지		내문서₩GTQ 2급₩Image₩실전 7회₩2급-5.jpg, 2급-6.jpg, 2급-7.jpg, 2급-8.jpg	
파일 저장 규칙	JPG	파일명	내문서₩GTQ₩수험번호-성명-3.jpg
		크기	600 × 400 pixels
	PSD	파일명	내문서₩GTQ₩수험번호-성명-3.psd
		크기	60 × 40 pixels

1. 그림 효과

① 2급-5.jpg : 필터 – Texturizer(텍스처화)
② 2급-6.jpg : 레이어 마스크 – 세로 방향으로 흐릿하게
③ 2급-7.jpg : 레이어 스타일 – Drop Shadow(그림자 효과)
④ 2급-8.jpg : 레이어 스타일 – Outer Glow(외부 광선), Drop Shadow(그림자 효과)
⑤ 그 외《출력형태》참조

2. 문자 효과

① 평화와 생명의 땅 (돋움, 30pt, #ffffff, 레이어 스타일 – Stroke(선)(3px, #003366))
② 강원도 DMZ 박물관 (궁서, 50pt, 레이어 스타일 – 그라디언트 오버레이
   (#cc0000, #006633), Drop Shadow(그림자 효과), Stroke(선)(2px, #ffffff))

출력형태

Shape Tool(모양 도구) 사용
#ff9900, Opacity(불투명도) (70%),
레이어 스타일 – Drop Shadow(그림
자 효과)

Shape Tool(모양 도구) 사용
#ff9900, 레이어 스타일 – Stroke(선)(2px, #00ff00)

문제 04 [실무응용] 이벤트 페이지 제작

다음의 ≪조건≫에 따라 아래의 ≪출력형태≫와 같이 작업하시오.

조건

원본 이미지		내문서₩GTQ 2급₩Image₩실전 7회₩2급−9.jpg, 2급−10.jpg, 2급−11.jpg, 2급−12.jpg, 2급−13.jpg
파일 저장 규칙	JPG 파일명	내문서₩GTQ₩수험번호−성명−4.jpg
	JPG 크기	600 × 400 pixels
	PSD 파일명	내문서₩GTQ₩수험번호−성명−4.psd
	PSD 크기	60 × 40 pixels

1. 그림 효과

① 2급−9.jpg : 필터 − Dry Brush(드라이 브러쉬)
② 2급−10.jpg : 레이어 마스크 − 세로 방향으로 흐릿하게
③ 2급−11.jpg, 2급−13.jpg : 레이어 스타일 − Drop Shadow(그림자 효과)
④ 2급−12.jpg : 필터 − Crosshatch(그물눈), 레이어 스타일 − Drop Shadow(그림자 효과)
⑤ 그 외 ≪출력형태≫ 참조

2. 문자 효과

① 한국의 아름다운 자연 (궁서, 35pt, 레이어 스타일 − 그라디언트 오버레이(#cc0000, #006633),
   Drop Shadow(그림자 효과), Stroke(선)(3px, #ffffff))
② HAPPY EVENT DAY (궁서, 30pt, #3366cc, 레이어 스타일− Stroke(선)(3px, #99ccff))
③ 체험후기 스크랩하고 정동진 가자~! (돋움, 25pt, #ffffff,
   레이어 스타일 − Drop Shadow(그림자 효과), Stroke(선)(2px, #3366cc))
④ Click (Arial, Bold, 30pt, #ffffff, 레이어 스타일 − Drop Shadow(그림자 효과))

출력형태

Shape Tool(모양 도구) 사용
#ff66cc, 레이어 스타일 −
Drop Shadow (그림자 효과)

Shape Tool(모양 도구) 사용
#ffffff, 레이어 스타일 −
Drop Shadow(그림자 효과),
Stroke(선)(3px, #0099ff)

Shape Tool(모양 도구) 사용
#ff3366, 레이어 스타일 − Inner Shadow (내부 그림자),
Stroke(선)(5px, #ffcccc)

실전 모의고사 08회

급수	문제유형	시험시간	수험번호	성명
2급	A	90분		

문제 01 [기능평가] Tool(도구) 활용

다음의 ≪조건≫에 따라 아래의 ≪출력형태≫와 같이 작업하시오.

조건

원본 이미지	내문서₩GTQ 2급₩Image₩실전 8회₩2급−1.jpg		
파일 저장 규칙	JPG	파일명	내문서₩GTQ₩수험번호−성명−1.jpg
		크기	400 × 500 pixels
	PSD	파일명	내문서₩GTQ₩수험번호−성명−1.psd
		크기	40 × 50 pixels

출력형태

1. 그림효과
① 복제 및 변형 : 케익 장식
② Shape Tool(모양 도구) 사용 : 눈송이 모양 (임의의 2가지 색상)

2. 문자 효과
① NEW YEAR (Arial, Bold, 45pt, #ffffff)
  레이어 스타일 − Stroke(선)(3px, #ff0000)

문제 02 [기능평가] 사진편집 기초

다음의 ≪조건≫에 따라 아래의 ≪출력형태≫와 같이 작업하시오.

조건

원본 이미지	내문서₩GTQ 2급₩Image₩실전 8회₩2급−2.jpg, 2급−3. jpg, 2급−4.jpg		
파일 저장 규칙	JPG	파일명	내문서₩GTQ₩수험번호−성명−2.jpg
		크기	400 × 500 pixels
	PSD	파일명	내문서₩GTQ₩수험번호−성명−2.psd
		크기	40 × 50 pixels

출력형태

1. 그림효과
① 액자 제작 : 필터 − Stained Glass(스테인드 글라스)
  안쪽 테두리(5px, #ffffff)
② 색상 보정 : 2급−3.jpg − 빨간색 계열로 보정,
  레이어 스타일 − Outer Glow(외부 광선)
③ 2급−4.jpg : 레이어 스타일 − Drop Shadow(그림자 효과)

2. 문자 효과
① 신년 선물 (궁서 , 35pt, #8a2230, 레이어 스타일 − Stroke(선)(2px,
  #ffffff), Drop Shadow(그림자 효과))

다음의 ≪조건≫에 따라 아래의 ≪출력형태≫와 같이 작업하시오

조건

원본 이미지			내문서₩GTQ 2급₩Image₩실전 8회₩2급−5.jpg, 2급−6.jpg, 2급−7.jpg, 2급−8.jpg
파일 저장 규칙	JPG	파일명	내문서₩GTQ₩수험번호−성명−3.jpg
		크기	600 × 400 pixels
	PSD	파일명	내문서₩GTQ₩수험번호−성명−3.psd
		크기	60 × 40 pixels

1. 그림 효과

① 2급−5.jpg : 필터 − Cutout(색상줄이기)
② 2급−6.jpg : 레이어 마스크 − 가로 방향으로 흐릿하게
③ 2급−7.jpg : 레이어 스타일 − Stoke(선)(3px, #ff0000))
④ 2급−8.jpg : Film Grain(필름 그레인), 레이어 스타일 − Drop Shadow(그림자 효과)
⑤ 그 외 ≪출력형태≫참조

2. 문자 효과

① Happy New Year (Arial, Bold, 30pt, #660000, 레이어스타일− Stroke(선)(3px, #ffff99))
② 고마운 마음을 표현해 보세요! (궁서, 30pt, #660000, 레이어스타일− Stroke(선)(2px, #cc9966))

출력형태

Shape Tool(모양 도구) 사용 #ff3333 레이어 스타일 − Drop Shadow(그림자 효과))

Shape Tool(모양 도구) 사용 #ffffff, Opacity(불투명도)(60%), Drop Shadow(그림자 효과))

Shape Tool(모양 도구) 사용 #ff3366, 레이어 스타일 − Bevel and Emboss(경사와 엠보스)

문제 04 [실무응용] 이벤트 페이지 제작

다음의 ≪조건≫에 따라 아래의 ≪출력형태≫와 같이 작업하시오.

조건

원본 이미지			내문서\GTQ 2급\Image\실전 8회\2급-9.jpg, 2급-10.jpg, 2급-11.jpg, 2급-12.jpg, 2급-13.jpg
파일 저장 규칙	JPG	파일명	내문서\GTQ\수험번호-성명-4.jpg
		크기	600 × 400 pixels
	PSD	파일명	내문서\GTQ\수험번호-성명-4.psd
		크기	60 × 40 pixels

1. 그림 효과

① 2급-9.jpg : 필터- Crosshatch(그물눈)
② 2급-10.jpg : 레이어 마스크 - 대각선 방향으로 흐릿하게
③ 2급-11.jpg : 필터- Texturizer(텍스처화), 레이어스타일- Drop Shadow(그림자효과)
④ 2급-12.jpg : 레이어 스타일- Stroke(선)(10px, #ccffff)
⑤ 2급-13.jpg : 레이어 스타일- Drop Shadow(그림자효과)
⑥ 그 외≪출력형태≫참조

2. 문자 효과

① Happy(Arial, Bold, 13pt, #999999)
② 새해맞이 신년 이벤트 (굴림, 30pt, #ffffff, 레이어스타일- Stroke(선)(2px, #ff6633))
③ 이벤트 참여 안내(돋움, 18pt, #ffffff)

Shape Tool(모양 도구) 사용
#ffcc99, #ffffff

출력형태

Shape Tool(모양 도구) 사용
#ff3333, 레이어 스타일 –
Drop Shadow(그림자 효과)

실전 모의고사 09회

급수	문제유형	시험시간	수험번호	성명
2급	A	90분		

수 험 자 유 의 사 항

▶ 수험자는 문제지를 받는 즉시 응시하고자 하는 **과목 및 급수가 맞는지 확인**한 후 수험번호와 성명을 작성합니다.

▶ 파일명은 본인의 "수험번호–성명–문제번호"로 공백 없이 정확히 입력하고 답안폴더(내문서₩GTQ₩ 또는 라이브러리₩문서₩GTQ)에 jpg 파일과 psd 파일의 2가지 포맷으로 저장해야 하며, jpg 파일과 psd 파일의 내용이 상이할 경우 0점 처리됩니다. 답안문서 파일명이 "수험번호–성명–문제번호"와 일치하지 않거나, 답안파일을 전송하지 않아 미제출로 처리될 경우 불합격 처리됩니다(예 : G123456789–홍길동–1.jpg).

▶ 문제의 세부조건은 '영문(한글)' 형식으로 표기되어 있으니 유의하시기 바랍니다.

▶ 수험자 정보와 저장한 파일명, 저장 위치가 다를 경우 전송이 되지 않으므로, 주의하시기 바랍니다.

▶ 답안 작성 중에도 **주기적으로 '저장'과 '답안 전송'을 이용**하여 감독위원 PC로 답안을 전송하셔야합니다.

(※ 작업한 내용을 저장하지 않고 전송할 경우 이전의 저장내용이 전송되오니 이점 반드시 유념하시기 바랍니다.)

▶ 답안문서는 지정된 경로 외의 다른 보조기억장치에 저장하는 행위, 지정된 시험 시간 외에 작성된 파일을 활용한 행위, 기타 통신수단(이메일, 메신저, 네트워크 등)을 이용하여 타인에게 전달 또는 외부 반출하는 행위는 부정으로 간주되어 **자격기본법 제32조에 의거 본 시험 및 국가공인 자격시험을 2년간 응시할 수 없습니다.**

▶ 시험 중 부주의 또는 고의로 시스템을 파손한 경우와 〈수험자 유의사항〉에 기재된 방법대로 이행하지 않아 생기는 불이익은 수험자의 책임임을 알려 드립니다.

▶ 시험을 완료한 수험자는 최종적으로 저장한 답안파일이 전송되었는지 확인한 후 감독위원의 지시에 따라 문제지를 제출하고 퇴실합니다.

답 안 작 성 요 령

▶ 온라인 답안 작성 절차

  수험자 등록 ⇒ 시험 시작 ⇒ 답안파일 저장 ⇒ 답안 전송 ⇒ 시험 종료

▶ 내문서₩GTQ₩Image 폴더에 있는 그림 원본파일을 사용하여 답안을 작성하시고 최종답안을 답안폴더(내문서₩GTQ)에 저장하여 답안을 전송하시고, 이미지의 크기가 다른 경우 감점 처리됩니다.

▶ 배점은 총 100점으로 이루어지며, 점수는 각 문제별로 차등 배분됩니다.

▶ 각 문제는 주어진 〈조건〉에 따라 작성하고, 언급하지 않은 조건은 ≪출력형태≫와 같이 작성합니다.

▶ 배치 등의 편의를 위해 주어진 눈금자의 단위는 '픽셀'입니다.

  그 외는 출력형태(효과, 이미지, 문자, 색상, 레이아웃, 규격 등)와 같게 작업하십시오.

▶ 문제 조건에 서체의 지정이 없을 경우 한글은 굴림이나 돋움, 영문은 Arial로 작업하십시오.

  (단, 그 외에 제시되지 않은 문자 속성을 기본값으로 작성하지 않은 경우는 감점 처리됩니다.)

▶ Image Mode(이미지 모드)는 별도의 처리조건이 없을 경우에는 RGB(8비트)로 작업하십시오.

▶ 모든 답안 파일은 해상도 72 pixels/inch 로 작업하십시오.

▶ Layer(레이어)는 각 기능별로 분할해야 하며, 임의로 합칠 경우나 각 기능에 대한 속성을 해지할 경우 해당 요소는 0점 처리됩니다.

한 국 생 산 성 본 부

[기능평가] Tool(도구) 활용

다음의 ≪조건≫에 따라 아래의 ≪출력형태≫와 같이 작업하시오.

조건

원본 이미지			내문서₩GTQ 2급₩Image₩실전 9회₩2급-1.jpg
파일 저장 규칙	JPG	파일명	내문서₩GTQ₩수험번호-성명-1.jpg
		크기	600 × 400 pixels
	PSD	파일명	내문서₩GTQ₩수험번호-성명-1.psd
		크기	60 × 40 pixels

1. 그림효과

① 복제 및 변형 : 버섯
② Shape Tool(모양 도구)사용 :
   손 모양 (레이어 스타일 – Drop Shadow(그림자 효과)),
   그라디언트 오버레이(Orange, Yellow, Orange)

2. 문자 효과

① mushroom(Arial, Bold, 40pt, #ffffff,
   레이어 스타일 – Stroke(선)(3px, #ff0000),
   Drop Shadow(그림자 효과))

문제 02 **[기능평가] 사진편집 기초**

다음의 ≪조건≫에 따라 아래의 ≪출력형태≫와 같이 작업하시오.

조건

원본 이미지			내문서₩GTQ 2급₩Image₩실전 9회₩2급-2.jpg, 2급-3. jpg, 2급-4.jpg
파일 저장 규칙	JPG	파일명	내문서₩GTQ₩수험번호-성명-2.jpg
		크기	600 × 500 pixels
	PSD	파일명	내문서₩GTQ₩수험번호-성명-2.psd
		크기	60 × 50 pixels

1. 그림효과

① 색상 보정 : 2급-3.jpg – 초록색 계열로 보정,
   레이어 스타일 – Outer Glow(외부 광선)
② 액자 제작 : 필터 – Patchwork(패치워크)
   안쪽 테두리(5px, #cc3333)
   레이어 스타일 – Drop Shadow(그림자 효과)
③ 2급-4.jpg : 레이어 스타일 – Drop Shadow(그림자 효과)

2. 문자 효과

① 아름다운 버섯나라 (궁서, 40pt, #007236,
   레이어 스타일 – Stroke(선)(3px, #ffffff))

문제 03 [기능평가] 사진편집

다음의 ≪조건≫에 따라 아래의 ≪출력형태≫와 같이 작업하시오

조건

원본 이미지		내문서₩GTQ 2급₩Image₩실전 9회₩2급-5.jpg, 2급-6.jpg, 2급-7.jpg, 2급-8.jpg	
파일 저장 규칙	JPG	파일명	내문서₩GTQ₩수험번호-성명-3.jpg
		크기	600 × 400 pixels
	PSD	파일명	내문서₩GTQ₩수험번호-성명-3.psd
		크기	60 × 40 pixels

1. 그림 효과

① 2급-5.jpg : 필터 – Crosshatch(그물눈)
② 2급-6.jpg : 레이어 마스크 – 세로 방향으로 흐릿하게
③ 2급-7.jpg : 레이어 스타일 – Drop Shadow(그림자 효과)
④ 2급-8.jpg : 레이어 스타일 – Bevel and Emboss(경사와 엠보스)
⑤ 그 외《출력형태》참조

2. 문자 효과

① MUSHROOM (Arial, Bold, 36pt, 레이어 스타일 – 그라디언트 오버레이(#000000, #ff9900), Stroke(선)(3px, #ffffff))
② FESTIVAL (Arial, Bold, 36pt, #000000, 레이어 스타일 – Stroke(선)(3px, #ffffff))

Shape Tool(모양 도구) 사용
#005e00, 레이어 스타일 – Stroke(선)(3px, #ffffff)

출력형태

Shape Tool(모양 도구) 사용
#ccff00, 레이어 스타일 –
Drop Shadow(그림자 효과)

다음의 《조건》에 따라 아래의 《출력형태》와 같이 작업하시오.

조건

원본 이미지		내문서₩GTQ 2급₩Image₩실전 9회₩2급-9.jpg, 2급-10.jpg, 2급-11.jpg, 2급-12.jpg, 2급-13.jpg	
파일 저장 규칙	JPG	파일명	내문서₩GTQ₩수험번호-성명-4.jpg
		크기	600 × 400 pixels
	PSD	파일명	내문서₩GTQ₩수험번호-성명-4.psd
		크기	60 × 40 pixels

1. 그림 효과
① 배경 : #336633
② 2급-9.jpg : Opacity(불투명도)(40%), 레이어 마스크 – 대각선 방향으로 흐릿하게
③ 2급-10.jpg, 2급-12.jpg : 레이어 스타일 – Drop Shadow(그림자 효과)
④ 2급-11.jpg : 레이어 스타일 – Drop Shadow(그림자 효과), Outer Glow(외부 광선)
⑤ 2급-13.jpg : 레이어 스타일 – Bevel and Emboss(경사와 엠보스), Outer Glow(외부 광선)
⑥ 그 외 《출력형태》참조

2. 문자 효과
① 신비한 버섯요리 (돋움, 25pt, #003300, 레이어 스타일 – Outer Glow(외부 광선))
② 봄맞이 버섯행사 두 가지의 버섯요리 이름을 맞추시면 푸짐한 상품을 드립니다. (돋움, 15pt, #ffffff)

출력형태

Shape Tool(모양 도구) 사용
#ffffff

Pen Tool(펜 도구)사용
#ccff00

Shape Tool(모양 도구) 사용
#669900

실전 모의고사 10회

급수	문제유형	시험시간	수험번호	성명
2급	A	90분		

수 험 자 유 의 사 항

▶ 수험자는 문제지를 받는 즉시 응시하고자 하는 **과목 및 급수가 맞는지 확인**한 후 수험번호와 성명을 작성합니다.

▶ 파일명은 본인의 "수험번호-성명-문제번호"로 공백 없이 정확히 입력하고 답안폴더(내문서₩GTQ₩ 또는 라이브 러리₩문서₩GTQ)에 jpg 파일과 psd 파일의 2가지 포맷으로 저장해야 하며, jpg 파일과 psd 파일의 내용이 상이 할 경우 0점 처리됩니다. 답안문서 파일명이 "수험번호-성명-문제번호"와 일치하지 않거나, 답안파일을 전송하지 않아 미제출로 처리될 경우 불합격 처리됩니다(예 : G123456789-홍길동-1.jpg).

▶ 문제의 세부조건은 '영문(한글)' 형식으로 표기되어 있으니 유의하시기 바랍니다.

▶ 수험자 정보와 저장한 파일명, 저장 위치가 다를 경우 전송이 되지 않으므로, 주의하시기 바랍니다.

▶ 답안 작성 중에도 **주기적으로 '저장'과 '답안 전송'을 이용**하여 감독위원 PC로 답안을 전송하셔야합니다.

   (※ 작업한 내용을 저장하지 않고 전송할 경우 이전의 저장내용이 전송되오니 이점 반드시 유념하시기 바랍니다.)

▶ 답안문서는 지정된 경로 외의 다른 보조기억장치에 저장하는 행위, 지정된 시험 시간 외에 작성된 파일을 활용한 행위, 기타 통신수단(이메일, 메신저, 네트워크 등)을 이용하여 타인에게 전달 또는 외부 반출하는 행위는 부정으로 간주되어 **자격기본법 제32조에 의거 본 시험 및 국가공인 자격시험을 2년간 응시할 수 없습니다.**

▶ 시험 중 부주의 또는 고의로 시스템을 파손한 경우와 〈수험자 유의사항〉에 기재된 방법대로 이행하지 않아 생기는 불이익은 수험자의 책임임을 알려 드립니다.

▶ 시험을 완료한 수험자는 최종적으로 저장한 답안파일이 전송되었는지 확인한 후 감독위원의 지시에 따라 문제지를 제출하고 퇴실합니다.

답 안 작 성 요 령

▶ 온라인 답안 작성 절차

   수험자 등록 ⇒ 시험 시작 ⇒ 답안파일 저장 ⇒ 답안 전송 ⇒ 시험 종료

▶ 내문서₩GTQ₩Image 폴더에 있는 그림 원본파일을 사용하여 답안을 작성하시고 최종답안을 답안폴더(내문서₩GTQ)에 저장하여 답안을 전송하시고, 이미지의 크기가 다른 경우 감점 처리됩니다.

▶ 배점은 총 100점으로 이루어지며, 점수는 각 문제별로 차등 배분됩니다.

▶ 각 문제는 주어진 〈조건〉에 따라 작성하고, 언급하지 않은 조건은 ≪출력형태≫와 같이 작성합니다.

▶ 배치 등의 편의를 위해 주어진 눈금자의 단위는 '픽셀'입니다.

   그 외는 출력형태(효과, 이미지, 문자, 색상, 레이아웃, 규격 등)와 같게 작업하십시오.

▶ 문제 조건에 서체의 지정이 없을 경우 한글은 굴림이나 돋움, 영문은 Arial로 작업하십시오.

   (단, 그 외에 제시되지 않은 문자 속성을 기본값으로 작성하지 않은 경우는 감점 처리됩니다.)

▶ Image Mode(이미지 모드)는 별도의 처리조건이 없을 경우에는 RGB(8비트)로 작업하십시오.

▶ 모든 답안 파일은 해상도 72 pixels/inch 로 작업하십시오.

▶ Layer(레이어)는 각 기능별로 분할해야 하며, 임의로 합칠 경우나 각 기능에 대한 속성을 해지할 경우 해당 요소는 0점 처리됩니다.

한 국 생 산 성 본 부

다음의 ≪조건≫에 따라 아래의 ≪출력형태≫와 같이 작업하시오.

조건

원본 이미지		내문서₩GTQ 2급₩Image₩실전 10회₩2급-1.jpg	
파일 저장 규칙	JPG	파일명	내문서₩GTQ₩수험번호-성명-1.jpg
		크기	400 × 500 pixels
	PSD	파일명	내문서₩GTQ₩수험번호-성명-1.psd
		크기	40 × 50 pixels

출력형태

1. 그림효과

① 복제 및 변형 : 손
② Shape Tool(모양 도구)사용 :
　꽃 모양 (#ff3366, 레이어 스타일 – Outer Glow(외부 광선))
　말풍선 모양 (#ffffff, 레이어 스타일 – Drop Shadow(그림자 효과))

2. 문자 효과

① Designer (Arial, Bold, 40pt, #ff9999,
　레이어 스타일 – Stroke(선)(3px, #333333))

다음의 ≪조건≫에 따라 아래의 ≪출력형태≫와 같이 작업하시오.

조건

원본 이미지		내문서₩GTQ 2급₩Image₩실전 10회₩2급-2.jpg, 2급-3. jpg, 2급-4.jpg	
파일 저장 규칙	JPG	파일명	내문서₩GTQ₩수험번호-성명-2.jpg
		크기	400 × 500 pixels
	PSD	파일명	내문서₩GTQ₩수험번호-성명-2.psd
		크기	40 × 50 pixels

출력형태

1. 그림효과

① 색상 보정 : 2급-3.jpg – 노란색 계열로 보정,
　레이어 스타일 – Drop Shadow(그림자 효과)
② 액자 제작 : 필터 – Stained Glass(스테인드 글라스)
　안쪽 테두리(5px, #ff9999)
③ 2급-4.jpg : 레이어 스타일 – Outer Glow(외부 광선)

2. 문자 효과

① 드레스 만들기 (바탕, 35pt, #ffffff,
　레이어 스타일 – Stroke(선)(3px, #996699))

다음의 ≪조건≫에 따라 아래의 ≪출력형태≫와 같이 작업하시오

조건

원본 이미지		내문서₩GTQ 2급₩Image₩실전 10회₩2급-5.jpg, 2급-6.jpg, 2급-7.jpg, 2급-8.jpg	
파일 저장 규칙	JPG	파일명	내문서₩GTQ₩수험번호-성명-3.jpg
		크기	600 × 400 pixels
	PSD	파일명	내문서₩GTQ₩수험번호-성명-3.psd
		크기	60 × 40 pixels

1. 그림 효과

① 2급-5.jpg : 필터 – Texturizer(텍스처화)
② 2급-6.jpg : 레이어 마스크 – 가로 방향으로 흐릿하게
③ 2급-7.jpg : 필터 – Crosshatch(그물눈), 레이어 스타일 – Drop Shadow(그림자 효과)
④ 2급-8.jpg : 레이어 스타일 – Drop Shadow(그림자 효과)
⑤ 그 외《출력형태》참조

2. 문자 효과

① Fashion illustration (Arial, Bold, 35pt, 레이어 스타일 – 그라디언트 오버레이(#ff9999, #ffffff), Stroke(선)(2px, #666666))
② 패션 일러스트 컬러링 기법 (돋움, 20pt, #ff3399)

Shape Tool(모양 도구) 사용
#ffffff, 레이어 스타일 –
Drop Shadow(그림자 효과)

Shape Tool(모양 도구) 사용
#ff6699, 레이어 스타일 –
Stroke(선)(5px, #ffcccc))

출력형태

Shape Tool(모양 도구) 사용, (#ffffff, #0033ff),
Opacity(불투명도)(70%)

다음의 ≪조건≫에 따라 아래의 ≪출력형태≫와 같이 작업하시오.

조건

원본 이미지		내문서₩GTQ 2급₩Image₩실전 10회₩2급-9.jpg, 2급-10.jpg, 2급-11.jpg, 2급-12.jpg, 2급-13.jpg	
파일 저장 규칙	JPG	파일명	내문서₩GTQ₩수험번호-성명-4.jpg
		크기	600 × 400 pixels
	PSD	파일명	내문서₩GTQ₩수험번호-성명-4.psd
		크기	60 × 40 pixels

1. 그림 효과

① 2급-9.jpg : 필터 – Texturizer(텍스처화)
② 2급-10.jpg : 필터 – Facet(단면화), 레이어 마스크 – 대각선 방향으로 흐릿하게
③ 2급-11.jpg : 레이어 스타일 – Drop Shadow(그림자 효과)
④ 2급-12.jpg : 레이어 스타일 – Outer Glow(외부광선)
⑤ 2급-13.jpg : 레이어 스타일 – Outer Glow(외부광선)
⑥ 그 외 ≪출력형태≫참조

2. 문자 효과

① Making Clothes (Arial, Regular, 32pt, 레이어 스타일 – 그라디언트 오버레이(#ff6666, #ffffff), Stroke(선)(2px, #cc9999))
② 초보자를 위한 옷 만들기! (돋움, 25pt, #ffffff, 레이어 스타일 – Drop Shadow(그림자 효과),
   Stroke(선) (3px, 그라디언트(#ff3366, #cccccc))
③ 블라우스, 스커트, 팬츠 패턴과 봉제 실무 (바탕, 15pt, #000000)Stroke(선)(2px, #ffffff))

출력형태

Shape Tool(모양 도구) 사용 (#ffffff, #666666), 레이어 스타일 – Drop Shadow(그림자 효과)

Shape Tool(모양 도구) 사용 #ff9999, 레이어 스타일 – Stroke(선)(2px, #cccccc)

Shape Tool(모양 도구) 사용 #66cc33, 레이어 스타일 – Inner Shadow(내부 그림자)

Graphic Technology Qualification

최신 기출유형문제

Part
05

최신 기출유형문제 01회

급수	문제유형	시험시간	수험번호	성명
2급	A	90분		

수 험 자 유 의 사 항

▶ 수험자는 문제지를 받는 즉시 응시하고자 하는 **과목 및 급수가 맞는지 확인**한 후 수험번호와 성명을 작성합니다.

▶ 파일명은 본인의 "수험번호-성명-문제번호"로 공백 없이 정확히 입력하고 답안폴더(내문서₩GTQ₩ 또는 라이브 러리₩문서₩GTQ)에 jpg 파일과 psd 파일의 2가지 포맷으로 저장해야 하며, jpg 파일과 psd 파일의 내용이 상이 할 경우 0점 처리됩니다. 답안문서 파일명이 "수험번호-성명-문제번호"와 일치하지 않거나, 답안파일을 전송하지 않아 미제출로 처리될 경우 불합격 처리됩니다(예 : G123456789-홍길동-1.jpg).

▶ 문제의 세부조건은 '영문(한글)' 형식으로 표기되어 있으니 유의하시기 바랍니다.

▶ 수험자 정보와 저장한 파일명, 저장 위치가 다를 경우 전송이 되지 않으므로, 주의하시기 바랍니다.

▶ 답안 작성 중에도 **주기적으로 '저장'과 '답안 전송'을 이용**하여 감독위원 PC로 답안을 전송하셔야합니다.

 (※ 작업한 내용을 저장하지 않고 전송할 경우 이전의 저장내용이 전송되오니 이점 반드시 유념하시기 바랍니다.)

▶ 답안문서는 지정된 경로 외의 다른 보조기억장치에 저장하는 행위, 지정된 시험 시간 외에 작성된 파일을 활용한 행위, 기타 통신수단(이메일, 메신저, 네트워크 등)을 이용하여 타인에게 전달 또는 외부 반출하는 행위는 부정으로 간주되어 **자격기본법 제32조에 의거 본 시험 및 국가공인 자격시험을 2년간 응시할 수 없습니다.**

▶ 시험 중 부주의 또는 고의로 시스템을 파손한 경우와 〈수험자 유의사항〉에 기재된 방법대로 이행하지 않아 생기는 불이익은 수험자의 책임임을 알려 드립니다.

▶ 시험을 완료한 수험자는 최종적으로 저장한 답안파일이 전송되었는지 확인한 후 감독위원의 지시에 따라 문제지를 제출하고 퇴실합니다.

답 안 작 성 요 령

▶ 온라인 답안 작성 절차

 수험자 등록 ⇒ 시험 시작 ⇒ 답안파일 저장 ⇒ 답안 전송 ⇒ 시험 종료

▶ 내문서₩GTQ₩Image 폴더에 있는 그림 원본파일을 사용하여 답안을 작성하시고 최종답안을 답안폴더(내문 서₩GTQ)에 저장하여 답안을 전송하시고, 이미지의 크기가 다른 경우 감점 처리됩니다.

▶ 배점은 총 100점으로 이루어지며, 점수는 각 문제별로 차등 배분됩니다.

▶ 각 문제는 주어진 〈조건〉에 따라 작성하고, 언급하지 않은 조건은 ≪출력형태≫와 같이 작성합니다.

▶ 배치 등의 편의를 위해 주어진 눈금자의 단위는 '픽셀'입니다.

 그 외는 출력형태(효과, 이미지, 문자, 색상, 레이아웃, 규격 등)와 같이 작업하십시오.

▶ 문제 조건에 서체의 지정이 없을 경우 한글은 굴림이나 돋움, 영문은 Arial로 작업하십시오.

 (단, 그 외에 제시되지 않은 문자 속성을 기본값으로 작성하지 않은 경우는 감점 처리됩니다.)

▶ Image Mode(이미지 모드)는 별도의 처리조건이 없을 경우에는 RGB(8비트)로 작업하십시오.

▶ 모든 답안 파일은 해상도 72 pixels/inch 로 작업하십시오.

▶ Layer(레이어)는 각 기능별로 분할해야 하며, 임의로 합칠 경우나 각 기능에 대한 속성을 해지할 경우 해당 요소는 0점 처리됩니다.

한 국 생 산 성 본 부

문제 01 [기능평가] Tool(도구) 활용

다음의 《조건》에 따라 아래의 《출력형태》와 같이 작업하시오.

조건

원본 이미지	내문서₩GTQ 2급₩Image₩기출 1회₩2급-1.jpg		
파일 저장 규칙	JPG	파일명	내문서₩GTQ₩수험번호-성명-1.jpg
		크기	400 × 500 pixels
	PSD	파일명	내문서₩GTQ₩수험번호-성명-1.psd
		크기	40 × 50 pixels

출력형태

1. 그림효과

① 복제 및 변형 : 바위
② Shape Tool(모양 도구) 사용 :
　－ 새 모양 (#666666, #333333, 레이어 스타일 – Outer Glow(외부 광선))
　－ 물고기 모양 (레이어 스타일 – 그라디언트 오버레이(#009933, #ffffff))

2. 문자효과

① Rough See Rock (Times New Roman, Regular, 45pt, #ff55ff, 레이어 스타일 – Inner Shadow(내부 그림자))

문제 02 [기능평가] 사진편집 기초

다음의 《조건》에 따라 아래의 《출력형태》와 같이 작업하시오.

조건

원본 이미지	내문서₩GTQ 2급₩Image₩기출 1회₩2급-2.jpg, 2급-3.jpg, 2급-4.jpg		
파일 저장 규칙	JPG	파일명	내문서₩GTQ₩수험번호-성명-1.jpg
		크기	400 × 500 pixels
	PSD	파일명	내문서₩GTQ₩수험번호-성명-1.psd
		크기	40 × 50 pixels

출력형태

1. 그림효과

① 색상 보정 : 2급-3.jpg – 빨간색 계열로 보정,
　레이어 스타일 – Drop Shadow(그림자 효과)
② 액자 제작 :
　필터 – Stained Glass(스테인드 글라스/채색 유리), 안쪽 테두리 (4px, #006699), 레이어 스타일 – Drop Shadow(그림자 효과)
　③ 2급-4.jpg : 레이어 스타일 – Outer Glow(외부 광선)

2. 문자효과

① 아름다운 무인도 (돋움, 32pt, #ffffff, 레이어 스타일 – Stroke(선/획) (2px, #990099))

다음의 ≪조건≫에 따라 아래의 ≪출력형태≫와 같이 작업하시오

조건

원본 이미지		내문서₩GTQ 2급₩Image₩기출 1회₩2급−5.jpg, 2급−6.jpg, 2급−7.jpg, 2급−8.jpg	
파일 저장 규칙	JPG	**파일명**	내문서₩GTQ₩수험번호−성명−1.jpg
		크기	600 × 400 pixels
	PSD	**파일명**	내문서₩GTQ₩수험번호−성명−1.psd
		크기	60 × 40 pixels

1. 그림효과

① 배경 : #ccffff
② 2급−5.jpg : 필터 − Crosshatch(그물눈), 레이어 마스크 − 가로 방향으로 흐릿하게
③ 2급−6.jpg : 레이어 스타일 − Drop Shadow(그림자 효과)
④ 2급−7.jpg : 레이어 스타일 − Satin(새틴) #0000ff
⑤ 2급−8.jpg : 레이어 스타일 − Inner Shadow(내부 그림자)
⑥ 그 외 ≪출력형태≫참조

2. 문자효과

① BEAUTIFUL ISLAND (Arial, Bold, 40pt, #ffff66, #ffffff, 레이어 스타일 − Drop Shadow(그림자 효과), Stroke(선/획)(3px, #663366))
② 아름다운 섬으로... (궁서, 30pt, 레이어 스타일 − 그라디언트 오버레이(#993300, #ffff00), Stroke(선/획)(2px, #330033))

Shape Tool(모양 도구) 사용
#993300, 레이어 스타일 − Stroke(선/획)(2px, #ffffff)

출력형태

Shape Tool(모양 도구) 사용
레이어 스타일 −
그라디언트 오버레이
(#0000ff, #80d1ff),
Stroke(선/획)(1px, #000000)

다음의 ≪조건≫에 따라 아래의 ≪출력형태≫와 같이 작업하시오.

조건

원본 이미지		내문서₩GTQ 2급₩Image₩기출 1회₩2급-9.jpg, 2급-10.jpg, 2급-11.jpg, 2급-12.jpg, 2급-13.jpg	
파일 저장 규칙	JPG	파일명	내문서₩GTQ₩수험번호-성명-1.jpg
		크기	600 × 400 pixels
	PSD	파일명	내문서₩GTQ₩수험번호-성명-1.psd
		크기	60 × 40 pixels

1. 그림효과

① 2급-9.jpg : 필터 – Add Noise(노이즈 추가)
② 2급-10.jpg : 레이어 스타일 – Outer Glow(외부 광선), Inner Shadow(내부 그림자)
③ 2급-11.jpg : 레이어 스타일 – Bevel and Emboss(경사와 엠보스)
④ 2급-12.jpg : 필터 – Texturizer(텍스처화)
⑤ 2급-13.jpg : 레이어 스타일 – Drop Shadow(그림자 효과), Opacity(불투명도)(70%)
⑥ 그 외《출력형태》참조

2. 문자효과

① FANTASTIC (바탕, 30pt, #000099, 레이어 스타일 – Drop Shadow(그림자 효과), Stroke(선/획)(3px, #ccff00))
② ISLAND (바탕, 30pt, #ff0000, 레이어 스타일 – Inner Shadow(내부 그림자), Stroke(선/획)(3px, #ffffff))
③ 무인도와 만나는 설레임 (돋움, 24pt, #ffffff, 레이어 스타일 – Stroke(선/획)(3px, #333333))

출력형태

Shape Tool(모양 도구) 사용
#ff3300, 레이어 스타일 – Bevel and Emboss
(경사와 엠보스), Stroke(선/획)(2px, #ffffff)

Shape Tool(모양 도구) 사용
레이어 스타일 – Stroke(선/획)
(3px, #ffffff), Drop Shadow(그림
자 효과)

Shape Tool(모양 도구) 사용
#ffff00, #99ffff, 레이어 스타일 –
Inner Shadow(내부 그림자)

최신 기출유형문제 02회

급수	문제유형	시험시간	수험번호	성명
2급	A	90분		

수 험 자 유 의 사 항

▶ 수험자는 문제지를 받는 즉시 응시하고자 하는 **과목 및 급수가 맞는지 확인**한 후 수험번호와 성명을 작성합니다.

▶ 파일명은 본인의 "수험번호–성명–문제번호"로 공백 없이 정확히 입력하고 답안폴더(내문서₩GTQ₩ 또는 라이브 러리₩문서₩GTQ)에 jpg 파일과 psd 파일의 2가지 포맷으로 저장해야 하며, jpg 파일과 psd 파일의 내용이 상이 할 경우 0점 처리됩니다. 답안문서 파일명이 "수험번호–성명–문제번호"와 일치하지 않거나, 답안파일을 전송하지 않아 미제출로 처리될 경우 불합격 처리됩니다(예 : G123456789–홍길동–1.jpg).

▶ 문제의 세부조건은 '영문(한글)' 형식으로 표기되어 있으니 유의하시기 바랍니다.

▶ 수험자 정보와 저장한 파일명, 저장 위치가 다를 경우 전송이 되지 않으므로, 주의하시기 바랍니다.

▶ 답안 작성 중에도 **주기적으로 '저장'과 '답안 전송'을 이용**하여 감독위원 PC로 답안을 전송하셔야합니다.

 (※ 작업한 내용을 <u>저장하지 않고 전송할 경우</u> 이전의 저장내용이 전송되오니 이점 반드시 유념하시기 바랍니다.)

▶ 답안문서는 지정된 경로 외의 다른 보조기억장치에 저장하는 행위, 지정된 시험 시간 외에 작성된 파일을 활용한 행위, 기타 통신수단(이메일, 메신저, 네트워크 등)을 이용하여 타인에게 전달 또는 외부 반출하는 행위는 부정으로 간주되어 **자격기본법 제32조에 의거 본 시험 및 국가공인 자격시험을 2년간 응시할 수 없습니다.**

▶ 시험 중 부주의 또는 고의로 시스템을 파손한 경우와 〈수험자 유의사항〉에 기재된 방법대로 이행하지 않아 생기는 불이익은 수험자의 책임임을 알려 드립니다.

▶ 시험을 완료한 수험자는 최종적으로 저장한 답안파일이 전송되었는지 확인한 후 감독위원의 지시에 따라 문제지를 제출하고 퇴실합니다.

답 안 작 성 요 령

▶ 온라인 답안 작성 절차

 수험자 등록 ⇒ 시험 시작 ⇒ 답안파일 저장 ⇒ 답안 전송 ⇒ 시험 종료

▶ 내문서₩GTQ₩Image 폴더에 있는 그림 원본파일을 사용하여 답안을 작성하시고 최종답안을 답안폴더(내문 서₩GTQ)에 저장하여 답안을 전송하시고, 이미지의 크기가 다른 경우 감점 처리됩니다.

▶ 배점은 총 100점으로 이루어지며, 점수는 각 문제별로 차등 배분됩니다.

▶ 각 문제는 주어진 〈조건〉에 따라 작성하고, 언급하지 않은 조건은 ≪출력형태≫와 같이 작성합니다.

▶ 배치 등의 편의를 위해 주어진 눈금자의 단위는 '픽셀'입니다.

 그 외는 출력형태(효과, 이미지, 문자, 색상, 레이아웃, 규격 등)와 같게 작업하십시오.

▶ 문제 조건에 서체의 지정이 없을 경우 한글은 굴림이나 돋움, 영문은 Arial로 작업하십시오.

 (단, 그 외에 제시되지 않은 문자 속성을 기본값으로 작성하지 않은 경우는 감점 처리됩니다.)

▶ Image Mode(이미지 모드)는 별도의 처리조건이 없을 경우에는 RGB(8비트)로 작업하십시오.

▶ 모든 답안 파일은 해상도 72 pixels/inch 로 작업하십시오.

▶ Layer(레이어)는 각 기능별로 분할해야 하며, 임의로 합칠 경우나 각 기능에 대한 속성을 해지할 경우 해당 요소는 0점 처리됩니다.

한 국 생 산 성 본 부

문제 01 [기능평가] Tool(도구) 활용

다음의 ≪조건≫에 따라 아래의 ≪출력형태≫와 같이 작업하시오.

조건

원본 이미지	내문서₩GTQ 2급₩Image₩기출 2회₩2급-1.jpg		
파일 저장 규칙	JPG	파일명	내문서₩GTQ₩수험번호-성명-1.jpg
		크기	400 × 500 pixels
	PSD	파일명	내문서₩GTQ₩수험번호-성명-1.psd
		크기	40 × 50 pixels

출력형태

1. 그림효과

① 복제 및 변형 : 무궁화 꽃
② Shape Tool(모양 도구) 사용 :
  – 나비 모양 (#33ffff, 레이어 스타일 –Stroke(선/획)(2px, #ffffff), Outer Glow(외부 광선))
  – 나뭇잎 모양 (#003300, 레이어 스타일 – Outer Glow(외부 광선))

2. 문자효과

① Flwer (Arial, Bold, 60pt, #cc3300, 레이어 스타일 – Inner Shadow(내부 그림자), Stroke(선/획)(2px, #99cc33))

문제 02 [기능평가] 사진편집 기초

다음의 ≪조건≫에 따라 아래의 ≪출력형태≫와 같이 작업하시오.

조건

원본 이미지	내문서₩GTQ 2급₩Image₩기출 2회₩2급-2.jpg, 2급-3.jpg, 2급-4.jpg		
파일 저장 규칙	JPG	파일명	내문서₩GTQ₩수험번호-성명-1.jpg
		크기	400 × 500 pixels
	PSD	파일명	내문서₩GTQ₩수험번호-성명-1.psd
		크기	40 × 50 pixels

출력형태

1. 그림효과

① 색상 보정 : 2급-3.jpg – 보라색 계열로 보정
  레이어 스타일 – Drop Shadow(그림자 효과)
② 액자 제작 :
  필터 – Patchwork(패치워크/이어 붙이기), 안쪽 테두리 (4px, #ffffff),
  레이어 스타일 – Drop Shadow(그림자 효과)
③ 2급-4.jpg : 레이어 스타일 – Outer Glow(외부 광선)

2. 문자효과

① 아름다운 우리의 國華 (굴림, 32pt, #006699, 레이어 스타일 – Stroke(선/획)(3px, #ffffff))

다음의 ≪조건≫에 따라 아래의 ≪출력형태≫와 같이 작업하시오.

조건

원본 이미지		내문서₩GTQ 2급₩Image₩기출 2회₩2급-5.jpg, 2급-6.jpg, 2급-7.jpg, 2급-8.jpg	
파일 저장 규칙	JPG	파일명	내문서₩GTQ₩수험번호-성명-1.jpg
		크기	600 × 400 pixels
	PSD	파일명	내문서₩GTQ₩수험번호-성명-1.psd
		크기	60 × 40 pixels

1. 그림효과

① 배경 : #ffff99
② 2급-5.jpg : 필터 – Facet(단면화), 레이어 마스크 – 세로 방향으로 흐릿하게
③ 2급-6.jpg : 레이어 스타일 – Drop Shadow(그림자 효과)
④ 2급-7.jpg : 레이어 스타일 – Outer Glow(외부 광선)
⑤ 2급-8.jpg : 레이어 스타일 – Drop Shadow(그림자 효과), Stroke(선/획)(2px, #ffffff)
⑥ 그 외《출력형태》참조

2. 문자효과

① ENJOY KOREA (Arial, Regular, 48pt, #ffffff, 레이어 스타일 – Drop Shadow(그림자 효과), Stroke(선/획)(3px, #000099))
② 즐거운 한국 여행 (궁서, 40pt, #ffffff, 레이어 스타일 – Drop Shadow(그림자 효과), Stroke(선/획)(2px, #333333))

Shape Tool(모양 도구) 사용
#33cccf, 레이어 스타일 – Inner Shadow(내부 그림자)

출력형태

Shape Tool(모양 도구) 사용
레이어 스타일 – 그라디언트(#e10019, #00601b), Outer Glow(외부 광선)

문제 04 [실무응용] 이벤트 페이지 제작

다음의 ≪조건≫에 따라 아래의 ≪출력형태≫와 같이 작업하시오.

조건

원본 이미지			내문서₩GTQ 2급₩Image₩기출 2회₩2급-9.jpg, 2급-10.jpg, 2급-11.jpg, 2급-12.jpg, 2급-13.jpg
파일 저장 규칙	JPG	파일명	내문서₩GTQ₩수험번호-성명-1.jpg
		크기	600 × 400 pixels
	PSD	파일명	내문서₩GTQ₩수험번호-성명-1.psd
		크기	60 × 40 pixels

1. 그림효과

① 2급-9.jpg : 필터 - Facet(단면화)
② 2급-10.jpg : 레이어 마스크 - 대각선 방향으로 흐릿하게, Opacity(불투명도)(80%)
③ 2급-11.jpg : 필터 - Texturizer(텍스처화)
④ 2급-12.jpg : 레이어 스타일 - Outer Glow(외부 광선), Inner Shadow(내부 그림자)
⑤ 2급-13.jpg : 레이어 스타일 - Outer Glow(외부 광선), Inner Shadow(내부 그림자)
⑥ 그 외 ≪출력형태≫참조

2. 문자효과

① PANSORI(Arial, Regular, 35pt, #ff0099, 레이어 스타일 - Bevel and Emboss(경사와 엠보스))
② 세계 속의 한국 문화 (궁서, 40pt, #ffffff, 레이어 스타일 - Stroke(선/획)(3px, #993399))
③ Culture & Tradition (Arial, Regular, 35pt, #ff0099, 레이어 스타일 - Stroke(선/획)(3px, #ffffff))

출력형태

Shape Tool(모양 도구) 사용

Shape Tool(모양 도구) 사용

Shape Tool(모양 도구) 사용
#00ff84, 레이어 스타일 -Drop Shadow(그림자 효과), Opacity(불투명도)(80%)

최신 기출유형문제 03회

급수	문제유형	시험시간	수험번호	성명
2급	A	90분		

수 험 자 유 의 사 항

▶ 수험자는 문제지를 받는 즉시 응시하고자 하는 **과목 및 급수가 맞는지 확인**한 후 수험번호와 성명을 작성합니다.

▶ 파일명은 본인의 "수험번호–성명–문제번호"로 공백 없이 정확히 입력하고 답안폴더(내문서₩GTQ₩ 또는 라이브 러리₩문서₩GTQ)에 jpg 파일과 psd 파일의 2가지 포맷으로 저장해야 하며, jpg 파일과 psd 파일의 내용이 상이 할 경우 0점 처리됩니다. 답안문서 파일명이 "수험번호–성명–문제번호"와 일치하지 않거나, 답안파일을 전송하지 않아 미제출로 처리될 경우 불합격 처리됩니다(예 : G123456789–홍길동–1.jpg).

▶ 문제의 세부조건은 '영문(한글)' 형식으로 표기되어 있으니 유의하시기 바랍니다.

▶ 수험자 정보와 저장한 파일명, 저장 위치가 다를 경우 전송이 되지 않으므로, 주의하시기 바랍니다.

▶ 답안 작성 중에도 **주기적으로 '저장'과 '답안 전송'을 이용**하여 감독위원 PC로 답안을 전송하셔야합니다.

   (※ 작업한 내용을 <u>저장하지 않고 전송할 경우</u> 이전의 저장내용이 전송되오니 이점 반드시 유념하시기 바랍니다.)

▶ 답안문서는 지정된 경로 외의 다른 보조기억장치에 저장하는 행위, 지정된 시험 시간 외에 작성된 파일을 활용한 행위, 기타 통신수단(이메일, 메신저, 네트워크 등)을 이용하여 타인에게 전달 또는 외부 반출하는 행위는 부정으로 간주되어 **자격기본법 제32조에 의거 본 시험 및 국가공인 자격시험을 2년간 응시할 수 없습니다.**

▶ 시험 중 부주의 또는 고의로 시스템을 파손한 경우와 〈수험자 유의사항〉에 기재된 방법대로 이행하지 않아 생기는 불이익은 수험자의 책임임을 알려 드립니다.

▶ 시험을 완료한 수험자는 최종적으로 저장한 답안파일이 전송되었는지 확인한 후 감독위원의 지시에 따라 문제지를 제출하고 퇴실합니다.

답 안 작 성 요 령

▶ 온라인 답안 작성 절차

   수험자 등록 ⇒ 시험 시작 ⇒ 답안파일 저장 ⇒ 답안 전송 ⇒ 시험 종료

▶ 내문서₩GTQ₩Image 폴더에 있는 그림 원본파일을 사용하여 답안을 작성하시고 최종답안을 답안폴더(내문서₩GTQ)에 저장하여 답안을 전송하시고, 이미지의 크기가 다른 경우 감점 처리됩니다.

▶ 배점은 총 100점으로 이루어지며, 점수는 각 문제별로 차등 배분됩니다.

▶ 각 문제는 주어진 〈조건〉에 따라 작성하고, 언급하지 않은 조건은 ≪출력형태≫와 같이 작성합니다.

▶ 배치 등의 편의를 위해 주어진 눈금자의 단위는 '픽셀'입니다.

   그 외는 출력형태(효과, 이미지, 문자, 색상, 레이아웃, 규격 등)와 같게 작업하십시오.

▶ 문제 조건에 서체의 지정이 없을 경우 한글은 굴림이나 돋움, 영문은 Arial로 작업하십시오.

   (단, 그 외에 제시되지 않은 문자 속성을 기본값으로 작성하지 않은 경우는 감점 처리됩니다.)

▶ Image Mode(이미지 모드)는 별도의 처리조건이 없을 경우에는 RGB(8비트)로 작업하십시오.

▶ 모든 답안 파일은 해상도 72 pixels/inch 로 작업하십시오.

▶ Layer(레이어)는 각 기능별로 분할해야 하며, 임의로 합칠 경우나 각 기능에 대한 속성을 해지할 경우 해당 요소는 0점 처리됩니다.

한 국 생 산 성 본 부

문제 01　[기능평가] Tool(도구) 활용

다음의 ≪조건≫에 따라 아래의 ≪출력형태≫와 같이 작업하시오.

조건

원본 이미지		내문서₩GTQ 2급₩Image₩기출 3회₩2급-1.jpg	
파일 저장 규칙	JPG	파일명	내문서₩GTQ₩수험번호-성명-1.jpg
		크기	400 × 500 pixels
	PSD	파일명	내문서₩GTQ₩수험번호-성명-1.psd
		크기	40 × 50 pixels

출력형태

1. 그림효과

① 복제 및 변형 : 나뭇잎
② Shape Tool(모양 도구) 사용 :
 – 나뭇잎 장식 모양 (#cc0000, 레이어 스타일 – Bevel and Emboss(경사와 엠보스))
 – 꽃 장식 모양 (#ea00ff, 레이어 스타일 – Outer Glow(외부 광선))

2. 문자 효과

① HanBok (Times New Roman, Bold, 60pt, #ffff00, 레이어 스타일 – Drop Shadow(그림자 효과))

문제 02　[기능평가] 사진편집 기초

다음의 ≪조건≫에 따라 아래의 ≪출력형태≫와 같이 작업하시오.

조건

원본 이미지		내문서₩GTQ 2급₩Image₩기출 3회₩2급-2.jpg, 2급-3.jpg, 2급-4.jpg	
파일 저장 규칙	JPG	파일명	내문서₩GTQ₩수험번호-성명-1.jpg
		크기	400 × 500 pixels
	PSD	파일명	내문서₩GTQ₩수험번호-성명-1.psd
		크기	40 × 50 pixels

출력형태

1. 그림효과

① 색상 보정 : 2급-3.jpg – 파란색 계열로 보정, 레이어 스타일 – Drop Shadow(그림자 효과)
② 액자 제작 : 필터 – Patchwork(패치워크/이어붙이기), 안쪽 테두리 (6px, #336600), 레이어 스타일 – Drop Shadow(그림자 효과)
③ 2급-4.jpg : 레이어 스타일 – Inner Shadow(내부 그림자)

2. 문자 효과

① 한국 글쓰기 도구 (궁서, 35pt, #ffccff, 레이어 스타일 – Drop Shadow(그림자 효과), Stroke(선/획)(2px, 000000))

다음의 《조건》에 따라 아래의 《출력형태》와 같이 작업하시오

조건

원본 이미지	내문서\GTQ 2급\Image\기출 3회\2급-5.jpg, 2급-6.jpg, 2급-7.jpg, 2급-8.jpg		
파일 저장 규칙	JPG	파일명	내문서\GTQ\수험번호-성명-1.jpg
		크기	600 × 400 pixels
	PSD	파일명	내문서\GTQ\수험번호-성명-1.psd
		크기	60 × 40 pixels

1. 그림 효과

① 배경 : #ffdd99
② 2급-5.jpg : 필터 – Dry Brush(드라이 브러쉬), 레이어 마스크 – 대각선 방향으로 흐릿하게
③ 2급-6.jpg : 레이어 스타일 – Bevel and Emboss(경사와 엠보스)
④ 2급-7.jpg : 레이어 스타일 – Drop Shadow(그림자 효과)
⑤ 2급-8.jpg : 레이어 스타일 – Outer Glow(외부 광선)
⑥ 그 외《출력형태》참조

2. 문자 효과

① 아름다운 반질고리 (궁서, 35pt, #669900, 레이어 스타일 – Drop Shadow(그림자 효과), Stroke(선/획)(2px, #ffffff))
② Stitchwork (Arial, Black, 60pt, 레이어 스타일 – 그라디언트 오버레이(#ffffff, #0934af), Stroke(선/획)(3px, #000000))

Shape Tool(모양 도구) 사용
#ffffff, 레이어 스타일 – Outer Glow(외부 광선), Opacity(불투명도)(50%)

출력형태

Shape Tool(모양 도구) 사용
#ffffff, 레이어 스타일 – Drop Shadow(그림자 효과), Stroke(선/획)(2px, #669900)

문제 04 [실무응용] 이벤트 페이지 제작

다음의 ≪조건≫에 따라 아래의 ≪출력형태≫와 같이 작업하시오.

조건

원본 이미지		내문서₩GTQ 2급₩Image₩기출 3회₩2급-9.jpg, 2급-10.jpg, 2급-11.jpg, 2급-12.jpg, 2급-13.jpg
파일 저장 규칙	JPG 파일명	내문서₩GTQ₩수험번호-성명-1.jpg
	JPG 크기	600 × 400 pixels
	PSD 파일명	내문서₩GTQ₩수험번호-성명-1.psd
	PSD 크기	60 × 40 pixels

1. 그림 효과

① 2급-9.jpg : 필터 – Crosshatch(그물눈)
② 2급-10.jpg : 필터 – Film Grain(필름 그레인), 레이어 마스크 – 대각선 방향으로 흐릿하게
③ 2급-11.jpg : 레이어 스타일 –Drop Shadow(그림자 효과) , Bevel and Emboss(경사와 엠보스)
④ 2급-12.jpg : 필터 – Paint Daubs(페인트 덥스/페인트 바르기)
⑤ 2급-13.jpg : 레이어 스타일 – Drop Shadow(그림자 효과), Opacity(불투명도)(80%)
⑥ 그 외≪출력형태≫참조

2. 문자 효과

① 궁궐숲 학교 (바탕, 42pt, #cc00cc, 레이어 스타일 – Drop Shadow(그림자 효과), Stroke(선/획)(2px, #ffffff))
② 고궁 나들이 (궁서, 30pt, #ffffff, 레이어 스타일 – Stroke(선/획)(3px, #990099))
③ 고궁을 돌아다니며 재미있는 퀴즈 맞추기 (돋움, 16pt, #000000, 레이어 스타일 – Stroke(선/획)(1px, #99ff33))

Shape Tool(모양 도구) 사용
#ffffff, 레이어 스타일 – Drop Shadow(그림자 효과), Inner Shadow(내부 그림자), Opacity(불투명도)(50%)

Shape Tool(모양 도구) 사용
#ff00ff, #99ff33, 레이어 스타일 –
Stroke(선/획)
(1px, #000000)

출력형태

Shape Tool(모양 도구) 사용
#00a360, 레이어 스타일 –Outer Glow(외부 광선)

최신 기출유형문제 04회

급수	문제유형	시험시간	수험번호	성명
2급	A	90분		

수 험 자 유 의 사 항

▶ 수험자는 문제지를 받는 즉시 응시하고자 하는 **과목 및 급수가 맞는지 확인**한 후 수험번호와 성명을 작성합니다.

▶ 파일명은 본인의 "수험번호–성명–문제번호"로 공백 없이 정확히 입력하고 답안폴더(내문서₩GTQ₩ 또는 라이브러리₩문서₩GTQ)에 jpg 파일과 psd 파일의 2가지 포맷으로 저장해야 하며, jpg 파일과 psd 파일의 내용이 상이할 경우 0점 처리됩니다. 답안문서 파일명이 "수험번호–성명–문제번호"와 일치하지 않거나, 답안파일을 전송하지 않아 미제출로 처리될 경우 불합격 처리됩니다(예 : G123456789–홍길동–1.jpg).

▶ 문제의 세부조건은 '영문(한글)' 형식으로 표기되어 있으니 유의하시기 바랍니다.

▶ 수험자 정보와 저장한 파일명, 저장 위치가 다를 경우 전송이 되지 않으므로, 주의하시기 바랍니다.

▶ 답안 작성 중에도 **주기적으로 '저장'과 '답안 전송'을 이용**하여 감독위원 PC로 답안을 전송하셔야합니다.

  (※ 작업한 내용을 저장하지 않고 전송할 경우 이전의 저장내용이 전송되오니 이점 반드시 유념하시기 바랍니다.)

▶ 답안문서는 지정된 경로 외의 다른 보조기억장치에 저장하는 행위, 지정된 시험 시간 외에 작성된 파일을 활용한 행위, 기타 통신수단(이메일, 메신저, 네트워크 등)을 이용하여 타인에게 전달 또는 외부 반출하는 행위는 부정으로 간주되어 **자격기본법 제32조에 의거 본 시험 및 국가공인 자격시험을 2년간 응시할 수 없습니다.**

▶ 시험 중 부주의 또는 고의로 시스템을 파손한 경우와 〈수험자 유의사항〉에 기재된 방법대로 이행하지 않아 생기는 불이익은 수험자의 책임임을 알려 드립니다.

▶ 시험을 완료한 수험자는 최종적으로 저장한 답안파일이 전송되었는지 확인한 후 감독위원의 지시에 따라 문제지를 제출하고 퇴실합니다.

답 안 작 성 요 령

▶ 온라인 답안 작성 절차

  수험자 등록 ⇒ 시험 시작 ⇒ 답안파일 저장 ⇒ 답안 전송 ⇒ 시험 종료

▶ 내문서₩GTQ₩Image 폴더에 있는 그림 원본파일을 사용하여 답안을 작성하시고 최종답안을 답안폴더(내문서₩GTQ)에 저장하여 답안을 전송하시고, 이미지의 크기가 다른 경우 감점 처리됩니다.

▶ 배점은 총 100점으로 이루어지며, 점수는 각 문제별로 차등 배분됩니다.

▶ 각 문제는 주어진 〈조건〉에 따라 작성하고, 언급하지 않은 조건은 ≪출력형태≫와 같이 작성합니다.

▶ 배치 등의 편의를 위해 주어진 눈금자의 단위는 '픽셀'입니다.

  그 외는 출력형태(효과, 이미지, 문자, 색상, 레이아웃, 규격 등)와 같게 작업하십시오.

▶ 문제 조건에 서체의 지정이 없을 경우 한글은 굴림이나 돋움, 영문은 Arial로 작업하십시오.

  (단, 그 외에 제시되지 않은 문자 속성을 기본값으로 작성하지 않은 경우는 감점 처리됩니다.)

▶ Image Mode(이미지 모드)는 별도의 처리조건이 없을 경우에는 RGB(8비트)로 작업하십시오.

▶ 모든 답안 파일은 해상도 72 pixels/inch 로 작업하십시오.

▶ Layer(레이어)는 각 기능별로 분할해야 하며, 임의로 합칠 경우나 각 기능에 대한 속성을 해지할 경우 해당 요소는 0점 처리됩니다.

한 국 생 산 성 본 부

다음의 ≪조건≫에 따라 아래의 ≪출력형태≫와 같이 작업하시오.

조건			
원본 이미지			내문서₩GTQ 2급₩Image₩기출 4회₩2급-1.jpg
파일 저장 규칙	JPG	파일명	내문서₩GTQ₩수험번호-성명-1.jpg
		크기	400 × 500 pixels
	PSD	파일명	내문서₩GTQ₩수험번호-성명-1.psd
		크기	40 × 50 pixels

출력형태

1. 그림효과

① 복제 및 변형 : 양
② Shape Tool(모양 도구) 사용 :
   – 풀 모양 (#00ff36, #029120, 레이어 스타일 – Bevel and Emboss(경사와 엠보스))
   – 클로버 모양 (#9999ff, 레이어 스타일 – Stroke(선/획)(2px, #ffffff))

2. 문자 효과

① Grassland (Times New Roman, Regular, 80pt, #ffff00, 레이어 스타일 – Drop Shadow(그림자 효과))

다음의 ≪조건≫에 따라 아래의 ≪출력형태≫와 같이 작업하시오.

조건			
원본 이미지			내문서₩GTQ 2급₩Image₩기출 4회₩2급-2.jpg, 2급-3.jpg, 2급-4.jpg
파일 저장 규칙	JPG	파일명	내문서₩GTQ₩수험번호-성명-1.jpg
		크기	400 × 500 pixels
	PSD	파일명	내문서₩GTQ₩수험번호-성명-1.psd
		크기	40 × 50 pixels

출력형태

1. 그림효과

① 색상 보정 : 2급-3.jpg – 빨간색 계열로 보정, 레이어 스타일 – Drop Shadow(그림자 효과)
② 액자 제작 : 필터 – Watercolor(수채화 효과), 안쪽 테두리 (5px, #ffffff), 레이어 스타일 – Drop Shadow(그림자 효과)
③ 2급-4.jpg : 레이어 스타일 – Outer Glow(외부 광선)

2. 문자 효과

① 승마 체험 교실!! (궁서, 40pt, #029734, 레이어 스타일 – Stroke(선/획)(2px, #000000))

문제 03 [기능평가] 사진편집

다음의 ≪조건≫에 따라 아래의 ≪출력형태≫와 같이 작업하시오

조건

원본 이미지		내문서₩GTQ 2급₩Image₩기출 4회₩2급─5.jpg, 2급─6.jpg, 2급─7.jpg, 2급─8.jpg	
파일 저장 규칙	JPG	파일명	내문서₩GTQ₩수험번호─성명─1.jpg
		크기	600 × 400 pixels
	PSD	파일명	내문서₩GTQ₩수험번호─성명─1.psd
		크기	60 × 40 pixels

1. 그림 효과

① 배경 : #ffff99
② 2급─5.jpg : 필터 – Dry Brush(드라이 브러쉬), 레이어 마스크 – 가로 방향으로 흐릿하게
③ 2급─6.jpg : 레이어 스타일 – Drop Shadow(그림자 효과)
④ 2급─7.jpg : 레이어 스타일 – Outer Glow(외부 광선)
⑤ 2급─8.jpg : 레이어 스타일 – Drop Shadow(그림자 효과), Opacity(불투명도)(80%)
⑥ 그 외《출력형태》참조

2. 문자 효과

① 곤충 체험 전시관 (굴림, 45pt, 레이어 스타일 – 그라디언트 오버레이(#ff6600, #006633), Stroke(선/획)(2px, #ffffff))
② 곤충과 내 몸이 한 몸이 되는 그곳!! (궁서, 20pt, #ffff99, 레이어 스타일 – Stroke(선/획)(2px, #663366))

Shape Tool(모양 도구) 사용
#ff00fc, Opacity(불투명도)(90%), 레이어 스타일 – Inner Shadow(내부 그림자)

출력형태

Shape Tool(모양 도구) 사용
#c1c10c, 레이어 스타일 –Bevel and Emboss(경사와 엠보스)

다음의 ≪조건≫에 따라 아래의 ≪출력형태≫와 같이 작업하시오.

조건

원본 이미지		내문서\GTQ 2급\Image\기출 4회\2급-9.jpg, 2급-10.jpg, 2급-11.jpg, 2급-12.jpg, 2급-13.jpg	
파일 저장 규칙	JPG	파일명	내문서\GTQ\수험번호-성명-1.jpg
		크기	600 × 400 pixels
	PSD	파일명	내문서\GTQ\수험번호-성명-1.psd
		크기	60 × 40 pixels

1. 그림 효과

① 2급-9.jpg : 필터 – Crosshatch(그물눈)
② 2급-10.jpg : 레이어 스타일 – Drop Shadow(그림자 효과), Outer Glow(외부 광선)
③ 2급-11.jpg : 레이어 스타일 – Outer Glow(외부 광선)
④ 2급-12.jpg : 필터 – Film Grain(필름 그레인)
⑤ 2급-13.jpg : 레이어 스타일 – Bevel and Emboss(경사와 엠보스)
⑥ 그 외《출력형태》참조

2. 문자 효과

① Cute Pet Animal (Times New Roman, Regular, 50pt, #ffffff, 레이어 스타일 – Drop Shadow(그림자 효과), Stroke(선/획)
   (3px, #993399))
② Come and Enjoy (Arial, Regular, 25pt, #ffffff, 레이어 스타일 – Stroke(선/획)(2px, #006600))
③ 반려동물과 함께... (돋움, 20pt, 레이어 스타일 – Stroke(선/획)(3px, #ffffff), 그라디언트 오버레이(#cccc00, #cc3366,
   #333399))

Shape Tool(모양 도구) 사용
레이어 스타일 – Stroke(선/획)(3px, #333333)

출력형태

Shape Tool(모양 도구) 사용
레이어 스타일 – 그라디언트 오버레이(#ff6600, #ffff00), Drop Shadow(그림자 효과)

Shape Tool(모양 도구) 사용
#336600, 레이어 스타일 –Inner Shadow(내부 그림자)

최신 기출유형문제 05회

급수	문제유형	시험시간	수험번호	성명
2급	A	90분		

수 험 자 유 의 사 항

▶ 수험자는 문제지를 받는 즉시 응시하고자 하는 **과목 및 급수가 맞는지 확인**한 후 수험번호와 성명을 작성합니다.

▶ 파일명은 본인의 "수험번호–성명–문제번호"로 공백 없이 정확히 입력하고 답안폴더(내문서₩GTQ₩ 또는 라이브러리₩문서₩GTQ)에 jpg 파일과 psd 파일의 2가지 포맷으로 저장해야 하며, jpg 파일과 psd 파일의 내용이 상이할 경우 0점 처리됩니다. 답안문서 파일명이 "수험번호–성명–문제번호"와 일치하지 않거나, 답안파일을 전송하지 않아 미제출로 처리될 경우 불합격 처리됩니다(예 : G123456789–홍길동–1.jpg).

▶ 문제의 세부조건은 '영문(한글)' 형식으로 표기되어 있으니 유의하시기 바랍니다.

▶ 수험자 정보와 저장한 파일명, 저장 위치가 다를 경우 전송이 되지 않으므로, 주의하시기 바랍니다.

▶ 답안 작성 중에도 **주기적으로 '저장'과 '답안 전송'을 이용**하여 감독위원 PC로 답안을 전송하셔야합니다.

  (※ 작업한 내용을 저장하지 않고 전송할 경우 이전의 저장내용이 전송되오니 이점 반드시 유념하시기 바랍니다.)

▶ 답안문서는 지정된 경로 외의 다른 보조기억장치에 저장하는 행위, 지정된 시험 시간 외에 작성된 파일을 활용한 행위, 기타 통신수단(이메일, 메신저, 네트워크 등)을 이용하여 타인에게 전달 또는 외부 반출하는 행위는 부정으로 간주되어 **자격기본법 제32조에 의거 본 시험 및 국가공인 자격시험을 2년간 응시할 수 없습니다.**

▶ 시험 중 부주의 또는 고의로 시스템을 파손한 경우와 〈수험자 유의사항〉에 기재된 방법대로 이행하지 않아 생기는 불이익은 수험자의 책임임을 알려 드립니다.

▶ 시험을 완료한 수험자는 최종적으로 저장한 답안파일이 전송되었는지 확인한 후 감독위원의 지시에 따라 문제지를 제출하고 퇴실합니다.

답 안 작 성 요 령

▶ 온라인 답안 작성 절차

  수험자 등록 ⇒ 시험 시작 ⇒ 답안파일 저장 ⇒ 답안 전송 ⇒ 시험 종료

▶ 내문서₩GTQ₩Image 폴더에 있는 그림 원본파일을 사용하여 답안을 작성하시고 최종답안을 답안폴더(내문서₩GTQ)에 저장하여 답안을 전송하시고, 이미지의 크기가 다른 경우 감점 처리됩니다.

▶ 배점은 총 100점으로 이루어지며, 점수는 각 문제별로 차등 배분됩니다.

▶ 각 문제는 주어진 〈조건〉에 따라 작성하고, 언급하지 않은 조건은 ≪출력형태≫와 같이 작성합니다.

▶ 배치 등의 편의를 위해 주어진 눈금자의 단위는 '픽셀'입니다.

  그 외는 출력형태(효과, 이미지, 문자, 색상, 레이아웃, 규격 등)와 같이 작업하십시오.

▶ 문제 조건에 서체의 지정이 없을 경우 한글은 굴림이나 돋움, 영문은 Arial로 작업하십시오.

  (단, 그 외에 제시되지 않은 문자 속성을 기본값으로 작성하지 않은 경우는 감점 처리됩니다.)

▶ Image Mode(이미지 모드)는 별도의 처리조건이 없을 경우에는 RGB(8비트)로 작업하십시오.

▶ 모든 답안 파일은 해상도 72 pixels/inch 로 작업하십시오.

▶ Layer(레이어)는 각 기능별로 분할해야 하며, 임의로 합칠 경우나 각 기능에 대한 속성을 해지할 경우 해당 요소는 0점 처리됩니다.

한 국 생 산 성 본 부

문제 O1   [기능평가] Tool(도구) 활용

다음의 ≪조건≫에 따라 아래의 ≪출력형태≫와 같이 작업하시오.

조건

원본 이미지	내문서\GTQ 2급\Image\기출 5회\2급–1.jpg		
파일 저장 규칙	JPG	파일명	내문서\GTQ\수험번호–성명–1.jpg
		크기	400 × 500 pixels
	PSD	파일명	내문서\GTQ\수험번호–성명–1.psd
		크기	40 × 50 pixels

출력형태

1. 그림효과

① 복제 및 변형 : 나무
② Shape Tool (모양도구) 사용:
  – 장식 모양 (#ff6633, #ffff00, 레이어 스타일 – Outer Glow(외부 광선))
  – 장식 모양 (#ea00ff, 레이어 스타일 – Bevel and Emboss(경사와 엠보스))

2. 문자 효과

① Tree & Deck(Arial, Regular, 50pt, #00cccc, 레이어 스타일 – Drop Shadow(그림자 효과))

문제 O2   [기능평가] 사진편집 기초

다음의 ≪조건≫에 따라 아래의 ≪출력형태≫와 같이 작업하시오.

조건

원본 이미지	내문서\GTQ 2급\Image\기출 5회\2급–2.jpg, 2급–3.jpg, 2급–4.jpg		
파일 저장 규칙	JPG	파일명	내문서\GTQ\수험번호–성명–1.jpg
		크기	400 × 500 pixels
	PSD	파일명	내문서\GTQ\수험번호–성명–1.psd
		크기	40 × 50 pixels

출력형태

1. 그림효과

① 색상 보정 : 2급–3.jpg – 파란색 계열로 보정, 레이어 스타일 – Drop Shadow(그림자 효과)
② 액자 제작 :
  필터 – Sponge(스폰지 효과), 안쪽 테두리 (5px, #336600), 레이어 스타일– Drop Shadow(그림자 효과)
③ 2급–4.jpg : 레이어 스타일 – Outer Glow(외부 광선)

2. 문자 효과

① 명절에는 소싸움 구경이 최고!! (돋움, 40pt, #ffffff, 레이어 스타일 – Stroke(선/획)(3px, #ff0099))

다음의 《조건》에 따라 아래의 《출력형태》와 같이 작업하시오

조건

원본 이미지		내문서₩GTQ 2급₩Image₩기출 5회₩2급-5.jpg, 2급-6.jpg, 2급-7.jpg, 2급-8.jpg	
파일 저장 규칙	JPG	파일명	내문서₩GTQ₩수험번호-성명-1.jpg
		크기	600 × 400 pixels
	PSD	파일명	내문서₩GTQ₩수험번호-성명-1.psd
		크기	60 × 40 pixels

1. 그림 효과

① 배경 : 000000
② 2급-5.jpg : 필터 – Crosshatch(그물눈), 레이어 마스크 – 세로 방향으로 흐릿하게
③ 2급-6.jpg : 레이어 스타일– Outer Glow(외부 광선)
④ 2급-7.jpg : 레이어 스타일– Bevel and Emboss(경사와 엠보스)
⑤ 2급-8.jpg : 레이어 스타일– Inner Shadow(내부 그림자 효과)
⑥ 그 외《출력형태》참조

2. 문자 효과

① Seoul Lantern Festival (Arial bold, 35pt, 레이어 스타일 – 그라디언트 오버레이(#0000ff, #ff0000), Stroke(선/획)(3px, #ffffff))
② 대중교통 이용, 도보 관광 (궁서, 25pt, #ffd928, 레이어 스타일 – Stroke(선/획)(2px, #2abc57))

Shape Tool(모양 도구) 사용
레이어 스타일 – 그라디언트 오버레이(#0000ff, #ff0000),
Opacity(불투명도)(80%)

출력형태

Shape Tool(모양 도구) 사용 #d0fd65,
레이어 스타일 – Inner Shadow(내부 그림자)

다음의 ≪조건≫에 따라 아래의 ≪출력형태≫와 같이 작업하시오.

조건

원본 이미지		내문서₩GTQ 2급₩Image₩기출 5회₩2급-9.jpg, 2급-10.jpg, 2급-11.jpg, 2급-12.jpg, 2급-13.jpg	
파일 저장 규칙	JPG	파일명	내문서₩GTQ₩수험번호-성명-1.jpg
		크기	600 × 400 pixels
	PSD	파일명	내문서₩GTQ₩수험번호-성명-1.psd
		크기	60 × 40 pixels

1. 그림 효과

① 2급-9.jpg : 필터 – Crosshatch(그물눈)
② 2급-10.jpg : 레이어 스타일 – Bevel and Emboss(경사와 엠보스), Drop Shadow(그림자 효과)
③ 2급-11.jpg : 레이어 스타일 – Bevel and Emboss(경사와 엠보스), Stroke(선/획)(2px, #333333)
④ 2급-12.jpg : 필터 – 렌즈 플레이어(Lens Flare)
⑤ 2급-13.jpg : 레이어 스타일 – Drop Shadow(그림자 효과), Opacity(불투명도)(80%)
⑥ 그 외 ≪출력형태≫ 참조

2. 문자 효과

① 2015 Happy Days (Arial, Regular, 30pt, #00cccc, 레이어 스타일 – Drop Shadow(그림자 효과), Stroke(선/획)(2px, #ffffff))
② Enjoy & Festival (Arial, Regular, 30pt, #ff3399, 레이어 스타일 – Drop Shadow(그림자 효과), Stroke(선/획)(2px, #ffffff))
③ 맛과 멋 포항 명소 (궁서, 20pt, #ffffff, 레이어 스타일 – Drop Shadow(그림자 효과))

Shape Tool(모양 도구) 사용 #ffffff, #ffcccc,
레이어 스타일 –Drop Shadow(그림자 효과)

출력형태

Shape Tool(모양 도구) 사용 #ffffff,
레이어 스타일 – Stroke(선/획)
(2px, #ffffff), Inner Shadow(내부 그림자)

Shape Tool(모양 도구) 사용
#00cccc, 레이어 스타일 – Stroke(선/획)(1px, #ffffff), Bevel and Emboss(경사와 엠보스)

Graphic Technology Qualification

실전 모의고사 및
최신 기출유형문제
해설

Part
06

실전 모의고사 01회

🔵 **완성된 파일** 완성파일₩실전₩실전 모의고사 1회

문제 01 [기능평가] Tool(도구) 활용

---

1. 새 캔버스 만들기 및 저장하기

❶ [File(파일)]−[New(새로 만들기)]([Ctrl]+[N])를 클릭한 후 [New(새로 만들기)] 대화상자가 나오면 각각의 항목을 설정합니다.

- Width(폭) : 400Pixels, Height(높이) : 500Pixels
- Resolution(해상도) : 72, Color Mode(색상 모드) : RGB

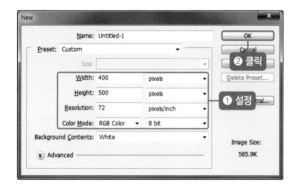

❷ [File(파일)]−[Save As...(다른 이름으로 저장)]([Ctrl]+[Shift]+[S])를 클릭한 후 [Save As(다른 이름으로 저장)] 대화상자가 나오면 각각의 항목을 설정합니다.

- 저장 위치 : [내문서₩GTQ]
- Format(형식) : Photoshop(*.PSD;*.PDD)
- 파일 이름 : '수험번호−성명−1(원본)(G123456789 −홍길동−1(원본))

> **TIP** **저장 시 주의사항**
> • Format(형식) 지정하기 : 초기 저장은 레이어를 포함시켜야 하기 때문에 PSD 형식으로 저장한 후 답안 제출 시 JPG로 다시 저장하여 제출합니다.
> • 오류를 최소화하기 위해 초기 저장 PSD 파일의 이름은 임의로 정하여 저장하고(예:수험번호−성명−문제번호(원본)), 답안전송 파일은 이미지 사이즈를 줄여 '수험번호−성명−문제번호'로 저장합니다.
> • 작업 중 문제가 발생할 수 있기 때문에 수시로 저장합니다.

2. 이미지 이동하기

❶ [View(보기)]−[Rulers(눈금자)]([Ctrl]+[R])를 클릭하여 눈금자를 표시합니다. 눈금자가 나오면 눈금자 위에서 마우스 오른쪽 버튼을 눌러 [Pixels(픽셀)]을 선택합니다.

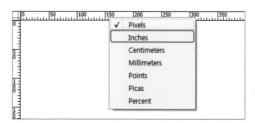

❷ [File(파일)]−[Open(열기)]([Ctrl]+[O])을 클릭한 후 [Open(열기)] 대화상자가 나오면 파일을 불러옵니다.

– 경로 : [내 문서]₩GTQ 2급₩Image₩실전 1회₩2급-1.jpg

❸ Tool Box(도구상자)에서 Move Tool(이동 도구, ❖)을 선택한 후 [Shift] 키를 누른 채 '2급-1.jpg' 창의 이미지를 작업 창으로 드래그하여 정중앙에 위치시킵니다.

3. 이미지를 복제한 후 변형시키기

❶ Tool Box(도구상자)에서 Zoom Tool(돋보기 도구, 🔍)을 선택한 후 작업창의 오른쪽 아래에 위치한 장미꽃을 클릭하여 확대시킵니다.

❷ Magnetic Lasso Tool(자석 올가미 도구, ☝)을 선택한 후 확대한 장미꽃 이미지를 선택 영역으로 설정합니다.

– 포인트 지정 : 마우스 왼쪽 버튼을 클릭하여 포인트를 지정

– 포인트 삭제 : [Back space] 또는 [Delete] 키를 눌러 지정된 포인트를 삭제

– Frequency(빈도수) : 100

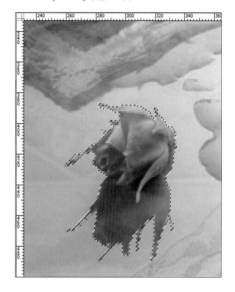

❸ [Ctrl]+[−](축소)를 눌러 캔버스 크기를 100%로 축소한 후 [Ctrl]+[J](레이어 복사)를 눌러 선택영역을 레이어로 복제합니다.

– Move Tool(이동 도구, ❖)을 선택한 후 복제한 장미꽃을 해당 위치로 드래그

> **TIP** **마우스를 이용한 복제 방법([Alt]+드래그)**
> • Move Tool(이동 도구, ❖)을 선택한 후 [Alt] 키를 누른 채 드래그하면 이미지가 복제됩니다.
> • 단, 선택 영역으로 지정된 부분은 복제 레이어가 생성되지 않습니다.
> • 일반 레이어는 [Alt]+드래그하면 레이어로 복제됩니다.

④ 복제한 장미꽃의 방향을 바꾸기 위해 [Edit(편집)]–[Transform(변형)]–[Flip Horizontal(수평 뒤집기)]을 클릭합니다.

4. 문자 작업 후 꾸미기

❶ Tool Box(도구상자)에서 Horizontal Type Tool(수평 문자 도구, T)을 선택한 후 Option Bar(옵션 바)를 설정합니다.

  – Font(글꼴) : Arial, Font Style(글꼴 스타일) : Bold Italic

  – Font Size(크기) : 45pt, Color(색상) : #004400

❷ 글자를 입력할 위치를 마우스로 클릭하여 Surprise Event!!를 입력한 후 Move Tool(이동 도구, ▶+)로 문자의 위치를 조정합니다.

  – 키보드의 방향 키를 이용하면 보다 정확하게 위치를 조정할 수 있음

TIP 글꼴이 영문으로 나올 경우(돋움–Dotum)

  • [Edit(편집)]–[Preference(환경설정)]–[Type(문자)]을 클릭합니다.
  • [Preference(환경설정)] 대화상자가 나오면 'Show Font Names in English(글꼴 이름을 영어로 표시)' 항목의 선택을 해제합니다.

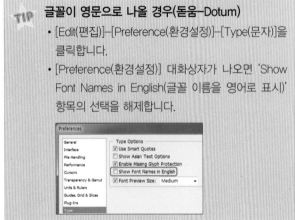

❸ Layers Palette(레이어 팔레트)에서 Add a layer style(레이어 스타일 추가, fx.)을 클릭한 후 [Stroke(선)]를 선택합니다.

④ [Layer Style(레이어 스타일)] 대화상자가 나오면 각각의 항목을 설정합니다.

  – Size(크기) : 3px, Color(색상) : #ffffff

  – Inner Shadow(내부 그림자 효과) : 체크(V) 선택

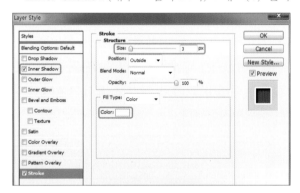

5. 나비 모양 만들기

❶ Tool Box(도구상자)에서 Custom Shape Tool(사용자 정의 모양 도구, ⬚)을 선택한 후 Option Bar(옵션 바)를 설정합니다.

  – Option Mode(옵션 모드) : Shape layers(모양 레이어, ▣)

  – Shape(모양) : Butterfly(나비), Color(색상) : 임의색

❷ 글자 윗부분에서 마우스를 드래그하여 나비 모양을 그립니다.

❸ Layers Palette(레이어 팔레트)에서 Add a layer style(레이어 스타일 추가, [fx.])을 클릭하여 Outer Glow(외부광선)를 선택한 후 [Layer Style(레이어 스타일)] 대화상자를 설정합니다.

– Outer Glow(외부광선) : 선택(✓) 확인(변경되는 값이 없기 때문에 각각의 모든 항목을 기본으로 지정)

– [Gradient Overlay(그라디언트 오버레이)]를 선택(✓)

– Gradient(그라디언트, [■])를 클릭하여 나비 모양의 색을 편집

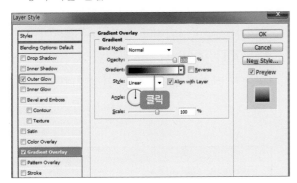

❹ [Gradient Editor(그라디언트 편집기)] 대화상자가 나오면 왼쪽 'Color Stop(색상 정지점, [ⓐ])'을 더블클릭합니다.

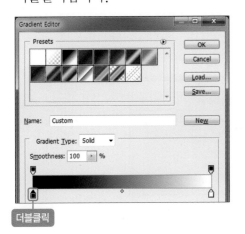

❺ [Color Picker(색상 피커)] 대화상자가 나오면 'Color(색상)'을 '#ff00dd'로 입력합니다.

❻ 오른쪽 'Color Stop(색상 정지점, [ⓐ])'을 더블클릭한 후 'Color(색상)'을 '#0000ff'로 입력하여 나비 모양의 색상을 완성시킵니다.

❼ 완성된 나비 모양은 [Ctrl]+[T](자유 변형)를 눌러 〈출력형태〉처럼 만듭니다.

– 마우스로 크기와 위치를 조절하여 모양을 회전시킨 후 [Enter] 키를 누름

❸ [JPEG Options(JPEG 옵션)] 대화상자가 나오면 파일 용량이 2MB가 넘지 않도록 설정합니다.

- Quality(품질) : High(고) 수준으로 설정하여 용량을 체크

❹ 이미지 크기를 줄인 PSD 파일로 저장하기 위하여 [Image(이미지)]-[Image Size(이미지 크기)]([Alt]+[Ctrl]+[I])를 클릭한 후 [Image Size(이미지 크기)] 대화상자를 설정합니다.

- Width(폭) : 40pixels(픽셀), Height(높이) : 50pixels(픽셀)

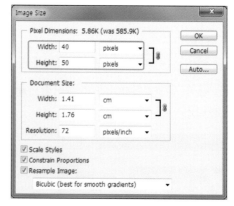

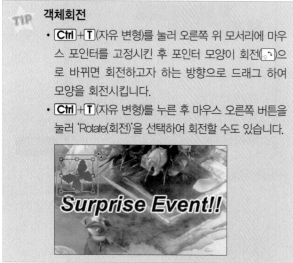
6. 정답 파일 저장

❶ [File(파일)]-[Save(저장)]([Ctrl]+[S])를 눌러 완성된 '원본' 이미지 파일을 저장합니다.

❷ JPG 파일로 저장하기 위해 [File(파일)]-[Save As...(다른 이름으로 저장)]([Shift]+[Ctrl]+[S])를 클릭합니다. [Save As(다른 이름으로 저장)] 대화상자가 나오면 각각의 항목을 설정합니다.

- 저장 위치 : [내문서₩GTQ]
- Format(형식) : JPEG(*.JPG;*.JPEG;*.JPE)
- 파일 이름 : '수험번호-성명-1(G123456789-홍길동-1.jpg)

❺ 이미지가 축소되면 [File(파일)]-[Save As...(다른 이름으로 저장)](**Shift**+**Ctrl**+**S**)를 클릭합니다. [Save As(다른 이름으로 저장)] 대화상자가 나오면 각각의 항목을 설정합니다.

- 저장 위치 : [내문서₩GTQ]
- Format(형식) : Photoshop(*.PSD;*.PDD)
- 파일 이름 : 수험번호-성명-1(G123456789-홍길동-1)

❻ 답안 저장이 끝나면 수험자 프로그램의 〈답안전송〉 버튼을 클릭하여 3개의 파일 중 (원본) 파일은 전송하지 않고, 'JPG'와 '축소된 PSD' 파일만 선택하여 파일을 전송합니다.

> **TIP** **원본 이미지 파일**
> - 원본 PSD 파일은 최종 작업이 끝날 때까지 삭제하지 않습니다.
> - 축소된 PSD 파일은 수정이 불가능하기 때문에 원본 PSD 파일을 이용하여 수정 작업을 합니다.
> - 만약 완성된 이미지 파일에 수정 사항이 있다면 원본 PSD 파일을 불러와 수정 작업을 거친 후 다시 'JPG'와 '축소된 PSD' 파일로 저장하여 답안 파일을 제출합니다.

문제 02 [기능평가] 사진편집 기초

1. 새 캔버스 만들기 및 저장하기

❶ [File(파일)]-[New(새로 만들기)](**Ctrl**+**N**)를 클릭한 후 [New(새로 만들기)] 대화상자가 나오면 각각의 항목을 설정합니다.

- Width(폭) : 400Pixels, Height(높이) : 500Pixels
- Resolution(해상도) : 72, Color Mode(색상 모드) : RGB

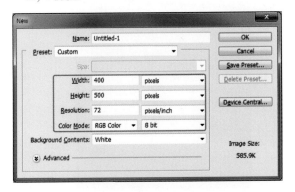

❷ [File(파일)]-[Save As...(다른 이름으로 저장)](**Ctrl**+**Shift**+**S**)를 클릭한 후 [Save As(다른 이름으로 저장)] 대화상자가 나오면 각각의 항목을 설정합니다.

- 저장 위치 : [내문서₩GTQ]
- Format(형식) : Photoshop(*.PSD;*.PDD)
- 파일 이름 : 수험번호-성명-2(원본)(G123456789-홍길동-2(원본))

2. 이미지 이동하기

❶ [File(파일)]-[Open(열기)]([Ctrl]+[O])을 클릭한 후 [Open(열기)] 대화상자가 나오면 '실전 1회₩2 급-2.jpg, 2급-3.jpg, 2급-4.jpg' 파일을 불러옵니다.

❷ Tool Box(도구상자)에서 Move Tool(이동 도구, [▶+])을 선택한 후 [Shift] 키를 누른 채 '2급-2.jpg' 창의 이미지를 작업 창으로 드래그하여 정중앙에 위치시킵니다.

3. 액자 만들어 필터 적용하기

❶ Tool Box(도구상자)에서 Move Tool(이동 도구, [▶+])을 선택한 후 가로 눈금자와 세로 눈금자를 드래그하여 가이드라인을 만듭니다.

- 가이드라인은 〈출력형태〉의 테두리 위치에 해당하는 눈금자를 보면서 위치를 설정
- 눈금자 속(🖱)으로 마우스 커서를 이동시킨 후 아래쪽과 오른쪽으로 드래그하여 가이드라인을 지정

> **TIP** 가이드 라인 위치 수정
> - Move Tool(이동 도구, [▶+])을 선택한 후 가이드라인을 다시 드래그하여 위치를 변경합니다.
> - [Ctrl]+[;] : 가이드 라인을 숨기거나 보여줍니다.

❷ Rounded Rectangle Tool(모서리가 둥근 사각형, [◻])을 선택한 후 가이드라인에 맞춰 둥근 사각형을 그린 다음 'Shape 1(모양 1)' 레이어의 Layer thumbnail(레이어 축소판)을 [Ctrl]+클릭하여 선택 영역을 설정합니다.

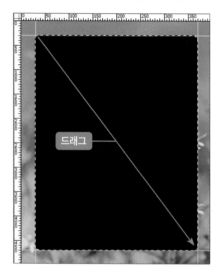

❸ 안쪽 사각형에 영역이 설정되면 [Shift]+[Ctrl]+[I] (선택 반전)를 눌러 바깥쪽으로 선택 영역을 반전시킵니다.

❹ Shape 1(모양 1) 레이어를 삭제하고, Layers Palette(레이어 팔레트)에서 Create a new layer(새 레이어 만들기, )를 클릭하여 새 레이어를 추가한 후 전경색을 설정합니다.

- SetForeground Color(전경색) : 전경색 설정()을 클릭한 후 [Color Picker(색상 피커)] 대화상자가 나오면 'Color(색상)'을 '#ffcc99'로 입력
- 색 채우기 : [Alt]+[Delete](전경색으로 채우기)를 눌러 전경색으로 색칠

❺ [Filter(필터)]-[Stylize(스타일화)]-[Tiles(타일)]를 클릭하여 필터를 적용시킵니다.

- Number Of Tiles(타일의 개수) : 10
- Maximum Offset(최대 옵셋) : 10
- Fill Empty Area With(이동 후 빈 영역 채우기) : Background Color(배경색)

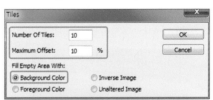

❻ [Shift]+[Ctrl]+[I](선택 반전)를 눌러 안쪽 테두리를 선택한 후 [Edit(편집)]-[Stroke(선)]를 클릭하여 각각의 항목을 설정합니다.

- Width(폭) : 5px, Color(색) : #ff6600
- 선택 영역 해제 : [Ctrl]+[D]를 누름
- [Ctrl]+[;] 누름 : 가이드라인을 숨김

 Location 설정
❶ 가이드라인을 30px로 설정하였기 때문에 'Center'로 지정합니다.
❷ 가이드라인을 25px로 설정하였다면 'Inside'로 지정하고, 35px로 설정했다면 'Outside'로 지정합니다.

Stroke(선) 대화상자 열기
선택도구나 올가미 도구가 눌러진 상태에서는 사각형 선택 영역 안(점선)에서 마우스 오른쪽 버튼을 눌러 'Stroke(선)'를 선택해도 됩니다.

4. 이미지 편집 및 색상 보정하기

❶ '2급-3.jpg' 이미지를 Magic Wand Tool(자동 선택 도구, ✨)을 선택하여 배경 이미지를 선택 영역으로 설정합니다.

- Tolerance(허용치)의 값 : 30정도 입력(값이 적을수록 정밀하게 선택)하여 배경을 클릭
- 선택 영역 추가 : Shift 키를 누른 채 해당 영역 클릭
- 선택 영역 제외 : Alt 키를 누른 채 해당 영역 클릭

 Magic Wand Tool(자동 선택 도구, ✨)
- 옵션 바의 Tolerance(허용치)는 임의적으로 조정하여 선택 영역을 지정합니다. 수치가 클수록 넓은 범위가 선택되며, 적을 수록 좁은 범위가 선택됩니다.
- 옵션 바의 Add to selection(새 선택 영역에 추가, ◳)과 Subtract from selection(선택 영역에서 빼기, ◲)를 활용합니다.
- Subtract from selection(선택 영역에서 빼기, ◲) : 연결되지 않은 특정 부분(커피 잔의 손잡이 안쪽)을 선택 영역으로 지정할 때 사용합니다.

❷ Shift+Ctrl+I (선택 반전)를 눌러 선택 영역을 배경이 아닌 컵과 꽃으로 반전시킵니다.

❸ Move Tool(이동 도구, ▸₊)을 선택한 후 이미지를 작업 창으로 이동시킵니다.

❹ Ctrl+T (자유 변형)를 눌러 〈출력형태〉처럼 만듭니다.

- 마우스로 크기와 위치를 조절한 후 Enter 키를 누름

❺ Tool Box(도구상자)에서 Zoom Tool(돋보기 도구, 🔍)로 컵 부분을 확대한 후 Magic Wand Tool(자동 선택 도구, ✨)로 색상을 보정할 부분을 선택 영역으로 설정합니다.

- 선택 영역 추가 : Shift 키를 누른 채 해당 영역 클릭
- 선택 영역 제외 : Alt 키를 누른 채 해당 영역 클릭

❻ Layers Palette(레이어 팔레트)에서 Create new fill or adjustment layer(레이어 새 칠/보정, 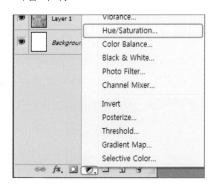)를 클릭한 후 [Hue/Saturation(색조/채도)]를 선택합니다.

❼ [Hue/Saturation(색조/채도)] 대화상자가 나오면 노란색 계열로 색상을 보정합니다.

 – Hue(색조) : 66, Saturation(채도) : 33, Lightness(밝기) : 0

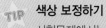

TIP 색상 보정하기
시험문제에서는 정확한 수치를 제공하지 않습니다. 수험자가 임의적으로 수치를 조절하여 비슷한 계열의 색으로 바꾸도록 합니다.

❽ Ctrl+- (축소)를 눌러 캔버스 크기를 100%로 축소하여 이미지를 확인합니다.

❾ '2급-4.jpg' 이미지를 Magic Wand Tool(자동 선택 도구, )을 선택하여 배경 이미지를 선택 영역으로 설정합니다.

 – Tolerance(허용치)의 값 : 20 정도 입력(값이 적을수록 정밀하게 선택)하여 배경을 클릭
 – 선택 영역 추가 : Shift 키를 누른 채 해당 영역 클릭
 – 선택 영역 제외 : Alt 키를 누른 채 해당 영역 클릭

❿ Shift+Ctrl+I (선택 반전)를 눌러 선택 영역을 배경이 아닌 잠자리로 반전시킵니다.

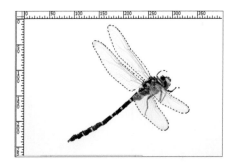

⓫ Move Tool(이동 도구, 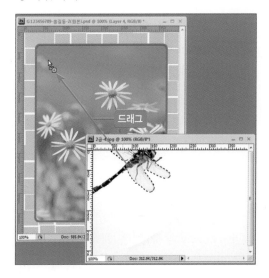)을 선택한 후 영역으로 선택된 잠자리를 작업창으로 드래그하여 이동시킵니다

⑫ [Ctrl]+[T](자유 변형)를 눌러 〈출력형태〉처럼 만
듭니다.

- 마우스로 크기와 위치를 조절하여 모양을 회전시
킨 후 [Enter] 키를 누름

⑬ Layers Palette(레이어 팔레트)에서 Add a
layer style(레이어 스타일 추가, [fx.])을 클릭한
후 [Drop Shadow(그림자 효과)]를 선택합니다.

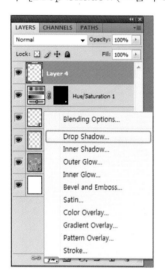

⑭ [Layer Style(레이어 스타일)] 대화상자가 나오
면 별도의 설정 없이 〈OK〉 버튼을 클릭합니다.

5. 문자 작업 후 꾸미기

❶ Tool Box(도구상자)에서 Horizontal Type
Tool(수평 문자 도구, [T])을 선택한 후 Option
Bar(옵션 바)를 설정합니다.

- Font(글꼴) : 궁서, Font Size(크기) : 35pt
- Color(색상) : #ffffff

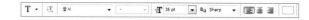

❷ 글자를 입력할 위치를 마우스로 클릭하여 꽃으로
의 초대를 입력한 후 Move Tool(이동 도구, [▶+])
로 문자의 위치를 조정합니다.

- 키보드의 방향 키를 이용하면 보다 정확하게 위
치를 조정할 수 있음

❸ Layers Palette(레이어 팔레트)에서 Add a layer
style(레이어 스타일 추가, [fx.])을 클릭한 후
[Stroke (선)]를 선택합니다.

❹ [Layer Style(레이어 스타일)] 대화상자가 나오
면 각각의 항목을 설정합니다.

- Size(크기) : 3px, Color(색상) : #000000

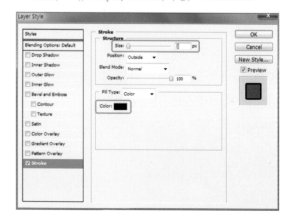

6. 정답 파일 저장

❶ [File(파일)]−[Save(저장)]([Ctrl]+[S])를 눌러 완성된 '원본' 이미지 파일을 저장합니다.

❷ JPG 파일로 저장하기 위해 [File(파일)]−[Save As...(다른 이름으로 저장)]([Shift]+[Ctrl]+[S])를 클릭합니다. [Save As(다른 이름으로 저장)] 대화상자가 나오면 각각의 항목을 설정합니다.

– 저장 위치 : [내문서₩GTQ]

– Format(형식) : JPEG(*.JPG;*.JPEG;*.JPE)

– 파일 이름 : 수험번호−성명−2(G123456789−홍길동−2)

❸ [JPEG Options(JPEG 옵션)] 대화상자가 나오면 파일 용량이 2MB가 넘지 않도록 설정한 후 〈OK(확인)〉 버튼을 클릭합니다.

– Quality(품질) : High(고) 수준으로 설정하여 용량을 체크

❹ 이미지 크기를 줄인 PSD 파일로 저장하기 위하여 [Image(이미지)]−[Image Size(이미지 크기)]([Alt]+[Ctrl]+[I])를 클릭한 후 [Image Size(이미지 크기)] 대화상자를 설정합니다.

– Width(폭) : 40pixels(픽셀), Height(높이) : 50pixels(픽셀)

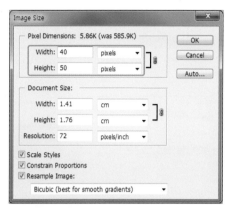

❺ 이미지가 축소되면 [File(파일)]−[Save As...(다른 이름으로 저장)]([Shift]+[Ctrl]+[S])를 클릭합니다. [Save As(다른 이름으로 저장)] 대화상자가 나오면 각각의 항목을 설정합니다.

– 저장 위치 : [내문서₩GTQ]

– Format(형식) : Photoshop(*.PSD;*.PDD)

– 파일 이름 : 수험번호−성명−2(G123456789−홍길동−2)

❻ 답안 저장이 끝나면 수험자 프로그램의 〈답안전송〉 버튼을 클릭하여 3개의 파일 중 (원본) 파일은 전송하지 않고 'JPG'와 '축소된 PSD' 파일만 선택하여 파일을 전송합니다.

1. 새 캔버스 만들기 및 저장하기

❶ **Ctrl**+**N**(새로 만들기)을 눌러 'Width(폭)'는 600pixels(픽셀), 'Height(높이)'는 400pixels(픽셀)의 크기로 새 캔버스를 만듭니다.

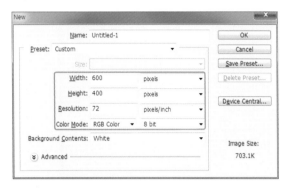

❷ **Ctrl**+**Shift**+**S**(다른 이름으로 저장)을 눌러 [Save As(다른 이름으로 저장)] 대화상자가 나오면 [내문서₩GTQ] 폴더에 파일 이름을 '수험번호-성명-3(원본)(G123456789-홍길동-3(원본))'으로 입력하여 저장합니다.

❸ **Ctrl**+**O**(열기)를 눌러 [Open(열기)] 대화상자가 나오면 '실전 1회₩2급-5.jpg, 2급-6.jpg, 2급-7.jpg, 2급-8.jpg' 파일을 불러옵니다.

2. 필터와 레이어 마스크 적용하기

❶ Tool Box(도구상자)에서 Move Tool(이동 도구, ⊕)을 선택한 후 **Shift** 키를 누른 채 '2급-5.jpg'를 드래그하여 작업 창으로 이동시킵니다.

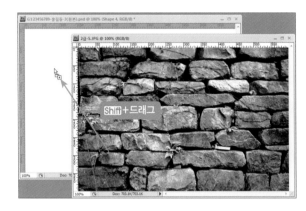

❷ [Filter(필터)]-[Artistic(예술효과)]-[Dry Brush(드라이 브러쉬)]를 클릭하여 필터를 적용시킵니다.

❸ Tool Box(도구상자)에서 Move Tool(이동 도구, ⊕)을 선택한 후 **Shift** 키를 누른 채 '2급-6.jpg'를 드래그하여 작업 창으로 이동시킨 후 필터를 적용시킵니다.

　- [Filter(필터)]-[Pixelate(픽셀화)]-[Facet(단면화)] 클릭

❹ Layers Palette(레이어 팔레트)의 Add layer mask(레이어 마스크 추가, 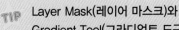)를 클릭하여 레이어 마스크를 추가합니다.

❺ Tool Box(도구상자)에서 Gradient Tool(그라디언트 도구, ■)을 선택한 후 Option Bar(옵션 바)를 설정합니다.

– Click to edit the gradient(클릭하여 그라디언트 편집, ▭) 클릭

– Gradient Editor(그라디언트 편집기) 대화상자가 나오면 Presets(사전 설정)에서 'Black(검정), White(흰색)'를 클릭

❻ 세로 방향으로 짧게 드래그하여 Layer Mask(레이어 마스크)를 생성합니다.

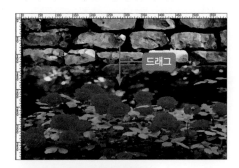

3. 모양 만들기

❶ Tool Box(도구상자)에서 Rounded Rectangle Tool(모서리가 둥근 직사각형 도구, ▢)을 선택합니다. Option Bar(옵션 바)를 설정한 후 마우스로 드래그 하여 둥근 직사각형 모양을 그립니다.

– Option Mode(옵션 모드) : Shape layers(모양 레이어, ▣)

– Radius(반경) : 10px, Color(색상) : #ffffcc

– Ctrl+T(자유 변형)를 눌러 〈출력형태〉처럼 크기와 위치를 조절한 후 Enter 키를 누름

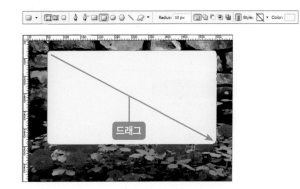

❷ Layers Palette(레이어 팔레트)에서 Add a layer style(레이어 스타일 추가, *fx.*)을 클릭한 후 [Drop Shadow(그림자 효과)]를 선택합니다.

– [Layer Style(레이어 스타일)] 대화상자가 나오면 별도의 설정 없이 〈OK〉 버튼을 클릭

❸ Layers Palette(레이어 팔레트)에서 Opacity(불투명도)를 80%로 입력합니다.

❹ 둥근 직사각형의 패스(외곽) 선이 보이지 않도록 'Vector mask thumbnail(벡터 마스크 축소판)'을 클릭합니다.

TIP 패스(외곽) 선 비활성화(Vector mask thumbnail(벡터 마스크 축소판))
- 현재 둥근 직사각형에 적용된 색상이 다음 작업에 적용되지 않도록 보호하기 위해서 패스(외곽) 선을 비활성화 시킵니다.
- 패스(외곽) 선 활성화(▭) : 외곽에 흰색 선이 보임
- 패스(외곽) 선 비활성화(▭) : 외곽에 흰색 선이 없음

❺ Tool Box(도구상자)에서 Ellipse Tool(타원도구, ◯)을 선택합니다. Option Bar(옵션 바)를 설정한 후 마우스로 드래그하여 타원을 그립니다.
- Option Mode(옵션 모드) : Shape layers(모양 레이어, ▣)
- Style(스타일) : 초기 스타일 없음(Style: ◪▾), Color(색상) : 임의색
- Ctrl + T(자유 변형)를 눌러 크기와 위치를 조절한 후 Enter 키를 누릅니다.

TIP Default Style(None)(초기 스타일(없음), Style: ◪▾)
- 새로운 모양을 그릴 때 기존에 그렸던 모양에 적용된 스타일이 다시 적용되지 않도록 하기 위한 기능입니다.
- Option Bar(옵션 바)의 Style(스타일)은 Default Style (None)(초기 스타일(없음), Style: ◪▾)으로 설정한 후 작업합니다.

❻ Layers Palette(레이어 팔레트)에서 Add a layer style(레이어 스타일 추가, *fx.*)을 클릭한 후 [Gradient Overlay(그라디언트 오버레이)]를 선택합니다.

❼ [Layer Style] 대화상자가 나오면 Gradient(그라디언트, ▬▬▬) 를 클릭합니다.

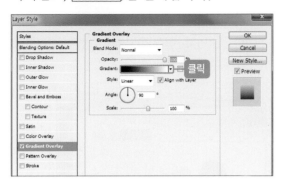

❽ [Gradient Editor(그라디언트 편집기)] 대화상자가 나오면 색상을 설정합니다.

– 왼쪽 'Color Stop(색상 정지점, ⬛)'을 더블클릭한 후 'Color(색상)'을 '#666666'으로 입력합니다.

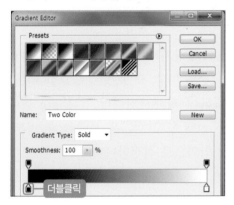

❾ 그라디언트 색상을 3가지로 설정하기 위하여 그라디언트 편집 막대의 가운데 지점을 클릭합니다.

 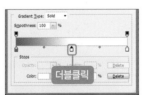

❿ 가운데에 'Color Stop(색상 정지점)'이 추가되면 더블클릭하여 'Color(색상)'을 '#cccccc'로 입력합니다.

⓫ 오른쪽 'Color Stop(색상 정지점)'을 더블클릭한 후 'Color(색상)'을 '#666666'으로 입력하여 타원 모양의 색상을 완성시킵니다.

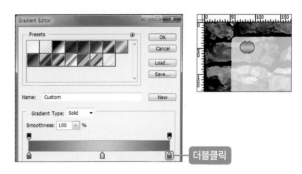

⓬ Tool Box(도구상자)에서 Move Tool(이동 도구, ▶⁺)을 선택한 후 Alt + Shift 키를 누른 채 오른쪽 방향으로 드래그하여 타원 모양을 복제합니다.

– 모양의 패스(외곽) 선이 보이지 않도록 'Vector mask thumbnail(벡터 마스크 축소판)'을 클릭

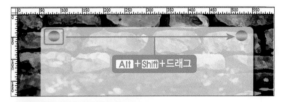

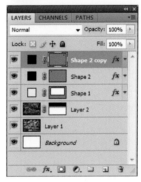

⓭ Tool Box(도구상자)에서 Rounded Rectangle Tool(모서리가 둥근 직사각형 도구, ▢)을 선택합니다. Option Bar(옵션 바)를 설정한 후 모서리가 둥근 직사각형 모양을 그립니다.

– Option Mode(옵션 모드) : Shape layers(모양 레이어, ▢)
– Radius(반경) : 50px, Style(스타일) : 초기 스타일 없음(◩▾)
– Color(색상) : #000000

⓮ **Ctrl** + **T** (자유 변형)를 눌러 〈출력형태〉처럼 만듭니다.

  – 마우스로 크기와 위치를 조절한 후 **Enter** 키를 누름

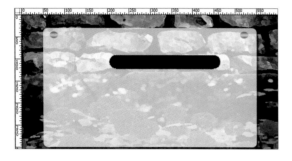

4. 색상 보정

❶ '2급-4.jpg' 이미지를 Magnetic Lasso Tool(자석 올가미 도구, ☒)을 이용하여 선물상자 부분만 선택 영역으로 설정합니다.

  – 포인트 지정 : 마우스 왼쪽 버튼을 클릭하여 포인트를 지정
  – 포인트 삭제 : **Back space** 또는 **Delete** 키를 눌러 지정된 포인트를 삭제

❷ Tool Box(도구상자)에서 Move Tool(이동 도구, ☒)을 선택한 후 이미지를 작업 창으로 이동시킵니다.

  – **Ctrl** + **T** (자유 변형)를 눌러 〈출력형태〉처럼 크기와 위치를 조절한 후 **Enter** 키를 누름

❸ Tool Box(도구상자)에서 Zoom Tool(돋보기 도구, ☒)을 선택한 후 색 보정이 필요한 선물 상자를 클릭하여 확대시킵니다. Magic Wand Tool(자동 선택 도구, ☒)을 선택한 후 리본 부분만 선택 영역으로 설정합니다.

  – 선택 영역 추가 : **Shift** 키를 누른 채 해당 영역 클릭
  – 선택 영역 제외 : **Alt** 키를 누른 채 해당 영역 클릭

❹ Layers Palette(레이어 팔레트)에서 Create new fill or adjustment layer(레이어 새 칠/보정, ☒)를 클릭한 후 [Hue/Saturation(색조/채도)]를 선택합니다.

❺ [Hue/Saturation(색조/채도)] 대화상자가 나오면 파란색 계열로 색상을 보정합니다.
- Hue(색상) : +180, Saturation(채도) : 0, Lightness(밝기) : 0

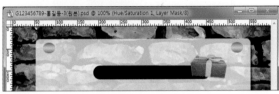

❻ Layers Palette(레이어 팔레트)에서 선물상자 레이어(Layer 3)를 선택합니다. Add a layer style(레이어 스타일 추가, fx.)을 클릭한 후 [Bevel and Emboss(경사와 엠보스)]를 선택합니다.

❼ [Layer Style(레이어 스타일)] 대화상자가 나오면 별도의 설정 없이 〈OK〉 단추를 클릭합니다.

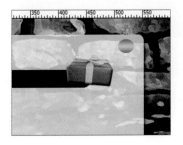

5. 이미지 편집 및 문자 작업 후 꾸미기

❶ Layers Palette(레이어 팔레트)에서 최상위 레이어를 선택합니다. Zoom Tool(돋보기 도구, 🔍)을 선택한 후 '2급-8.jpg' 이미지의 꽃다발 부분만 클릭하여 확대시킵니다. Magnetic Lasso Tool(자석 올가미 도구, 🧲)을 이용하여 꽃다발 부분만 선택 영역으로 설정합니다.
- 포인트 지정 : 마우스 왼쪽 버튼을 클릭하여 포인트를 지정
- 포인트 삭제 : Back space 또는 Delete 키를 눌러 지정된 포인트를 삭제

❷ Tool Box(도구상자)에서 Move Tool(이동 도구, ▶+)을 선택한 후 이미지를 작업 창으로 이동시킵니다.

❸ **Ctrl**+**T**(자유 변형)를 눌러 〈출력형태〉처럼 만듭니다.

– 마우스로 크기와 위치를 조절한 후 **Enter** 키를 누름

❹ Layers Palette(레이어 팔레트)에서 Add a layer style(레이어 스타일 추가, **fx.**)을 클릭한 후 [Drop Shadow(그림자 효과)]를 선택합니다.

❺ [Layer Style(레이어 스타일)] 대화상자가 나오면 별도의 설정 없이 〈OK〉 단추를 클릭합니다.

❻ Tool Box(도구상자)에서 Horizontal Type Tool (수평 문자 도구, **T**)을 선택한 후 Option Bar(옵션 바)를 설정합니다.

– Font(글꼴) : Arial, Font Style(글꼴 스타일) : Regular
– Font Size(크기) : 20pt, Color(색상) : #ffffff

❼ 글자를 입력할 위치를 마우스로 클릭하여 Beauty Flower Shop을 입력한 후 Move Tool(이동 도구, **▶+**)로 문자의 위치를 조정합니다.

– 키보드의 방향 키를 이용하면 보다 정확하게 위치를 조정할 수 있음

❽ Tool Box(도구상자)에서 Horizontal Type Tool (수평 문자 도구, **T**)을 선택합니다. 두 번째 글자를 입력할 위치를 먼저 클릭(새 레이어 생성)한 후 Option Bar(옵션 바)를 설정합니다.

– Font(글꼴) : 궁서, Font Size(크기) : 30pt
– Align(정렬) : 가운데 정렬, Color(색상) : #000000

> **TIP 문자 스타일(새 레이어 생성)**
> • 2개 이상의 문장을 연속으로 입력할 경우에는 첫 번째 문장의 스타일이 두 번째 문장에 똑같이 적용되지 않도록 입력할 위치를 먼저 클릭한 후 Option Bar(옵션 바)를 설정합니다.
> • 글자 입력 전에 작업 창을 클릭하면 새로운 레이어가 생성됩니다.

❾ Option Bar(옵션 바) 설정이 끝나면 **꽃 과 함 께 사랑을 전하세요**를 입력합니다.

❿ [Window(창)]-[Character(문자)]를 클릭하여 줄 간격을 조절한 후 위치를 조정합니다.

– 줄 간격 : 48pt(〈출력형태〉 참고)

– Move Tool(이동 도구, ▶♣)를 선택하여 문자의 위치를 조정

TIP Horizontal Type Tool(수평 문자 도구, T)의 Align (정렬) 옵션
▤(왼쪽정렬), ▥(가운데정렬), ▦(오른쪽정렬)

⓫ Layers Palette(레이어 팔레트)에서 Add a layer style(레이어 스타일 추가, *fx.*)을 클릭하여 [Stroke (선)]를 선택한 후 각각의 항목을 설정합니다.

– Size(크기) : 3px

– Fill Type(칠 유형) : Gradient (그라디언트)

– Color(색상) : 왼쪽(#ff6666), 가운데(#ffcc99), 오른쪽(#ff6666)

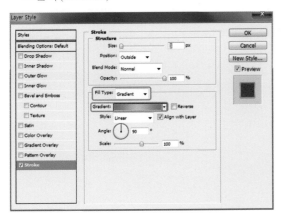

⓬ 모든 설정이 끝나면 [Layer Style(레이어 스타일)] 대화상자에서 〈OK〉 버튼을 클릭합니다.

⓭ Tool Box(도구상자)에서 Custom Shape Tool(사용자 정의 모양 도구, ☞)을 선택한 후 Option Bar(옵션 바)를 설정합니다.

– Option Mode(옵션 모드) : Shape layers(모양 레이어, ▣)

– Shape(모양) : Heart Card(하트 카드), Color(색 상) : #ff3366

⓮ 작업 창에서 마우스로 드래그하여 하트 이미지를 그립니다.

⓯ Layers Palette(레이어 팔레트)에서 Add a layer style(레이어 스타일 추가, *fx.*)을 클릭한 후 [Bevel and Emboss(경사와 엠보스)]를 선택합니다.

– [Layer Style(레이어 스타일)] 대화상자가 나오면 별도의 설정 없이 〈OK〉 버튼을 클릭

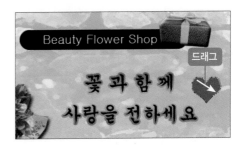

⑯ **Ctrl**+**T**(자유 변형)를 눌러 〈출력형태〉처럼 만
듭니다.

   – 마우스로 크기와 위치를 조절하여 모양을 회전시
    킨 후 **Enter** 키를 누름

6. 정답 파일 저장

❶ [File(파일)]–[Save(저장)](**Ctrl**+**S**)를 눌러 완
성된 '원본' 이미지 파일을 저장합니다.

❷ JPG 파일로 저장하기 위해 [File(파일)]–[Save
As...(다른 이름으로 저장)](**Shift**+**Ctrl**+**S**)를
클릭합니다. [Save As(다른 이름으로 저장)] 대
화상자가 나오면 각각의 항목을 설정합니다.

   – 저장 위치 : [내문서₩GTQ]

   – Format(형식) : JPEG(*.JPG;*.JPEG;*.JPE)

   – 파일 이름 : 수험번호–성명–3(G123456789–홍
    길동–3)

❸ [JPEG Options(JPEG 옵션)] 대화상자가 나오
면 파일 용량이 2MB가 넘지 않도록 설정한 후
〈OK(확인)〉 버튼을 클릭합니다.

   – Quality(품질) : High(고) 수준으로 설정하여 용
    량을 체크

❹ 이미지 크기를 줄인 PSD 파일로 저장하기 위
하여 [Image(이미지)]–[Image Size(이미지 크
기)](**Alt**+**Ctrl**+**I**)를 클릭한 후 [Image Size
(이미지 크기)] 대화상자를 설정합니다.

   – Width(폭) : 60pixels(픽셀), Height(높이) :
    40pixels(픽셀)

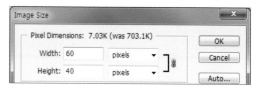

❺ 이미지가 축소되면 [File(파일)]–[Save As...(다
른 이름으로 저장)](**Shift**+**Ctrl**+**S**)를 클릭합니
다. [Save As(다른 이름으로 저장)] 대화상자가
나오면 각각의 항목을 설정합니다.

   – 저장 위치 : [내문서₩GTQ]

   – Format(형식) : Photoshop(*.PSD;*.PDD)

   – 파일 이름 : 수험번호–성명–3(G123456789–홍
    길동–3)

❻ 답안 저장이 끝나면 수험자 프로그램의 〈답안전
송〉 버튼을 클릭하여 3개의 파일 중 (원본) 파일
은 전송하지 않고 'JPG'와 '축소된 PSD' 파일만
선택하여 파일을 전송합니다.

1. 새 캔버스 만들기 및 저장하기

❶ **Ctrl**+**N**(새로 만들기)을 눌러 'Width(폭)'는 600pixels(픽셀), 'Height(높이)'는 400pixels(픽셀)의 크기로 새 캔버스를 만듭니다.

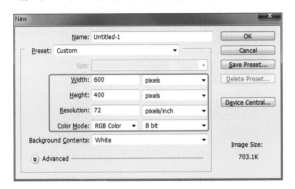

❷ **Ctrl**+**Shift**+**S**(다른 이름으로 저장)을 눌러 [Save As(다른 이름으로 저장)] 대화상자가 나오면 [내문서\GTQ] 폴더에 파일 이름을 '수험번호-성명-4(원본)(G123456789-홍길동-4(원본))'으로 입력하여 저장합니다.

❸ **Ctrl**+**O**(열기)를 눌러 [Open(열기)] 대화상자가 나오면 '실전 1회\2급-9.jpg, 2급-10.jpg, 2급-11.jpg, 2급-12.jpg, 2급-13.jpg' 파일을 불러옵니다.

2. 필터 및 레이어 마스크 적용하기

❶ Tool Box(도구상자)에서 'Set Foreground Color(전경색, ■)'을 클릭하여 색상을 지정한 후 전경색으로 배경을 색칠합니다.

– Color(색상) : #ffcccc
– 색 채우기 : **Alt**+**Delete**(전경색으로 채우기)

❷ Tool Box(도구상자)에서 Move Tool(이동 도구, ⊕)을 선택한 후 **Shift** 키를 누른 채 '2급-9.jpg'를 드래그하여 작업 창으로 이동시킨 후 필터를 적용시킵니다.

– [Filter(필터)]-[Brush Strokes(브러쉬 선)]-[Crosshatch(그물눈)] 클릭

❸ Layers Palette(레이어 팔레트)의 Add layer mask(레이어 마스크 추가, ▢)를 클릭하여 레이어 마스크를 추가합니다.

❹ Tool Box(도구상자)에서 Gradient Tool(그라디언트 도구, ■)을 선택한 후 Option Bar(옵션바)를 설정합니다.

- Click to edit the gradient(클릭하여 그라디언트 편집, ■) 클릭
- Gradient Editor(그라디언트 편집기) 대화상자가 나오면 Presets(사전 설정)에서 'Black(검정), White(흰색)'를 클릭

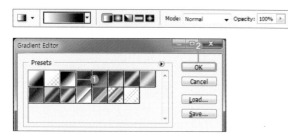

❺ 대각선 방향으로 드래그하여 Layer Mask(레이어 마스크)를 생성합니다.

3. 모양을 만들어 클리핑 마스크 적용하기

❶ Tool Box(도구상자)에서 Custom Shape Tool (사용자 정의 모양 도구, ✍)을 선택한 후 Option Bar(옵션 바)를 설정합니다.

- Option Mode(옵션 모드) : Shape layers(모양 레이어, ▣)
- Shape(모양) : Flower 6(꽃 6), Color(색상) : 임의의 색

❷ 분홍색 부분에서 마우스를 드래그하여 꽃 모양을 그립니다.

- Ctrl+T(자유 변형)를 눌러 〈출력형태〉처럼 크기와 위치를 조절한 후 Enter 키를 누름

> **TIP** **Shape(모양)과 마스크**
> 클리핑 마스크 용도로 사용할 Shape(모양)은 다른 이미지가 덮어 씌워지기 때문에 임의의 색상으로 지정해도 상관없습니다.

❸ Tool Box(도구상자)에서 Move Tool(이동 도구, ▶₊)을 선택한 후 '2급-11.jpg' 이미지를 작업 창으로 이동시킵니다.

❹ [Layer(레이어)]-[Create Clipping Mask(클리핑 마스크 만들기)]를 클릭하여 Clipping Masking(클리핑 마스크)을 실행합니다.

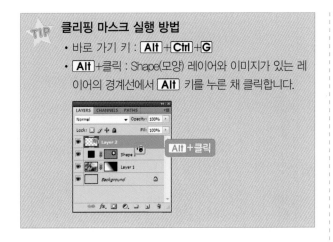
❺ Clipping Masking(클리핑 마스크)가 실행되면 Ctrl + T(자유 변형)를 눌러 〈출력형태〉처럼 만듭니다.

– 마우스로 크기와 위치를 조절한 후 Enter 키를 누름

❻ 클리핑에 활용된 모양 레이어(Shape 1)를 클릭합니다. Layers Palette(레이어 팔레트)에서 Add a layer style(레이어 스타일 추가, fx.)을 클릭하여 [Stroke(선)]를 선택한 후 각각의 항목을 설정합니다.

– Size(크기) : 5px, Color(색상) : #ffffff

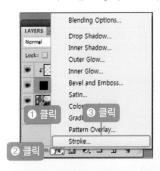 

❼ 최상위 레이어를 클릭한 후 Tool Box(도구상자)에서 Ellipse Tool(타원도구, ◯)을 선택합니다. Option Bar(옵션 바)를 설정한 후 마우스로 드래그 하여 원 모양을 그립니다.

– Option Mode(옵션 모드) : Shape layers(모양 레이어, ▣)
– Style(스타일) : 초기 스타일 없음(Style: ◻·), Color(색상) : #ffffcc
– Layers Palette(레이어 팔레트)의 최상위 레이어(Layer 2)를 클릭

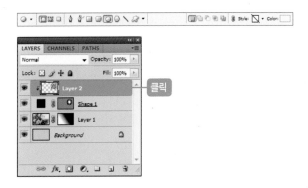

❽ Shift 키를 누른 채 마우스로 드래그하여 정원을 그립니다.

– Ctrl + T(자유 변형)를 눌러 〈출력형태〉처럼 크기와 위치를 조절한 후 Enter 키를 누름

❾ Layers Palette(레이어 팔레트)에서 Opacity(불투명도)를 70%로 입력합니다.

⑩ 원의 패스(외곽) 선이 보이지 않도록 'Vector mask thumbnail(벡터 마스크 축소판)'을 클릭합니다.

⑪ Tool Box(도구상자)에서 Rounded Rectangle Tool(모서리가 둥근 직사각형 도구, )을 선택합니다. Option Bar(옵션 바)를 설정한 후 마우스로 드래그 하여 모서리가 둥근 직사각형을 그립니다.

- Option Mode(옵션 모드) : Shape layers(모양 레이어, )
- Radius(반경) : 10px, Style(스타일) : 초기 스타일 없음(Style: )
- Color(색상) : 임의색

⑫ **Ctrl**+**T**(자유 변형)를 눌러 〈출력형태〉처럼 만듭니다.

- 마우스로 크기와 위치를 조절하여 모양을 회전시킨 후 **Enter** 키를 누름

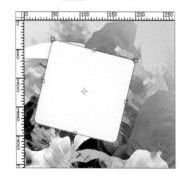

⑬ Tool Box(도구상자)에서 Move Tool(이동 도구, )를 선택합니다. 완성된 모서리가 둥근 직사각형을 선택한 후 **Alt** 키를 누른 채 드래그 하여 아래쪽에 복제합니다.

⑭ **Ctrl**+**T**(자유 변형)를 눌러 〈출력형태〉처럼 만듭니다.

- 마우스로 크기와 위치를 조절하여 모양을 회전시킨 후 **Enter** 키를 누름

⑮ 위쪽 모서리가 둥근 직사각형 모양의 레이어 (Shape 3)를 클릭합니다. Move Tool(이동 도구, )을 선택한 후 '2급-12.jpg' 이미지를 작업창으로 이동시킵니다.

⑯ 위쪽 모서리가 둥근 직사각형 모양의 레이어
(Shape 3)와 2급-12.jpg(Layer 3) 레이어의 경
계선에서 **Alt** 키를 누른 채 클릭합니다.
　－ **Alt**+클릭 : Clipping Masking(클리핑 마스크)
　　을 실행

⑰ **Ctrl**+**T**(자유 변형)를 눌러 〈출력형태〉처럼 만
듭니다.
　－ 마우스로 크기와 위치를 조절하여 모양을 회전시
　　킨 후 **Enter** 키를 누름

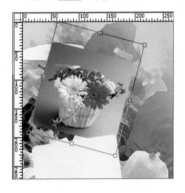

⑱ [Filter(필터)]-[Artistic(예술효과)]-[Film
Grain(필름 그레인)]를 클릭하여 필터를 적용시
킵니다.

⑲ 다시 위쪽 모서리가 둥근 직사각형 모양의 레이
어(Shape 3)를 클릭합니다. Layers Palette(레
이어 팔레트)에서 Add a layer style(레이어 스타
일 추가, **fx.**)을 클릭한 후 [Drop Shadow(그
림자 효과)]를 선택합니다.

⑳ [Layer Style(레이어 스타일)] 대화상자가 나오
면 별도의 설정 없이 〈OK〉 단추를 클릭합니다.

㉑ 아래쪽 모서리가 둥근 직사각형 모양의 레이어
(Shape 3 Copy)를 클릭합니다. Move Tool(이동
도구, **▶+**)을 선택한 후 '2급-13.jpg' 이미지를
작업 창으로 이동시킵니다.

㉒ 아래쪽 둥근 직사각형 모양의 레이어(Shape 3 copy)와 2급-13.jpg (Layer 4) 레이어의 경계선에서 Alt 키를 누른 채 클릭합니다.

- Alt +클릭 : Clipping Masking(클리핑 마스크)을 실행

㉓ Ctrl + T (자유 변형)를 눌러 〈출력형태〉처럼 만듭니다.

- 마우스로 크기와 위치를 조절하여 모양을 회전시킨 후 Enter 키를 누름

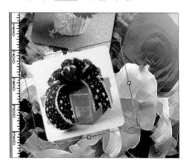

㉔ 다시 아래쪽 둥근 직사각형 모양의 레이어(Shape 3 copy)를 클릭합니다. Layers Palette(레이어 팔레트)에서 Add a layer style(레이어 스타일 추가, fx.)을 클릭한 후 [Outer Glow(외부광선)]를 선택합니다.

㉕ [Layer Style(레이어 스타일)] 대화상자가 나오면 별도의 설정 없이 〈OK〉 단추를 클릭합니다.

㉖ Tool Box(도구상자)에서 Magnetic Lasso Tool (자석 올가미 도구, ⬚)을 선택한 후 '2급-10.jpg'의 필요한 부분만 선택 영역으로 설정합니다.

- Layers Palette(레이어 팔레트)의 최상위 레이어(Layer 4)를 클릭
- 포인트 지정 : 마우스 왼쪽 버튼을 클릭하여 포인트를 지정합니다.
- 포인트 삭제 : Back space 또는 Delete 키를 눌러 지정된 포인트를 삭제합니다.

㉗ Move Tool(이동 도구, ▶+)을 선택한 후 이미지를 작업 창으로 이동시킵니다.

- Ctrl + T (자유 변형)를 눌러 〈출력형태〉처럼 크기와 위치를 조절한 후 Enter 키를 누름

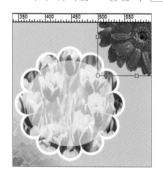

㉘ Layers Palette(레이어 팔레트)에서 Add a layer style(레이어 스타일 추가, fx.)을 클릭하여 ' Outer Glow(외부 광선)'를 선택한 후 각각의 항목을 설정합니다.

– Spread(스프레드) : 31%, Size(크기) : 5px

4. 문자 작업 후 꾸미기

❶ Tool Box(도구상자)에서 Horizontal Type Tool(수평 문자 도구, ⊹)을 선택한 후 Option Bar(옵션 바)를 설정합니다.

– Font(글꼴) : 궁서, Font Size(크기) : 35pt
– Align(정렬) : 가운데 정렬, Color(색상) : 임의색

❷ 글자를 입력할 위치를 마우스로 클릭한 후 **플라워 특별 기획전**을 입력합니다.

– Move Tool(이동 도구, ⊹)로 문자의 위치를 조정합니다.

❸ [Window(창)]–[Character(문자)]를 클릭하여 줄 간격을 조절한 후 위치를 조정합니다.

– 줄 간격 : 36pt(〈출력형태〉 참고)
– Move Tool(이동 도구, ⊹)를 선택하여 문자의 위치를 조정

❹ Layers Palette(레이어 팔레트)에서 Add a layer style(레이어 스타일 추가, _fx._)을 클릭한 후 [Stroke (선)]를 선택합니다.

❺ [Layer Style(레이어 스타일)] 대화상자가 나오면 [Stroke(선)]의 항목을 설정한 후 [Gradient Overlay(그라디언트 오버레이)]를 클릭합니다.

– Size(크기) : 3px, Color(색상) : #ffffff

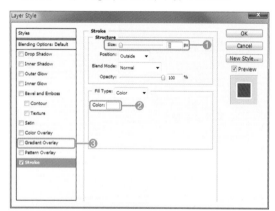

❻ [Layer Style] 대화상자에서 Gradient(그라디언트, _____)를 클릭하여 글자색을 변경합니다.

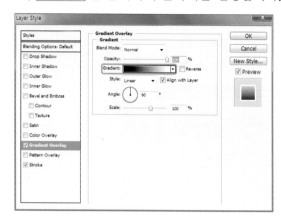

❼ [Gradient Editor(그라디언트 편집기)] 대화상자가 나오면 색상을 설정합니다.

– 왼쪽 'Color Stop(색상 정지점)'을 더블클릭한 후 'Color(색상)'을 '#660066'으로 입력

– 오른쪽 'Color Stop(색상 정지점)'을 더블클릭한 후 'Color(색상)'을 '#ff6699'로 입력

❽ Tool Box(도구상자)에서 Horizontal Type Tool(수평 문자 도구, T)을 선택합니다. 두 번째 글자를 입력할 위치를 먼저 클릭한 후 Option Bar(옵션 바)를 설정합니다.

– Font(글꼴) : 궁서, Font Size(크기) : 24pt
– Color(색상) : 000000

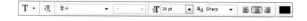

❾ 감사의 달 특별 할인 기획전!!을 입력한 후 Tool Box(도구상자)에서 Move Tool(이동 도구, ⊹)로 문자의 위치를 조정합니다.

❿ Layers Palette(레이어 팔레트)에서 Add a layer style(레이어 스타일 추가, _fx._)을 클릭하여 [Stroke(선)]를 선택한 후 각각의 항목을 설정합니다.

– Size(크기) : 2px, Color(색상) : #ffffff

⓫ Tool Box(도구상자)에서 Rounded Rectangle Tool(모서리가 둥근 직사각형 도구, ▢)을 선택합니다. Option Bar(옵션 바)를 설정한 후 마우스로 드래그 하여 모서리가 둥근 직사각형을 그립니다.

– Option Mode(옵션 모드) : Shape layers(모양 레이어, ▢)

– Radius(반경) : 10px, Color(색상) : #ff9999

– Ctrl+T(자유 변형)를 눌러 〈출력형태〉처럼 크기와 위치를 조절하여 회전시킨 후 Enter 키를 누름

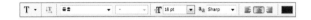

⓬ Tool Box(도구상자)에서 Horizontal Type Tool(수평 문자 도구, T)을 선택한 후 Option Bar(옵션 바)를 설정합니다.

– Font(글꼴) : 돋움, Font Size(크기) : 18pt

– Color(색상) : #660000

⓭ 모서리가 둥근 직사각형 도형의 바깥쪽 부분 중 잘 보이는 곳을 마우스로 클릭한 후 기획전으로 GO를 입력합니다.

⓮ Move Tool(이동 도구, ⊹)로 문자의 위치를 도형 안으로 이동시킵니다.

- 글자 입력 시 Shape(모양)을 클릭하여 글자를 입력하면 Shape(모양)에 연결되어 글자가 변형될 수 있으니 주의해야 합니다.
- 만약 모양 안쪽에 바로 글자를 입력하고자 한다면 모양의 패스(외곽) 선이 보이지 않도록 'Vector mask thumbnail (벡터 마스크 축소판)'을 클릭한 후 글자를 입력합니다.

5. 정답 파일 저장

❶ [File(파일)]–[Save(저장)](**Ctrl**+**S**)를 눌러 완성된 '원본' 이미지 파일을 저장합니다.

❷ JPG 파일로 저장하기 위해 [File(파일)]–[Save As…(다른 이름으로 저장)](**Shift**+**Ctrl**+**S**)를 클릭합니다. [Save As(다른 이름으로 저장)] 대화상자가 나오면 각각의 항목을 설정합니다.

– 저장 위치 : [내문서₩GTQ]
– Format(형식) : JPEG(＊.JPG;＊.JPEG;＊.JPE)
– 파일 이름 : 수험번호–성명–4(G123456789–홍길동–4)

❸ [JPEG Options(JPEG 옵션)] 대화상자가 나오면 파일 용량이 2MB가 넘지 않도록 설정한 후 〈OK(확인)〉 단추를 클릭합니다.

– Quality(품질) : High(고) 수준으로 설정하여 용량을 체크

❹ 이미지 크기를 줄인 PSD 파일로 저장하기 위하여 [Image(이미지)]–[Image Size(이미지 크기)](**Alt**+**Ctrl**+**I**)를 클릭한 후 [Image Size(이미지 크기)] 대화상자를 설정합니다.

– Width(폭) : 60pixels(픽셀), Height(높이) : 40pixels(픽셀)

❺ 이미지가 축소되면 [File(파일)]–[Save As…(다른 이름으로 저장)](**Shift**+**Ctrl**+**S**)를 클릭합니다. [Save As(다른 이름으로 저장)] 대화상자가 나오면 각각의 항목을 설정합니다.

– 저장 위치 : [내문서₩GTQ]
– Format(형식) : Photoshop(＊.PSD;＊.PDD)
– 파일 이름 : 수험번호–성명–4(G123456789–홍길동–4)

❻ 답안 저장이 끝나면 수험자 프로그램의 〈답안전송〉 버튼을 클릭하여 3개의 파일 중 (원본) 파일은 전송하지 않고 'JPG'와 '축소된 PSD' 파일만 선택하여 파일을 전송합니다.

Chapter 02

Graphic
Technology
Qualification

실전 모의고사 **02**회

🔵 **완성된 파일** 완성파일₩실전₩실전 모의고사 2회

문제 01 [기능평가] Tool(도구) 활용

1. 새 캔버스 만들기 및 저장하기

❶ [File(파일)]-[New(새로 만들기)]([**Ctrl**]+[**N**])를 클릭한 후 [New(새로 만들기)] 대화상자가 나오면 각각의 항목을 설정합니다.

- Width(폭) : 400Pixels, Height(높이) : 500Pixels
- Resolution(해상도) : 72, Color Mode(색상 모드) : RGB

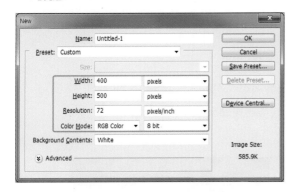

❷ [File(파일)]-[Save As…(다른 이름으로 저장)]를 클릭한 후 [Save As(다른 이름으로 저장)] 대화상자가 나오면 각각의 항목을 설정합니다.

- 저장 위치 : [내문서₩GTQ]
- Format(형식) : Photoshop(*.PSD;*.PDD)
- 파일 이름은 : 수험번호-성명-1(원본)(G12345678 -홍길동-1(원본))

2. 이미지 이동하기

❶ [View(보기)]-[Rulers(눈금자)]([**Ctrl**]+[**R**])를 클릭하여 눈금자를 표시합니다. 눈금자가 나오면 눈금자 위에서 마우스 오른쪽 버튼을 눌러 [Pixels(픽셀)]을 선택합니다.

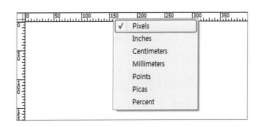

❷ [File(파일)]-[Open(열기)]([**Ctrl**]+[**O**])을 클릭한 후 [Open(열기)] 대화상자가 나오면 '[내문서]₩GTQ 2급₩Image₩실전 2회₩2급-1.jpg' 파일을 불러옵니다.

❸ Tool Box(도구상자)에서 Move Tool(이동 도구,
⊞)을 선택한 후 **Shift** 키를 누른 채 '2급-1.jpg'
창의 이미지를 작업 창으로 드래그하여 정중앙
에 위치시킵니다.

3. 이미지를 복제한 후 변형시키기

❶ Tool Box(도구상자)에서 Zoom Tool(돋보기 도구,
⊞)을 선택한 후 노란 국화꽃을 클릭하여 확대시
킵니다. Magnetic Lasso Tool(자석 올가미 도구,
⊞)을 선택한 후 확대한 국화꽃 이미지를 선택 영
역으로 설정합니다.

- Frequency(빈도수) : 100
- 포인트 지정 : 마우스 왼쪽 버튼을 클릭하여 포인
  트를 지정
- 포인트 삭제 : [Back space] 키를 눌러 지정된 포인트를 삭제
- Feather(패더) : 0으로 입력

❷ **Ctrl**+**─**(축소)를 눌러 캔버스 크기를 100%로
축소한 후 **Ctrl**+**J**(레이어 복사)를 눌러 선택
영역을 레이어로 복제합니다.

- Move Tool(이동 도구, ⊞)을 선택한 후 국화꽃을
  복제할 위치로 드래그

❸ 복제한 국화꽃은 **Ctrl**+**T**(자유 변형)를 눌러
〈출력형태〉처럼 만듭니다.

- 마우스로 크기와 위치를 조절한 후 **Enter** 키를 누름

4. 문자 작업 후 꾸미기

❶ Tool Box(도구상자)에서 Vertical Type Tool(세
로 문자 도구, ⊞)을 선택한 후 Option Bar(옵션
바)를 설정합니다.

- Font(글꼴) : Arial, Font Style(글꼴 스타일) : Bold
- Font Size(크기) : 60pt, Color(색상) : #ffff00

| T ▾ | ⊞ | Arial | ▾ | Bold | ▾ | ⊞ 60 pt | ▾ | aa Sharp | ▾ | ▦▦▦ | |

❷ 글자를 입력할 위치를 마우스로 클릭하여 Enj y The Food를 입력한 후 Move Tool(이동 도구, ▶⊕)로 문자의 위치를 조정합니다.

– 키보드의 방향 키를 이용하면 보다 정확하게 위치를 조정할 수 있음

❸ Layers Palette(레이어 팔레트)에서 Add a layer style(레이어 스타일 추가, ⨍ｘ.)을 클릭한 후 [Drop Shadow(그림자 효과)]를 선택합니다.

❹ [Layer Style(레이어 스타일)] 대화상자가 나오면 [Stroke(선)]를 선택한 후 각각의 항목을 설정합니다.

– Size(크기) : 3px, Color(색상) : #000000

– Drop Shadow(그림자 효과) : 선택(✔) 확인(변경되는 값이 없기 때문에 각각의 모든 항목을 기본으로 지정)

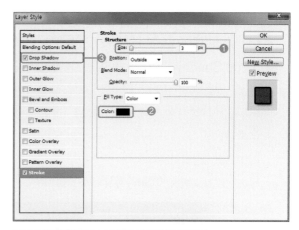

5. 하트 모양 만들기

❶ Tool Box(도구상자)에서 Custom Shape Tool(사용자 정의 모양 도구, ⬚.)을 선택한 후 Option Bar(옵션 바)를 설정합니다.

– Option Mode(옵션 모드) : Shape layers(모양 레이어, ▣)

– Shape(모양) : Heart Card(하트 카드), Color(색상) : #ff0000

❷ 글자 왼쪽 부분에서 마우스로 드래그하여 하트 모양을 그립니다.

❸ Layers Palette(레이어 팔레트)에서 Add a layer style(레이어 스타일 추가, fx.)을 클릭한 후 Drop Shadow(그림자 효과)를 선택합니다.

– Drop Shadow(그림자 효과) : 선택(✔) 확인(변경되는 값이 없기 때문에 각각의 모든 항목을 기본으로 지정)

– [Stroke(선)]를 선택

– Size(크기) : 3px, Color(색상) : #000000

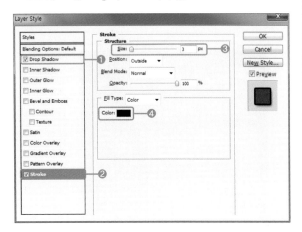

❹ 완성된 하트 모양은 Ctrl+T(자유 변형)를 눌러 〈출력형태〉처럼 만듭니다.

– 마우스로 크기와 위치를 조절하여 모양을 회전시킨 후 Enter 키를 누름

 객체 회전
• Ctrl+T(자유 변형)를 눌러 오른쪽 위 모서리에 마우스 포인터를 고정시킨 후 포인터 모양이 회전(↻)으로 바뀌면 회전하고자 하는 방향으로 드래그 하여 모양을 회전시킵니다.
• Ctrl+T(자유 변형)를 누른 후 마우스 오른쪽 버튼을 눌러 'Rotate(회전)'을 선택하여 회전할 수도 있습니다.

6. 정답 파일 저장

❶ [File(파일)]–[Save(저장)](Ctrl+S)를 눌러 완성된 '원본' 이미지 파일을 저장합니다.

❷ JPG 파일로 저장하기 위해 [File(파일)]–[Save As…(다른 이름으로 저장)](Shift+Ctrl+S)를 클릭합니다. [Save As(다른 이름으로 저장)] 대화상자가 나오면 각각의 항목을 설정합니다.

– 저장 위치 : [내문서₩GTQ]

– Format(형식) : JPEG(*.JPG;*.JPEG;*.JPE)

– 파일 이름 : 수험번호–성명–1(G12345678–홍길동–1)

❸ [JPEG Options(JPEG 옵션)] 대화상자가 나오면 파일 용량이 2MB가 넘지 않도록 설정합니다.

– Quality(품질) : High(고) 수준으로 설정하여 용량을 체크

④ 이미지 크기를 줄인 PSD 파일로 저장하기 위하여 [Image(이미지)]-[Image Size(이미지 크기)]([**Alt**]+[**Ctrl**]+[**I**])를 클릭한 후 [Image Size(이미지 크기)] 대화상자를 설정합니다.

– Width(폭) : 40pixels(픽셀), Height(높이) : 50pixels (픽셀)

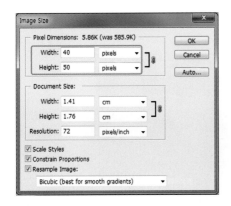

⑤ 이미지가 축소되면 [File(파일)]-[Save As...(다른 이름으로 저장)]([**Shift**]+[**Ctrl**]+[**S**])을 클릭합니다. [Save As(다른 이름으로 저장)] 대화상자가 나오면 각각의 항목을 설정합니다.

– 저장 위치 : [내문서₩GTQ]
– Format(형식) : Photoshop(*.PSD;*.PDD)
– 파일 이름 : 수험번호-성명-1(G12345678-홍길동-1)

⑥ 답안 저장이 끝나면 수험자 프로그램의 〈답안전송〉 버튼을 클릭하여 3개의 파일 중 'JPG'와 '축소된 PSD' 파일만 선택한 후 파일을 전송합니다.

문제 02 [기능평가] 사진편집 기초

1. 새 캔버스 만들기 및 저장하기

❶ [File(파일)]-[New(새로 만들기)]([**Ctrl**]+[**N**])를 클릭한 후 [New(새로 만들기)] 대화상자가 나오면 각각의 항목을 설정합니다.

– Width(폭) : 400Pixels, Height(높이) : 500Pixels
– Resolution(해상도) : 72, Color Mode(색상 모드) : RGB

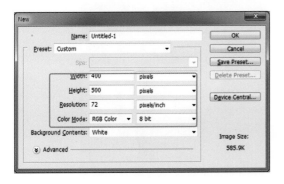

❷ [File(파일)]-[Save As...(다른 이름으로 저장)]를 클릭한 후 [Save As(다른 이름으로 저장)] 대화상자가 나오면 각각의 항목을 설정합니다.

– 저장 위치 : [내문서₩GTQ]
– Format(형식) : Photoshop(*.PSD;*.PDD)
– 파일 이름 : 수험번호-성명-2(원본)(G12345678-홍길동-2(원본))

2. 이미지 이동하기

❶ [File(파일)]-[Open(열기)]([**Ctrl**]+[**O**])을 클릭한 후 [Open(열기)] 대화상자가 나오면 '실전 2회₩2급-2.jpg, 2급-3.jpg, 2급-4.jpg' 파일을 불러옵니다.

❷ Tool Box(도구상자)에서 Move Tool(이동 도구, ⊞)을 선택한 후 **Shift** 키를 누른 채 '2급-2.jpg' 창의 이미지를 작업 창으로 드래그하여 정중앙에 위치시킵니다.

3. 액자 만들어 필터 적용하기

❶ Tool Box(도구상자)에서 Move Tool(이동 도구, ⊞)을 선택한 후 〈출력형태〉의 테두리 크기만큼 가로 눈금자와 세로 눈금자를 드래그하여 가이드라인을 만듭니다.

– 가이드라인은 〈출력형태〉의 테두리 위치에 해당하는 눈금자를 보면서 위치를 설정

– 눈금자 속(⊞⊞⊞)으로 마우스 커서를 이동시킨 후 아래쪽과 오른쪽으로 드래그하여 가이드라인을 그림

❷ Rounded Rectangle Tool(모서리가 둥근 사각형, ⊡)을 선택하여 가이드라인에 맞춰 둥근 사각형을 그린 후 다음과 같이 선택 영역을 설정합니다.

– 'Shape 1(모양 1)' 레이어의 Layer thumbnail(레이어 축소판)을 **Ctrl**+클릭

– **Shift**+**Ctrl**+**I**(선택 반전)를 눌러 선택 영역을 반전

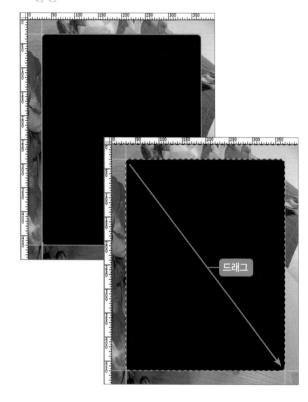

❸ 바깥쪽에 선택 영역이 설정되었다면, Shape 1(모양 1) 레이어를 삭제합니다.

❹ Tool Box(도구상자)에서 'Set Foreground Color (전경색 ▣)'를 #ffffff로 바꾼 후 [Filter(필터)]–[Texture(텍스처)]–[Stained Glass(스테인드 글라스)]를 클릭하여 필터를 적용시킵니다.

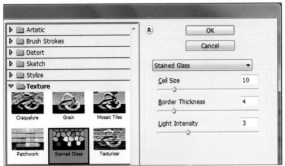

❺ **Shift** + **Ctrl** + **I**(선택 반전)를 눌러 안쪽 테두리를 선택한 후 [Edit(편집)]–[Stroke(선)]를 클릭하여 각각의 항목을 설정합니다.

– Width(폭) : 5px, Color(색) : #ffffff
– 선택 영역 해제 : **Ctrl** + **D**를 누름
– **Ctrl** + **;** 누름 : 가이드라인을 숨김

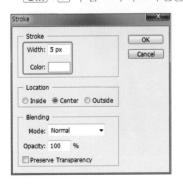

4. 이미지 편집 및 색상 보정

❶ '2급-3.jpg' 이미지를 Tool Box(도구상자)에서 Magic Wand Tool(자동 선택 도구, ▨)을 선택한 후 배경 이미지를 선택 영역으로 설정합니다.

– 선택 영역 추가 : **Shift** 키를 누른 채 해당 영역 클릭
– 선택 영역 제외 : **Alt** 키를 누른 채 해당 영역 클릭
– Tolerance(허용치) : 디폴트 값(10)

❷ **Shift** + **Ctrl** + **I**(선택 반전)를 눌러 선택 영역을 배경이 아닌 '리본'으로 반전 시킵니다.

❸ Tool Box(도구상자)에서 Move Tool(이동 도구, ▶⊕)을 선택한 후 이미지를 작업 창으로 이동시킵니다.

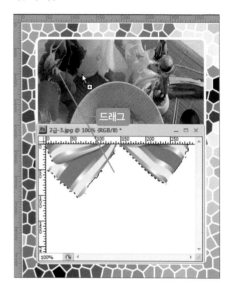

❹ Ctrl+T(자유 변형)를 눌러 〈출력형태〉처럼 만듭니다.
  - 마우스로 크기와 위치를 조절한 후 Enter 키를 누름

❺ Tool Box(도구상자)에서 Zoom Tool(돋보기 도구, 🔍)로 리본 부분을 확대한 후 Magic Wand Tool(자동 선택 도구, ✦)로 색상을 보정할 부분을 선택 영역으로 설정합니다.
  - 선택 영역 추가 : Shift 키를 누른 채 해당 영역 클릭
  - 선택 영역 제외 : Alt 키를 누른 채 해당 영역 클릭

❻ Layers Palette(레이어 팔레트)에서 Create new fill or adjustment layer(레이어 새 칠/보정, ◐)를 클릭한 후 [Hue/Saturation(색조/채도)]를 선택합니다.

❼ [Hue/Saturation(색조/채도)] 대화상자가 나오면 파란색 계열로 색상을 보정합니다.
  - Hue(색조) : 70, Saturation(채도) : 0, Lightness(밝기) : 0

❽ Ctrl+–(축소)를 눌러 캔버스 크기를 100%로 축소하여 이미지를 확인합니다.

❾ '2급-4.jpg' 이미지를 Magic Wand Tool(자동 선택 도구, ✨)을 선택한 후 배경 이미지를 선택 영역으로 설정합니다.
– 선택 영역 추가 : Shift 키를 누른 채 해당 영역 클릭
– 선택 영역 제외 : Alt 키를 누른 채 해당 영역 클릭

❿ Shift + Ctrl + I (선택 반전)를 눌러 선택 영역을 배경이 아닌 커피 잔으로 반전시킵니다.

⓫ Move Tool(이동 도구, ⊕)을 선택한 후 영역으로 선택된 커피잔을 드래그하여 작업 창으로 이동시 킵니다.

⓬ Ctrl + T (자유 변형)를 눌러 〈출력형태〉처럼 만 듭니다.
– 마우스로 크기와 위치를 조절한 후 Enter 키를 누름

⓭ Layers Palette(레이어 팔레트)에서 Add a layer style(레이어 스타일 추가, fx.)을 클릭한 후 [Drop Shadow(그림자 효과)]를 선택합니다.

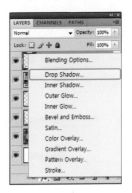

⓮ [Layer Style(레이어 스타일)] 대화상자가 나오 면 별도의 설정 없이 〈OK〉 버튼을 클릭합니다.

5. 문자 작업 후 꾸미기

❶ Tool Box(도구상자)에서 Horizontal Type Tool(수평 문자 도구, T)을 선택한 후 Option Bar(옵션 바)를 설정합니다.
– Font(글꼴) : 바탕, Font Size(크기) : 35pt
– Color(색상) : #ffffff

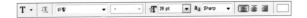

❷ 글자를 입력할 위치에서 마우스를 클릭하여 **따뜻한 마음을 담아**를 입력한 후 Move Tool(이동 도구, ⌖)로 문자의 위치를 조정합니다.

- 키보드의 방향 키를 이용하면 보다 정확하게 위치를 조정할 수 있음
- [Window(창)]-[Character(문자)]를 클릭
- 창이 열리면 줄 간격을 48pt로 입력(〈출력형태〉 참고)

❸ Layers Palette(레이어 팔레트)에서 Add a layer style(레이어 스타일 추가, *fx.*)을 클릭한 후 [Outer Glow (외부광선)]를 선택합니다.

❹ [Layer Style(레이어 스타일)] 대화상자가 나오면 [Outer Glow(외부광선)]의 요소를 설정한 후 [Stroke(선)]를 클릭합니다.

- Spread(스프레드) : 30%, Size(크기) : 8px

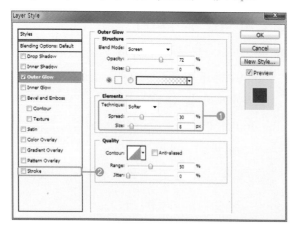

 [Outer Glow(외부광선)] 속성 지정
[Outer Glow(외부광선)]의 속성은 별도의 지시 사항이 없기 때문에 〈출력형태〉처럼 최대한 비슷하게 만드는 것이 중요합니다.

❺ [Layer Style(레이어 스타일)] 대화상자에서 [Stroke(선)]에 대한 각각의 항목을 설정합니다.

- Size(크기) : 2px, Color(색상) : #336600

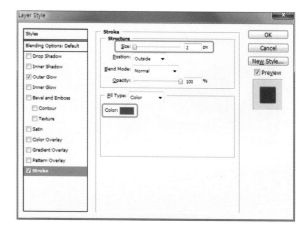

6. 정답 파일 저장

❶ [File(파일)]−[Save(저장)](**Ctrl**+**S**)를 눌러 완성된 '원본' 이미지 파일을 저장합니다.

❷ JPG 파일로 저장하기 위해 [File(파일)]−[Save As...(다른 이름으로 저장)](**Shift**+**Ctrl**+**S**)를 클릭합니다. [Save As(다른 이름으로 저장)] 대화상자가 나오면 각각의 항목을 설정합니다.

  − 저장 위치 : [내문서₩GTQ]

  − Format(형식) : JPEG(＊.JPG;＊.JPEG;＊.JPE)

  − 파일 이름 : 수험번호−성명−2(G12345678−홍길동−2)

❸ [JPEG Options(JPEG 옵션)] 대화상자가 나오면 파일 용량이 2MB가 넘지 않도록 설정한 후 〈OK(확인)〉 버튼을 클릭합니다.

  − Quality(품질) : High(고) 수준으로 설정하여 용량을 체크

❹ 이미지 크기를 줄인 PSD 파일로 저장하기 위하여 [Image(이미지)]−[Image Size(이미지 크기)](**Alt**+**Ctrl**+**I**)를 클릭한 후 [Image Size(이미지 크기)] 대화상자를 설정합니다.

  − Width(폭) : 40pixels(픽셀), Height(높이) : 50pixels(픽셀)

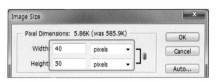

❺ 이미지가 축소되면 [File(파일)]−[Save As...(다른 이름으로 저장)](**Shift**+**Ctrl**+**S**)를 클릭합니다. [Save As(다른 이름으로 저장)] 대화상자가 나오면 각각의 항목을 설정합니다.

  − 저장 위치 : [내문서₩GTQ]

  − Format(형식) : Photoshop(＊.PSD;＊.PDD)

  − 파일 이름 : 수험번호−성명−2(G12345678−홍길동−2)

❻ 답안 저장이 끝나면 수험자 프로그램의 〈답안전송〉 버튼을 클릭하여 3개의 파일 중 'JPG'와 '축소된 PSD' 파일만 선택한 후 파일을 전송합니다.

1. 새 캔버스 만들기 및 저장하기

❶ **Ctrl**+**N**(새로 만들기)을 눌러 'Width(폭)'는 600pixels(픽셀), 'Height(높이)'는 400pixels(픽셀)의 크기로 새 캔버스를 만듭니다.

❷ **Ctrl**+**Shift**+**S**(다른 이름으로 저장)를 눌러 [Save As(다른 이름으로 저장)] 대화상자가 나오면 [내문서₩GTQ] 폴더에 파일 이름을 '수험번호-성명-3(원본)(G12345678-홍길동-3(원본))'으로 입력하여 저장합니다.

❸ **Ctrl**+**O**(열기)를 눌러 [Open(열기)] 대화상자가 나오면 '실전 2회₩2급-5.jpg, 2급-6.jpg, 2급-7.jpg, 2급-8.jpg' 파일을 불러옵니다.

2. 필터와 레이어 마스크 적용하기

❶ Tool Box(도구상자)의 'Set Foreground Color(전경색 설정, ▣)' 를 클릭하여 색상을 지정한 후 전경색으로 배경을 색칠합니다.
– Color(색상) : #ffcc99
– 색 채우기 : **Alt**+**Delete**(전경색으로 채우기)

❷ [Filter(필터)]–[Texture(텍스처)]–[Texturizer(텍스처화)]를 클릭하여 필터를 적용시킵니다.

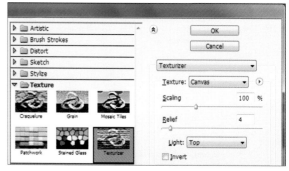

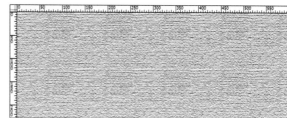

❸ Tool Box(도구상자)에서 Move Tool(이동 도구, ▶₊)을 선택한 후 **Shift** 키를 누른 채 '2급-5.jpg'를 드래그하여 작업 창으로 이동시킨 후 필터를 적용시킵니다.
– [Filter(필터)]–[Pixelate(픽셀화)]–[Facet(단면화)] 클릭

4. 모양 만들기

❶ Tool Box(도구상자)에서 Rounded Rectangle Tool(모서리가 둥근 직사각형 도구, ▢)을 선택합니다. Option Bar(옵션 바)를 설정한 후 마우스로 드래그 하여 〈출력형태〉처럼 그립니다.

- Option Mode(옵션 모드) : Shape layers(모양 레이어, ▣)
- Radius(반경) : 10px, Color(색상) : #ffffff
- Ctrl + T (자유 변형)를 눌러 〈출력형태〉처럼 크기와 위치를 조절한 후 Enter 키를 누름

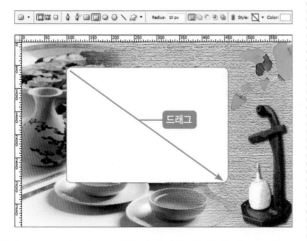

❷ Layers Palette(레이어 팔레트)에서 Add a layer style(레이어 스타일 추가, fx.)을 클릭한 후 [Drop Shadow(그림자 효과)]를 선택합니다.

❸ Layers Palette(레이어 팔레트)에서 Opacity(불투명도)를 60% 로 입력합니다.

❹ 모서리가 둥근 직사각형의 패스(외곽) 선이 보이지 않도록 'Vector mask thumbnail(벡터 마스크 축소판)'을 클릭합니다.

❺ Tool Box(도구상자)에서 Rectangle Tool(직사각형 도구,)을 선택합니다. Option Bar(옵션바)를 설정한 후 마우스로 드래그 하여 〈출력형태〉처럼 그립니다.

- Option Mode(옵션 모드) : Shape layers(모양 레이어,)
- Style(스타일) : 초기 스타일 없음(Style:), Color (색상) : #ff0000

❻ Layers Palette(레이어 팔레트)에서 Add a layer style(레이어 스타일 추가, *fx.*)을 클릭한 후 [Drop Shadow(그림자 효과)]를 선택합니다.

❼ 사각형의 패스(외곽) 선이 보이지 않도록 'Vector mask thumbnail(벡터 마스크 축소판)'을 클릭합니다.

❽ Ctrl+T(자유 변형)를 눌러 〈출력형태〉처럼 만듭니다.

- 마우스로 크기와 위치를 조절한 후 Enter 키를 누름

5. 색상 보정

❶ '2급-8.jpg' 이미지를 Tool Box(도구상자)에서 Magic Wand Tool(자동 선택 도구,)을 이용하여 배경을 선택 영역으로 설정합니다.

- Shift+Ctrl+I(선택 반전)를 눌러 선택 영역을 반전시킴

❷ Move Tool(이동 도구,)을 선택한 후 이미지를 작업 창으로 이동시킵니다.

- Ctrl+T(자유 변형)를 눌러 〈출력형태〉처럼 크기와 위치를 조절한 후 Enter 키를 누름

❸ 색 보정이 필요한 단풍잎을 선택 영역으로 설정하기 위하여 **Ctrl** 키를 누른 채 레이어 팔레트에서 해당 레이어의 Layer thumbnail(레이어 축소판)을 클릭합니다.

❹ Layers Palette(레이어 팔레트)에서 Create new fill or adjustment layer(레이어 새 칠/보정, ◑)를 클릭한 후 [Hue/Saturation(색조/채도)]를 선택합니다.

❺ [Hue/Saturation(색조/채도)] 대화상자가 나오면 초록색 계열로 색상을 보정합니다.

– Hue(색조) : +126, Saturation(채도) : +10, Lightness(밝기) : 0

❻ Layers Palette(레이어 팔레트)에서 나뭇잎 레이어(Layer 4)를 선택합니다. Add a layer style(레이어 스타일 추가, *fx*.)을 클릭한 후 [Drop Shadow(그림자 효과)]를 선택합니다.

6. 문자 작업 후 꾸미기

❶ 최상위 레이어를 선택합니다. Tool Box(도구상자)에서 Horizontal Type Tool(수평 문자 도구, T)을 선택한 후 Option Bar(옵션 바)를 설정합니다.

– Font(글꼴) : Arial, Font Style(글꼴 스타일) : Bold
– Font Size(글꼴 크기) : 30pt, Color(색상) : #660000

❷ 글자를 입력할 위치에서 마우스를 클릭하여 Food Festival을 입력한 후 Move Tool(이동 도구, ▶+)로 문자의 위치를 조절합니다.

– 키보드의 방향 키를 이용하면 보다 정확하게 위치를 조정할 수 있음

❸ Layers Palette(레이어 팔레트)에서 Add a layer style(레이어 스타일 추가, fx.)을 클릭한 후 [Stroke(선)]를 선택합니다.

– Size(크기) : 3px, Color(색상) : #ffff99

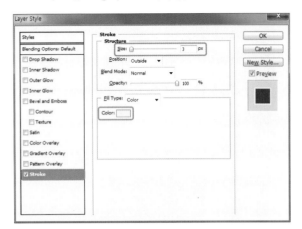

❹ Tool Box(도구상자)에서 Horizontal Type Tool(수평 문자 도구, T)을 선택합니다. 두 번째 글자를 입력할 위치를 먼저 클릭한 후 Option Bar(옵션 바)를 설정합니다.

– Font(글꼴) :궁서
– Font Size(크기) : 30pt, Color(색상) : #660000

> **TIP 문자 스타일(새 레이어 생성)**
> • 2개 이상의 문장을 연속으로 입력할 경우에는 첫 번째 문장의 스타일이 두 번째 문장에 똑같이 적용되지 않도록 반드시 글자를 입력할 위치를 먼저 클릭한 후 Option Bar(옵션 바)를 설정합니다.
> • 글자 입력 전에 작업 창을 클릭하면 새로운 레이어가 생성됩니다.
>
>

❺ Option Bar(옵션 바) 설정이 끝나면 **우리의 음식을 찾아서...**를 입력한 후 Move Tool(이동 도구, ▶+)로 문자의 위치를 조정합니다.

– [Window(창)]−[Character(문자)]를 클릭
– 창이 열리면 줄 간격을 '48pt'로 입력(〈출력형태〉 참고)

❻ Layers Palette(레이어 팔레트)에서 Add a layer style(레이어 스타일 추가, fx.)을 클릭한 후 [Stroke(선)]를 선택합니다.

– Size(크기) : 2px, Color(색상) : #cc9966

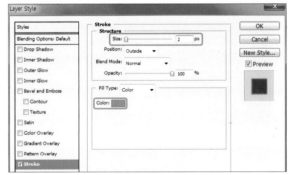

❼ Tool Box(도구상자)에서 Custom Shape Tool(사용자 정의 모양 도구, ⟨⟩)을 선택하여 Option Bar(옵션 바)를 설정한 후 마우스로 드래그하여 글자 뒷부분에 발 모양을 그립니다.

– Option Mode(옵션 모드) : Shape layers(모양 레이어, ▣)
– Shape(모양) : Right Foot(오른쪽 발), Color(색상) : #660000

⑧ Layers Palette(레이어 팔레트)에서 Add a layer style(레이어 스타일 추가, _fx._)을 클릭한 후 [Bevel and Emboss(경사와 엠보스)]를 선택합니다.

- [Layer Style(레이어 스타일)] 대화상자가 나오면 별도의 설정 없이 〈OK〉 버튼을 클릭

⑨ **Ctrl** + **T** (자유 변형)를 눌러 〈출력형태〉처럼 만듭니다.

- 마우스로 크기와 위치를 조절한 후 **Enter** 키를 누름

7. 정답 파일 저장

❶ [File(파일)]-[Save(저장)](**Ctrl**+**S**)를 눌러 완성된 '원본' 이미지 파일을 저장합니다.

❷ JPG 파일로 저장하기 위해 [File(파일)]-[Save As...(다른 이름으로 저장)](**Shift**+**Ctrl**+**S**)를 클릭합니다. [Save As(다른 이름으로 저장)] 대화상자가 나오면 각각의 항목을 설정합니다.

- 저장 위치 : [내문서₩GTQ]
- Format(형식) : JPEG(*.JPG;*.JPEG;*.JPE)
- 파일 이름 : 수험번호-성명-3(G12345678-홍길동-3)

❸ [JPEG Options(JPEG 옵션)] 대화상자가 나오면 파일 용량이 2MB가 넘지 않도록 설정한 후 〈OK(확인)〉 버튼을 클릭합니다.

- Quality(품질) : High(고) 수준으로 설정하여 용량을 체크

❹ 이미지 크기를 줄인 PSD 파일로 저장하기 위하여 [Image(이미지)]-[Image Size(이미지 크기)](**Alt**+**Ctrl**+**I**)를 클릭한 후 [Image Size(이미지 크기)] 대화상자를 설정합니다.

- Width(폭) : 60pixels(픽셀), Height(높이) : 40pixels(픽셀)

❺ 이미지가 축소되면 [File(파일)]-[Save As...(다른 이름으로 저장)](**Shift**+**Ctrl**+**S**)를 클릭합니다. [Save As(다른 이름으로 저장)] 대화상자가 나오면 각각의 항목을 설정합니다.

- 저장 위치 : [내문서₩GTQ]
- Format(형식) : Photoshop(*.PSD;*.PDD)
- 파일 이름 : 수험번호-성명-3(G12345678-홍길동-3)

❻ 답안 저장이 끝나면 수험자 프로그램의 〈답안전송〉 버튼을 클릭하여 3개의 파일 중 'JPG'와 '축소된 PSD' 파일만 선택한 후 파일을 전송합니다.

1. 새 캔버스 만들기 및 저장하기

❶ Ctrl + N (새로 만들기)을 눌러 'Width(폭)'는 600pixels(픽셀), 'Height(높이)'는 400pixels(픽셀)의 크기로 새 캔버스를 만듭니다.

❷ Ctrl + Shift + S (다른 이름으로 저장)를 눌러 [Save As(다른 이름으로 저장)] 대화상자가 나오면 [내문서₩GTQ] 폴더에 파일 이름을 '수험번호-성명-4(원본)(G12345678-홍길동-4(원본)'으로 입력하여 저장합니다.

❸ Ctrl + O (열기)를 눌러 [Open(열기)] 대화상자가 나오면 '실전 2회₩2급-9.jpg, 2급-10.jpg, 2급-11.jpg, 2급-12.jpg, 2급-13.jpg' 파일을 불러옵니다.

2. 필터 및 이미지 편집하기

❶ Tool Box(도구상자)에서 'Set Foreground Color (전경색 설정, ▣)'를 클릭하여 색상을 지정한 후 전경색으로 배경을 색칠합니다.

 – Color(색상) : #ddffff
 – 색 채우기 : Alt + Delete (전경색으로 채우기)

❷ Tool Box(도구상자)에서 Move Tool(이동 도구, ▶+)을 선택한 후 Shift 키를 누른 채 '2급-9.jpg'를 드래그하여 작업 창으로 이동시킨 후 필터를 적용시킵니다.

 – [Filter(필터)]–[Artistic(예술효과)]–[Rough pastels(거친 파스텔)] 클릭

❸ Layers Palette(레이어 팔레트)의 Add layer mask(레이어 마스크 추가, ▣)를 클릭하여 레이어 마스크를 추가합니다.

❹ Tool Box(도구상자)에서 Gradient Tool(그라디언트 도구, ▣)을 선택한 후 Option Bar(옵션바)를 설정합니다.

 – Click to edit the gradient(클릭하여 그라디언트 편집, ▣) 클릭
 – Gradient Editor(그라디언트 편집기) 대화상자가 나오면 Presets(사전 설정)에서 'Black(검정), White(흰색)'를 클릭

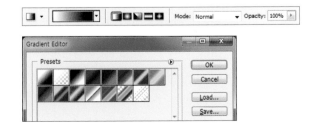

❺ 세로 방향으로 짧게 드래그하여 Layer Mask(레이어 마스크)를 생성합니다.

3. 모양 만들기

❶ Tool Box(도구상자)에서 Rounded Rectangle Tool(모서리가 둥근 직사각형 도구, ▢)을 선택합니다. Option Bar(옵션 바)를 설정한 후 마우스로 드래그 하여 〈출력형태〉처럼 그립니다.

  - Option Mode(옵션 모드) : Shape layers(모양 레이어, ▢)
  - Radius(반경) : 10px, Color(색상) : #ffffff

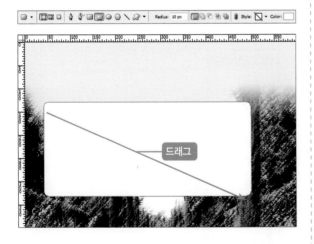

❷ Ctrl+T(자유 변형)를 눌러 〈출력형태〉처럼 만듭니다.

  - 마우스로 크기와 위치를 조절하여 모양을 회전시킨 후 Enter 키를 누름
  - Layers Palette(레이어 팔레트)에서 Opacity(불투명도)를 70%로 입력

❸ Layers Palette(레이어 팔레트)에서 Add a layer style(레이어 스타일 추가, fx.)을 클릭한 후 [Stroke(선)]를 선택합니다.

  - Size(크기) : 9px, Color(색상) : #ff7e00

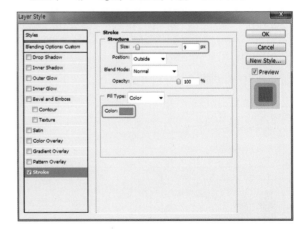

❹ **Ctrl**+**T**(자유 변형)를 눌러 〈출력형태〉처럼 만듭니다.

- 마우스로 크기와 위치를 조절하여 모양을 회전시킨 후 **Enter** 키를 누름
- 모서리가 둥근 직사각형의 패스선이 보이지 않도록 Vector mask thumbnail(벡터 마스크 축소판)을 클릭

❺ Tool Box(도구상자)에서 Ellipse Tool(타원도구, ◯)을 선택합니다. Option Bar(옵션 바)를 설정한 후 마우스로 드래그 하여 원 모양을 그립니다.

- Option Mode(옵션 모드) : Shape layers(모양 레이어, ▣)
- Style(스타일) : 초기 스타일 없음(Style: ◻·)
- Color(색상) : 임의의 색
- 원 : **Shift** 키를 누른 채 드래그

 TIP **Shape(모양)과 클리핑 마스크**
클리핑 마스크 용도로 사용할 Shape(모양)은 다른 이미지가 덮어 씌워지기 때문에 임의의 색상으로 지정합니다.

❻ Layers Palette(레이어 팔레트)에서 Add a layer style(레이어 스타일 추가, *fx.*)을 클릭한 후 [Inner Shadow(내부 그림자)]를 선택합니다.

❼ [Layer Style(레이어 스타일)] 대화상자가 나오면 [Stroke(선)]를 선택한 후 각각의 항목을 설정합니다.

- Size(크기) : 5px, Color(색상) : #44cc11
- Inner Shadow : 선택(✔) 확인(변경되는 값이 없기 때문에 각각의 모든 항목을 기본으로 지정)

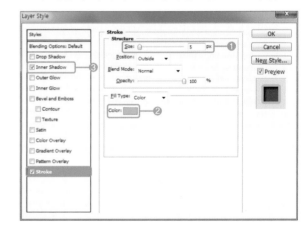

❽ **Ctrl**+**T**(자유 변형)를 눌러 〈출력형태〉처럼 만듭니다.

- 마우스로 크기와 위치를 조절한 후 **Enter** 키를 누름

❾ Tool Box(도구상자)에서 Move Tool(이동 도구, ▶✛)를 선택합니다. 완성된 원을 **Alt** 키를 누른 채 드래그 하여 두 개의 원을 복제합니다.

 - 〈출력형태〉처럼 위치를 조정

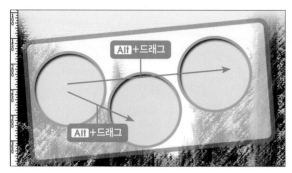

4. 필터 및 클리핑 마스크 적용하기

❶ 첫 번째로 그린 원 모양의 레이어(Shape 2)를 클릭합니다. Move Tool(이동 도구, ▶✛)을 선택한 후 '2급-11.jpg' 이미지를 작업 창으로 이동시킵니다.

❷ 첫 번째 Shape(모양) 레이어(Shape 2)와 2급-11.jpg(Layer 2) 레이어의 경계선에서 **Alt** 키를 누른 채 클릭합니다.

 - **Alt**+클릭 : Clipping Masking(클리핑 마스크)을 실행

❸ Clipping Masking(클리핑 마스크)가 실행되면 **Ctrl**+**T**(자유 변형)를 눌러 〈출력형태〉처럼 만듭니다.

 - 마우스로 크기와 위치를 조절한 후 **Enter** 키를 누름

❹ [Filter(필터)]-[Sharpen(선명효과)]-[Sharpen(선명하게)]를 클릭하여 필터를 적용시킵니다.

❺ 두 번째 원 모양의 레이어(Shape 2 Copy)를 클릭합니다. Move Tool(이동 도구, ⊞)을 선택한 후 '2급-12.jpg' 이미지를 작업 창으로 이동시킵니다.

❻ 두 번째 Shape(모양) 레이어(Shape2 copy)와 2급-12.jpg(Layer 3) 레이어의 경계선에서 Alt 키를 누른 채 클릭합니다.

– Alt +클릭 : Clipping Masking(클리핑 마스크)을 실행

❼ Clipping Masking(클리핑 마스크)가 실행되면 Ctrl + T (자유 변형)를 눌러 〈출력형태〉처럼 만듭니다.

– 마우스로 크기와 위치를 조절한 후 Enter 키를 누름

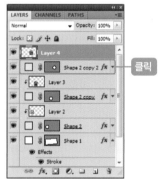

❽ 세 번째 원 모양의 레이어(Shape 2 copy 2)를 클릭합니다. Move Tool(이동 도구, ⊞)을 선택한 후 '2급-13.jpg' 이미지를 작업 창으로 이동시킵니다.

❾ 세 번째 Shape(모양) 레이어(Shape 2 copy 2) 와 2급-13.jpg(Layer 4) 레이어의 경계선에서 Alt 키를 누른 채 클릭합니다.

– Alt +클릭 : Clipping Masking(클리핑 마스크) 을 실행

❿ Clipping Masking(클리핑 마스크)가 실행되면 Ctrl + T (자유 변형)를 눌러 〈출력형태〉처럼 만 듭니다.

– 마우스로 크기와 위치를 조절한 후 Enter 키를 누름

⓫ [Filter(필터)]–[Sharpen(선명효과)]–[Sharpen (선명하게)]를 클릭하여 필터를 적용시킵니다.

⓬ Tool Box(도구상자)에서 Magic Wand Tool(자 동 선택 도구,) 을 선택한 후 '2급-10.jpg'의 배경을 선택 영역으로 설정합니다.

– Shift + Ctrl + I (선택 반전)를 눌러 선택 영역을 배경이 아닌 여성으로 반전시킴

⓭ Move Tool(이동 도구,) 을 선택한 후 이미지 를 작업 창으로 이동시킵니다.

– Ctrl + T (자유 변형)를 눌러 〈출력형태〉처럼 크 기와 위치를 조절한 후 Enter 키를 누름

⓮ Layers Palette(레이어 팔레트)에서 Add a layer style(레이어 스타일 추가,) 을 클릭한 후 [Outer Glow(외부광선)]를 선택합니다.

5. 문자 작업 후 꾸미기

❶ Tool Box(도구상자)에서 Horizontal Type Tool(수평 문자 도구, T)을 선택한 후 Option Bar(옵션 바)를 설정합니다.

- Font(글꼴) : 궁서
- Font Size(크기) : 30pt, Color(색상) : #000000

❷ 글자를 입력할 위치에서 마우스를 클릭하여 나만의 레시피 공개하기를 입력합니다.

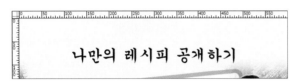

❸ Option Bar(옵션 바)에서 Create warped text (텍스트 변형 만들기, 戊)를 클릭합니다. [Warp Text(텍스트 변형)] 대화상자가 나오면 각각의 항목을 설정합니다.

- Style(스타일) : Arc(부채꼴)를 클릭
- Bend(구부리기) : 30%
- Move Tool(이동 도구, ⊕)로 〈출력형태〉처럼 문자의 위치를 조정

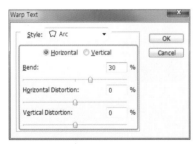

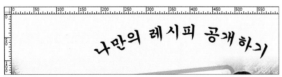

❹ Layers Palette(레이어 팔레트)에서 Add a layer style(레이어 스타일 추가, fx.)을 클릭한 후 [Stroke(선)]를 선택합니다.

- Size(크기) : 4px, Fill Type(칠 유형) : Gradient (그라디언트)
- Color(색상) : 첫 번째 색상 정지점(#ffcccc), 두 번째 색상 정지점(#bbffbb), 세 번째 색상 정지점 (#33ffdd)

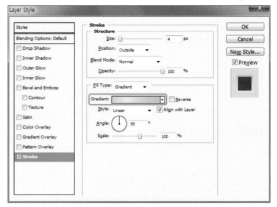

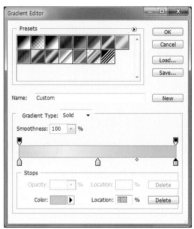

❺ Move Tool(이동 도구, ⊕)을 이용하여 〈출력형태〉처럼 문자의 위치를 조정합니다.

❻ Tool Box(도구상자)에서 Horizontal Type Tool(수평 문자 도구, T)을 선택합니다. 두 번째 글자를 입력할 위치를 먼저 클릭한 후 Option Bar(옵션 바)를 설정합니다.

- Font(글꼴) : 바탕
- Font Size(크기) : 20pt, Color(색상) : #ffff22

❼ 자신만의 레시피를 소개해 주세요!!를 입력한 후 Move Tool(이동 도구, ⊕)로 문자의 위치를 조정합니다.

❽ Layers Palette(레이어 팔레트)에서 Add a layer style(레이어 스타일 추가, *fx.*)을 클릭한 후 [Stroke(선)]를 선택합니다.

– Size(크기) : 2px, Color(색상) : #000000

❾ **Ctrl**+**T**(자유 변형)를 눌러 〈출력형태〉처럼 만듭니다.

– 마우스로 문자를 회전시킨 후 위치를 조절하여 **Enter** 키를 누름

❿ Tool Box(도구상자)에서 Custom Shape Tool(사용자 정의 모양 도구, *⋈.*)을 선택한 후 Option Bar(옵션 바)를 설정합니다.

– Option Mode(옵션 모드) : Shape layers(모양 레이어, *▣*)

– Shape(모양) : Talk1(말대화1), Color(색상) : #ffff22

⓫ 작업창의 아랫 부분에서 마우스를 드래그하여 말풍선 모양을 그립니다.

– **Ctrl**+**T**(자유 변형)를 눌러 〈출력형태〉처럼 크기와 위치를 조절하여 회전시킨 후 **Enter** 키를 누름

⓬ Layers Palette(레이어 팔레트)에서 Add a layer style(레이어 스타일 추가, *fx.*)을 클릭한 후 [Bevel and Emboss(경사와 엠보스)]를 선택합니다.

⓭ Tool Box(도구상자)에서 Horizontal Type Tool(수평 문자 도구, **T**)을 선택한 후 Option Bar(옵션 바)를 설정합니다.

– Font(글꼴) : 굴림, Font Size(크기) : 18pt
– Align(정렬) : 가운데 정렬, Color(색상) : #ffffff

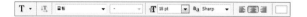

⓮ 작업창의 가운데 그림 부분을 클릭하여 **레시피 등록하기**를 입력합니다.

– 글자가 흰색이기 때문에 검정색이 많은 부분을 선택
– 줄 간격 : [Window(창)]–[Character(문자)]를 클릭하여 30pt로 입력

⓯ Layers Palette(레이어 팔레트)에서 Add a layer style(레이어 스타일 추가, *fx.*)을 클릭한 후 [Stroke (선)]를 선택합니다.

– Size(크기) : 2px, Color(색상) : #000000
– Move Tool(이동 도구, *▶₊*)을 이용하여 〈출력형태〉처럼 문자의 위치를 조정

⑯ Tool Box(도구상자)에서 Custom Shape Tool(사용자 정의 모양 도구,)을 선택한 후 Option Bar(옵션 바)를 설정합니다.

- Option Mode(옵션 모드) : Shape layers(모양 레이어, ▣)
- Shape(모양) : Eighth Notes(8분 음표 두개), Color(색상) : #0000ff

⑰ 작업 창의 윗부분에서 마우스를 드래그하여 8분 음표 모양을 그립니다. Layers Palette(레이어 팔레트)에서 Add a layer style(레이어 스타일 추가, fx.)을 클릭한 후 Drop Shadow(그림자 효과)를 선택합니다.

- Drop Shadow(그림자 효과) : 선택(✓) 확인
- [Stroke(선)]를 선택합니다.
- Size(크기) : 2px, Color(색상) : #ff0000

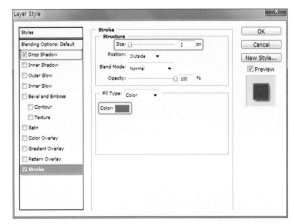

⑱ 완성된 8분 음표 모양은 **Ctrl**+**T**(자유 변형)를 눌러 〈출력형태〉처럼 만듭니다.

- 마우스로 크기와 위치를 조절한 후 **Enter** 키를 누름

⑲ 똑같은 방법으로 Shape Tool(사용자 정의 모양 도구,)을 선택하여 Option Bar(옵션 바)를 설정한 후 마우스로 드래그 하여 16분 음표 모양을 그립니다.

- Option Mode(옵션 모드) : Shape layers(모양 레이어, ▣)
- Shape(모양) : Sixteenth Note(16분 음표), Color(색상) : #0000ff

⑳ 완성된 16분 음표 모양은 **Ctrl**+**T**(자유 변형)를 눌러 〈출력형태〉처럼 만듭니다.

- 마우스로 크기와 위치를 조절한 후 **Enter** 키를 누름

6. 정답 파일 저장

❶ [File(파일)]-[Save(저장)](**Ctrl**+**S**)를 눌러 완성된 '원본' 이미지 파일을 저장합니다.

❷ JPG 파일로 저장하기 위해 [File(파일)]-[Save As...(다른 이름으로 저장)](**Shift**+**Ctrl**+**S**)를 클릭합니다. [Save As(다른 이름으로 저장)] 대화상자가 나오면 각각의 항목을 설정합니다.

- 저장 위치 : [내문서₩GTQ]
- Format(형식) : JPEG(*.JPG;*.JPEG;*.JPE)
- 파일 이름 : 수험번호-성명-4(G12345678-홍길동-4)

❸ [JPEG Options(JPEG 옵션)] 대화상자가 나오면 파일 용량이 2MB가 넘지 않도록 설정한 후 〈OK(확인)〉 버튼을 클릭합니다.

- Quality(품질) : High(고) 수준으로 설정하여 용량을 체크

❹ 이미지 크기를 줄인 PSD 파일로 저장하기 위하여 [Image(이미지)]-[Image Size(이미지 크기)](**Alt**+**Ctrl**+**I**)를 클릭한 후 [Image Size(이미지 크기)] 대화상자를 설정합니다.

- Width(폭) : 60pixels(픽셀), Height(높이) : 40pixels(픽셀)

❺ 이미지가 축소되면 [File(파일)]-[Save As...(다른 이름으로 저장)](**Shift**+**Ctrl**+**S**)를 클릭합니다. [Save As(다른 이름으로 저장)] 대화상자가 나오면 각각의 항목을 설정합니다.

- 저장 위치 : [내문서₩GTQ]
- Format(형식) : Photoshop(*.PSD;*.PDD)
- 파일 이름 : 수험번호-성명-4(G12345678-홍길동-4)

❻ 답안 저장이 끝나면 수험자 프로그램의 〈답안전송〉 버튼을 클릭하여 3개의 파일 중 'JPG'와 '축소된 PSD' 파일만 선택한 후 파일을 전송합니다.

실전 모의고사 **03**회

완성된 파일 완성파일₩실전₩실전 모의고사 3회

문제 01 [기능평가] Tool(도구) 활용

1. 새 캔버스 만들기 및 저장하기

❶ [File(파일)]–[New(새로 만들기)]([Ctrl]+[N])를
클릭한 후 [New(새로 만들기)] 대화상자가 나오
면 각각의 항목을 설정합니다.

- Width(폭) : 400Pixels, Height(높이) :
  500Pixels

- Resolution(해상도) : 72, Color Mode(색상 모드)
  : RGB

❷ [File(파일)]–[Save As...(다른 이름으로 저장)]
([Shift]+[Ctrl]+[S])를 클릭한 후 [Save As(다른
이름으로 저장)] 대화상자가 나오면 각각의 항목
을 설정합니다.

- 저장 위치 : [내문서₩GTQ]

- Format(형식) : Photoshop(*.PSD;*.PDD)

- 파일 이름 : '수험번호-성명-1(원본)(G12345678
  -홍길동-1(원본))

2. 이미지 이동하기

❶ [View(보기)]–[Rulers(눈금자)]([Ctrl]+[R])를
클릭하여 눈금자를 표시합니다. 눈금자가 나오
면 눈금자 위에서 마우스 오른쪽 버튼을 눌러
[Pixels(픽셀)]을 선택합니다.

❷ [File(파일)]–[Open(열기)]([Ctrl]+[O])을 클릭
한 후 [Open(열기)] 대화상자가 나오면 '[내문
서]₩GTQ 2급₩Image₩실전 3회₩2급-1.jpg'
파일을 불러옵니다.

❸ Tool Box(도구상자)에서 Move Tool(이동 도구,
▶)을 선택한 후 [Shift] 키를 누른 채 '2급-1.jpg'
창의 이미지를 작업 창으로 드래그하여 정중앙
에 위치시킵니다.

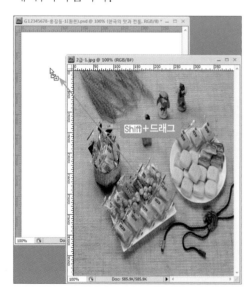

3. 이미지를 복제한 후 변형시키기

❶ Tool Box(도구상자)에서 Zoom Tool(돋보기 도
구, 🔍)을 선택한 후 작업창의 윗부분에 있는 맨
왼쪽 인형을 클릭하여 확대시킵니다.

❷ Magnetic Lasso Tool(자석 올가미 도구, 🧲)을
선택한 후 확대한 인형 이미지를 선택 영역으로
설정합니다.

- 포인트 지정 : 마우스 왼쪽 버튼을 클릭하여 포인
  트를 지정

– 포인트 삭제 : [Back space] 또는 [Delete] 키를 눌러 지정된 포인트를 삭제

❸ [Ctrl]+[−](축소)를 눌러 캔버스 크기를 100%로 축소한 후 복제 및 크기를 조정합니다.

– Move Tool(이동 도구, [▶+])을 선택한 후 [Alt] 키를 누른 채 인형을 복제할 위치로 드래그

– [Ctrl]+[T](자유 변형)를 눌러 〈출력형태〉처럼 크기와 위치를 조절한 후 [Enter] 키를 누름

– [Ctrl]+[D](선택 해제)를 누름

4. 장식 모양 만들기

❶ Tool Box(도구상자)에서 Custom Shape Tool(사용자 정의 모양 도구, [☒])을 선택한 후 Option Bar(옵션 바)를 설정합니다.

– Option Mode(옵션 모드) : Shape layers(모양 레이어, [▣])

– Shape(모양) : Ornament2(장식품2), Color(색상) : #995533

❷ 작업창의 왼쪽 아랫부분에서 마우스를 드래그하여 장식품 모양을 그립니다.

– 장식품 모양에 외곽선이 보이지 않도록 'Vector mask thumbnail(벡터 마스크 축소판)'을 클릭

❸ Layers Palette(레이어 팔레트)에서 Add a layer style(레이어 스타일 추가, [fx.])을 클릭한 후 Drop Shadow(그림자 효과)를 선택합니다.

– Drop Shadow(그림자 효과) : 선택(✔) 확인

– [Stroke(선)]를 선택

– Size(크기) : 1px, Color(색상) : #000000

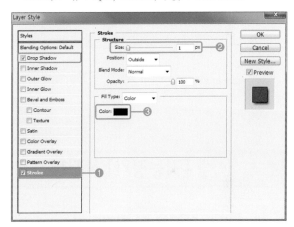

❹ 완성된 장식품 모양은 [Ctrl]+[T](자유 변형)를 눌러 〈출력형태〉처럼 만듭니다.

– 마우스로 크기와 위치를 조절한 후 [Enter] 키를 누름

5. 문자 작업 후 꾸미기

❶ Tool Box(도구상자)에서 Horizontal Type Tool(수평 문자 도구, [T])을 선택한 후 Option Bar(옵션 바)를 설정합니다.

– Font(글꼴) : 궁서

– Font Size(크기) : 40pt, Color(색상) : #995533

❷ 글자를 입력할 위치에서 마우스를 클릭하여 **한 국의 맛과 전통** 입력한 후 Move Tool(이동 도구, ▶₊)로 문자의 위치를 조정합니다.

– 키보드의 방향 키를 이용하면 보다 정확하게 위 치를 조정할 수 있음

❸ Layers Palette(레이어 팔레트)에서 Add a layer style(레이어 스타일 추가, *fx.*)을 클릭한 후 Bevel and Emboss(경사와 엠보스)를 선택합니다.

– Bevel and Emboss(경사와 엠보스) : 선택(✓) 확인

– [Stroke(선)]를 선택

– Size(크기) : 2px, Color(색상) : #ffffff

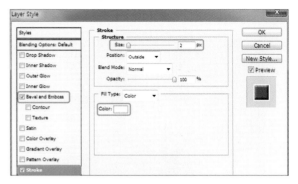

문제 02 **[기능평가] 사진편집 기초**

1. 새 캔버스 만들기 및 저장하기

❶ [File(파일)]–[New(새로 만들기)]([Ctrl]+[N])를 클릭한 후 [New(새로 만들기)] 대화상자가 나오 면 각각의 항목을 설정합니다.

– Width(폭) : 400Pixels, Height(높이) : 500Pixels

– Resolution(해상도) : 72, Color Mode(색상 모드) : RGB

❷ [File(파일)]–[Save As...(다른 이름으로 저장)] 를 클릭한 후 [Save As(다른 이름으로 저장)] 대 화상자가 나오면 각각의 항목을 설정합니다.

– 저장 위치 : [내문서₩GTQ]

– Format(형식) : Photoshop(*.PSD;*.PDD)

– 파일 이름 : 수험번호–성명–2(원본)(G12345678 –홍길동–2(원본))

2. 이미지 이동하기

❶ [File(파일)]–[Open(열기)]([Ctrl]+[O])을 클릭 한 후 [Open(열기)] 대화상자가 나오면 '실전 3 회₩2급–2.jpg, 2급–3.jpg, 2급–4.jpg' 파일을 불러옵니다.

❷ Move Tool(이동 도구, ▶₊)을 선택한 후 [Shift] 키를 누른 채 '2급–2.jpg' 창의 이미지를 작업 창으로 드래그하여 정중앙에 위치시킵니다.

3. 액자 만들기

❶ Move Tool(이동 도구,) 을 선택한 후 〈출력 형태〉의 테두리 크기만큼 가로 눈금자와 세로 눈금자를 드래그하여 가이드라인을 만듭니다.

❷ Rounded Rectangle Tool(모서리가 둥근 사각형,) 을 선택한 후 가이드라인에 맞춰 둥근 사각형을 그리고 다음과 같이 선택 영역을 설정합니다.

- 'Shape 1(모양 1)' 레이어의 Layer thumbnail(레이어 축소판)을 Ctrl+클릭
- Shift+Ctrl+I(선택 반전)를 눌러 선택 영역을 반전
- Shape 1(모양 1) 레이어는 삭제

❸ Layers Palette(레이어 팔레트)에서 Create a new layer(새 레이어 만들기,) 를 클릭하여 새 레이어를 추가한 후 전경색을 설정합니다.

- Set Foreground Color(전경색 설정,) 을 클릭 하여 '#ff9900'로 입력
- 색 채우기 : Alt+Delete(전경색으로 채우기)를 누름

❹ [Filter(필터)]–[Texture(텍스처)]–[Mosic Tiles (모자이크 타일)]를 클릭하여 필터를 적용시킵니다.

❺ Shift+Ctrl+I(선택 반전)를 눌러 안쪽 테두리를 선택한 후 [Edit(편집)]–[Stroke(선)]를 클릭하여 각각의 항목을 설정합니다.

– Width(폭) : 5px, Color(색) : #000000
– 선택 영역 해제 : Ctrl+D를 누름
– Ctrl+; 누름 : 가이드라인을 숨김

4. 이미지 편집 및 색상 보정

❶ '2급–3.jpg' 이미지를 Magic Wand Tool(자동 선택 도구, ✎)로 배경 이미지를 선택 영역으로 설정합니다.

– Shift 키를 누른채 복주머니 틈 사이도 추가
– Shift+Ctrl+I(선택 반전)를 누름

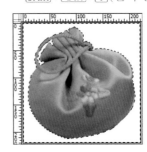 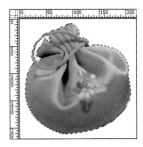

❷ Move Tool(이동 도구, ⊹)을 선택한 후 이미지를 작업 창으로 이동시킵니다.

– Ctrl+T(자유 변형)를 눌러 〈출력형태〉처럼 크기와 위치를 조절한 후 Enter 키를 누름

❸ 복주머니 전체 색상을 보정하기 위하여 [Ctrl] 키를 누른 채 레이어 팔레트에서 해당 레이어의 Layer thumbnail(레이어 축소판)을 클릭합니다.

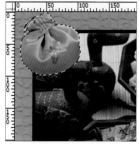

❹ Layers Palette(레이어 팔레트)에서 Create new fill or adjustment layer(레이어 새 칠/보정, ◐.)를 클릭한 후 [Hue/Saturation(색조/채도)] 대화상자가 나오면 파란색 계열로 보정합니다.

- Hue(색조) : +111, Saturation(채도) : +51, Lightness(밝기) : 0

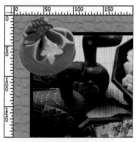

❺ 복주머니 레이어(Layer3)를 선택한 후 Layers Palette(레이어 팔레트)에서 Add a layer style(레이어 스타일 추가, fx.)을 클릭하여 [Outer Glow(외부광선)]를 선택합니다.

- [Layer Style(레이어 스타일)] 대화상자가 나오면 별도의 설정 없이 〈OK〉 버튼을 클릭

❻ 최상위 레이어를 선택한 후 '2급-4.jpg' 이미지를 Magnetic Lasso Tool(자석 올가미 도구, 🧲)을 이용하여 표주박 부분만 선택 영역으로 설정합니다.

❼ Move Tool(이동 도구, ▶⊕)을 선택한 후 이미지를 작업 창으로 이동시킵니다.

- [Ctrl]+[T](자유 변형)를 눌러 〈출력형태〉처럼 크기와 위치를 조절한 후 [Enter] 키를 누름
- Add a layer style(레이어 스타일 추가, fx.)을 클릭한 후 [Drop Shadow(그림자 효과)]를 선택

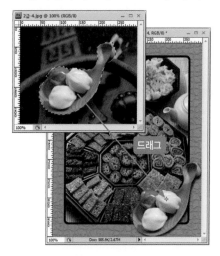

5. 문자 작업 후 꾸미기

❶ Tool Box(도구상자)에서 Horizontal Type Tool (수평 문자 도구, [T])을 선택한 후 Option Bar (옵션 바)를 설정합니다.

- Font(글꼴) : 돋움
- Font Size(크기) : 34pt, Color(색상) : #ffffff

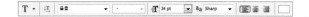

❷ 글자를 입력할 위치에서 마우스를 클릭하여 **오
감만족 한국의 맛을 찾아서..**를 입력한 후 Move
Tool(이동 도구, ⊕)로 문자의 위치를 조정합니다.

– [Window(창)]–[Character(문자)]를 클릭

– 창이 열리면 줄 간격을 48pt로 입력(〈출력형태〉
참고)

❸ Option Bar(옵션 바)에서 Create warped text
(텍스트 변형 만들기, ⏧)를 클릭합니다.
[Warp Text(텍스트 변형)] 대화상자가 나오면
각각의 항목을 설정합니다.

– Style(스타일) : Flag(깃발)를 클릭

– Bend(구부리기) : 50%

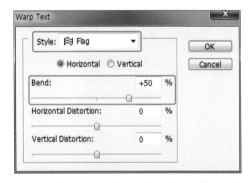

❹ Layers Palette(레이어 팔레트)에서 Add a
layer style(레이어 스타일 추가, **fx.**)을 클릭한
후 [Stroke(선)]를 선택합니다.

– Size(크기) : 3px, Color(색상) : #ff0000

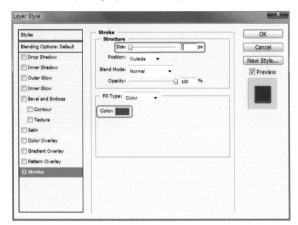

❺ Ctrl + T (자유 변형)를 눌러 〈출력형태〉처럼 만
듭니다.

– 마우스로 크기와 위치를 조절하여 모양을 회전시
킨 후 Enter 키를 누름

1. 새 캔버스 만들기 및 저장하기

❶ Ctrl + N (새로 만들기)을 눌러 'Width(폭)'는 600pixels(픽셀), 'Height(높이)'는 400pixels(픽셀)의 크기로 새 캔버스를 만듭니다.

❷ Ctrl + Shift + S (다른 이름으로 저장)를 눌러 [Save As(다른 이름으로 저장)] 대화상자가 나오면 [내 문서₩GTQ] 폴더에 파일 이름을 '수험번호-성명-3(원본).PSD(G123456789-홍길동-3(원본).PSD)'로 입력하여 저장합니다.

❸ Ctrl + O (열기)를 눌러 [Open(열기)] 대화상자가 나오면 '실전 3회₩2급-5.jpg, 2급-6.jpg, 2급-7.jpg, 2급-8.jpg' 파일을 불러옵니다.

2. 필터와 레이어 마스크 적용하기

❶ Tool Box(도구상자)에서 'Set Foreground Color(전경색, ▣)'를 #ffffee로 설정한 후 Alt + Delete 를 눌러 배경에 색을 칠합니다.

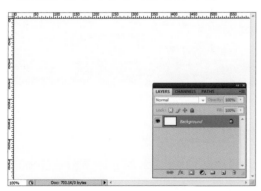

❷ [Filter(필터)]-[Texture(텍스처)]-[Texturizer(텍스처화)]를 클릭하여 필터를 적용시킵니다.

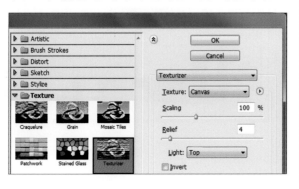

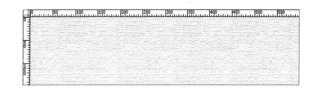

❸ Move Tool(이동 도구, ▶+)을 선택한 후 '2급-5.jpg'를 드래그하여 작업 창의 상단 부분으로 이동시킨 후 필터를 적용시킵니다.

– [Filter(필터)]-[Brush Strokes(브러쉬 선)]-[Crosshatch(그물눈)] 클릭

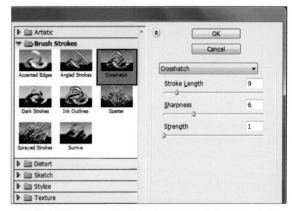

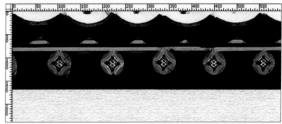

❹ Layers Palette(레이어 팔레트)의 Add layer mask(레이어 마스크 추가, ▣)를 클릭하여 레이어 마스크를 추가합니다.

❺ Tool Box(도구상자)에서 Gradient Tool(그라디언트 도구, ■)을 선택한 후 Option Bar(옵션바)를 설정합니다.

- Click to edit the gradient(클릭하여 그라디언트 편집, ■■■■) 클릭
- Presets(사전 설정)에서 'Black(검정), White(흰색)'를 클릭
- 레이어 마스크 생성 : 아래에서 위쪽으로 짧게 드래그

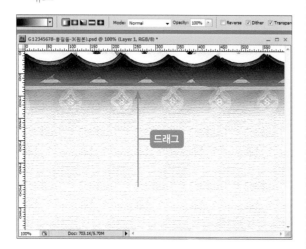

❻ Move Tool(이동 도구, ▶+)을 선택한 후 '2급-6.jpg'를 드래그하여 작업 창으로 이동시킨 후 필터를 적용시킵니다.

- [Filter(필터)]-[Brush Strokes(브러쉬 선)]-[Crosshatch(그물눈)] 클릭

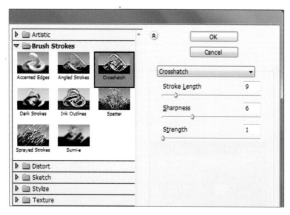

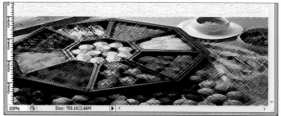

❼ Layers Palette(레이어 팔레트)의 Add layer mask(레이어 마스크 추가, ▣)를 클릭하여 레이어 마스크를 추가합니다.

❽ Tool Box(도구상자)에서 Gradient Tool(그라디언트 도구, ■)을 선택한 후 Option Bar(옵션바)를 설정합니다.

- Click to edit the gradient(클릭하여 그라디언트 편집, ■■■■) 클릭
- Presets(사전 설정)에서 'Black(검정), White(흰색)'를 클릭
- 레이어 마스크 생성 : 위에서 아래쪽으로 짧게 드래그

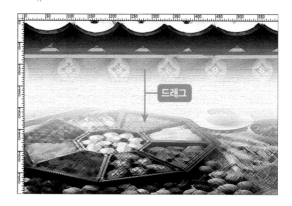

3. 이미지 편집

❶ '2급-7.jpg' 이미지를 Magic Wand Tool(자동 선택 도구, ✦)로 배경 이미지를 선택 영역으로 설정합니다.

- Shift + Ctrl + I (선택 반전)를 누름

❷ Move Tool(이동 도구, ↘)을 선택한 후 이미지를 작업 창으로 이동시킵니다.

- Ctrl+T(자유 변형)를 눌러 〈출력형태〉처럼 크기와 위치를 조절한 후 Enter 키를 누름

- Layers Palette(레이어 팔레트)에서 Add a layer style(레이어 스타일 추가, fx.)을 클릭한 후 [Drop Shadow(그림자 효과)]를 선택

❸ '2급-8.jpg' 이미지를 Magic Wand Tool(자동 선택 도구, ✳)로 배경 이미지를 선택 영역으로 설정합니다.

- Shift+Ctrl+I(선택 반전)를 누름

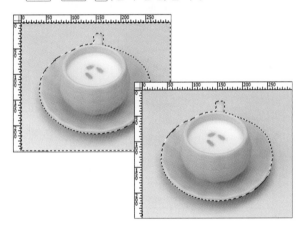

❹ Move Tool(이동 도구, ↘)을 선택한 후 이미지를 작업 창으로 이동시킵니다.

- Ctrl+T(자유 변형)를 눌러 〈출력형태〉처럼 크기와 위치를 조절한 후 Enter 키를 누름

- Layers Palette(레이어 팔레트)에서 Add a layer style(레이어 스타일 추가, fx.)을 클릭한 후 [Outer Glow(외부광선)]를 선택

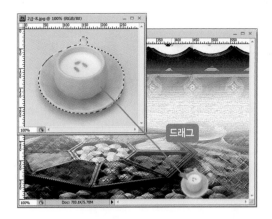

4. 모양 만들기

❶ Tool Box(도구상자)에서 Custom Shape Tool (사용자 정의 모양 도구, ⌂)을 선택한 후 Option Bar(옵션 바)를 설정합니다.

- Option Mode(옵션 모드) : Shape layers(모양 레이어, ▣)

- Shape(모양) : Grass3(풀3), Color(색상) : #ff0000

❷ 찻잔 윗부분에서 마우스를 드래그하여 풀 모양을 그립니다.

- Layers Palette(레이어 팔레트)에서 Add a layer style(레이어 스타일 추가, fx.)을 클릭한 후 [Outer Glow(외부광선)]를 선택

- Ctrl+T(자유 변형)를 눌러 마우스로 크기와 위치를 조절한 후 Enter 키를 누름

5. 문자 작업 후 꾸미기

❶ Tool Box(도구상자)에서 Horizontal Type Tool(수평 문자 도구, T)을 선택한 후 Option Bar(옵션 바)를 설정합니다.

- Font(글꼴) : Arial, Font Style(글꼴 스타일) : Bold Italic

– Font Size(크기) : 40pt, Color(색상) : 임의색

❷ 글자를 입력할 위치에서 마우스를 클릭한 후 KOREA FOOD를 입력한 후 Move Tool(이동 도구, )로 문자의 위치를 조정합니다.

❸ Layers Palette(레이어 팔레트)에서 Add a layer style(레이어 스타일 추가, fx.)을 클릭한 후 [Stroke(선)]를 선택합니다.

– Size(크기) : 5px, Color(색상) : #ffffff

– [Gradient Overlay(그라디언트 오버레이)]를 선택

❹ Gradient(그라디언트, ▬▬▬)를 클릭하여 글자색을 변경합니다.

– Gradient 색 : 왼쪽 색상 정지점(#000000), 오른쪽 색상 정지점(#ff9900)

– Reverse(반전)을 선택(✓)

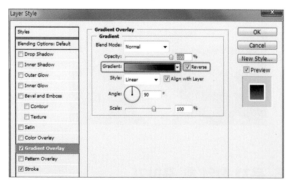

❺ Tool Box(도구상자)에서 Horizontal Type Tool(수평 문자 도구, T)을 선택합니다. 두 번째 글자를 입력할 위치를 먼저 클릭한 후 Option Bar(옵션 바)를 설정합니다.

– Font(글꼴) : Arial, Font Style(글꼴 스타일) : Bold

– Font Size(크기) : 40pt, Color(색상) : #000000

❻ FESTIVAL!!을 입력한 후 Move Tool(이동 도구, )로 문자의 위치를 조정합니다.

❼ Layers Palette(레이어 팔레트)에서 Add a layer style(레이어 스타일 추가, fx.)을 클릭한 후 [Drop Shadow(그림자 효과)]를 선택합니다.

– Drop Shadow(그림자 효과) : 선택(✓) 확인

– [Stroke(선)] Size(크기) : 5px, Color(색상) : #ffffff

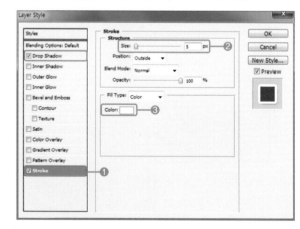

❽ Tool Box(도구상자)에서 Custom Shape Tool (사용자 정의 모양 도구,)을 선택한 후 Option Bar(옵션 바)를 설정합니다.

– Option Mode(옵션 모드) : Shape layers(모양 레이어, ▣)

– Shape(모양) : Floral Ornament2(꽃 장식2), Color(색상) : #aaff00

❾ 글자 윗부분에서 마우스를 드래그하여 꽃 장식
모양을 그립니다.

- Ctrl+T(자유 변형)를 눌러 〈출력형태〉처럼 크
기와 위치를 조절한 후 Enter 키를 누름

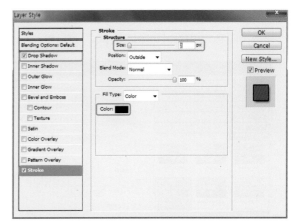

❿ Layers Palette(레이어 팔레트)에서 Add a
layer style(레이어 스타일 추가, fx.)을 클릭한
후 [Drop Shadow(그림자 효과)]를 선택합니다.

- Drop Shadow(그림자 효과) : 선택(✔) 확인
- [Stroke(선)] Size(크기) : 2px, Color(색상) : #000000

문제 04 [실무응용] 이벤트 페이지 제작

1. 새 캔버스 만들기 및 저장하기

❶ Ctrl+N(새로 만들기)을 눌러 'Width(폭)'는
600pixels(픽셀), 'Height(높이)'는 400pixels(픽
셀)의 크기로 새 캔버스를 만듭니다.

❷ Ctrl+Shift+S(다른 이름으로 저장)를 눌러
[Save As(다른 이름으로 저장)] 대화상자가 나
오면 [내문서₩GTQ] 폴더에 파일 이름을 '수
험번호-성명-4(원본).PSD(G12345678-홍길
동-4(원본).PSD)'로 입력하여 저장합니다.

❸ Ctrl+O(열기)를 눌러 [Open(열기)] 대화상자
가 나오면 '실전 3회₩2급-9.jpg, 2급-10.jpg,
2급-11.jpg, 2급-12.jpg, 2급-13.jpg' 파일을
불러옵니다.

2. 필터 및 이미지 편집하기

❶ Tool Box(도구상자)에서 'Set Foreground Color
(전경색, ⬜)'를 #77aadd로 설정한 후 Alt+Delete
를 눌러 배경에 색을 칠합니다.

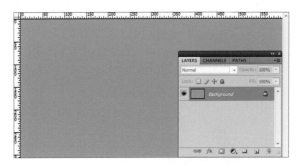

❷ [Filter(필터)]–[Texture(텍스처)]–[Texturizer(텍스처화)]를 클릭하여 필터를 적용시킵니다.

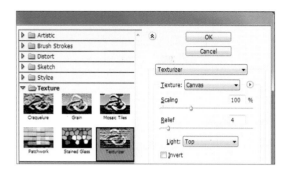

❸ Tool Box(도구상자)에서 Move Tool(이동 도구, ➕)을 선택한 후 '2급-9.jpg'를 드래그하여 작업 창으로 이동시킨 후 필터를 적용시킵니다.

　– [Filter(필터)]–[Texture(텍스처)]–[Texturizer(텍스처화)] 클릭

　– Layers Palette(레이어 팔레트)에서 Opacity(불투명도)를 60%로 입력

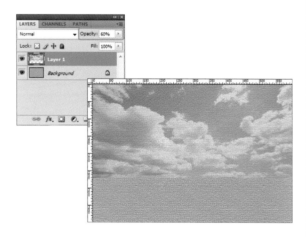

❹ '2급-10.jpg' 이미지를 Magic Wand Tool(자동 선택 도구, ➰)로 배경 이미지를 선택 영역으로 설정합니다.

　– Shift + Ctrl + I (선택 반전)를 누름

❺ Move Tool(이동 도구, ➕)을 선택한 후 이미지를 작업 창으로 이동시킵니다.

　– Ctrl + T (자유 변형)를 눌러 〈출력형태〉처럼 크기와 위치를 조절한 후 Enter 키를 누름

❻ Layers Palette(레이어 팔레트)에서 Add a layer style(레이어 스타일 추가, fx.)을 클릭하여 [Drop Shadow(그림자 효과)]를 선택한 후 [Outer Glow(외부광선)]를 선택합니다.

　– 선택(✓) 확인(변경되는 값이 없기 때문에 각각의 모든 항목을 기본으로 지정)

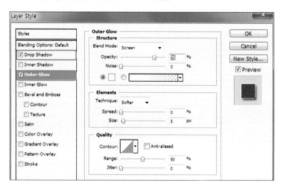

❼ '2급-11.jpg' 이미지를 Magic Wand Tool(자동 선택 도구, ➰)로 배경 이미지를 선택 영역으로 설정합니다.

　– Shift + Ctrl + I (선택 반전)를 누름

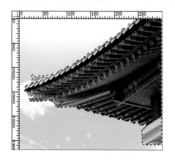

❽ Move Tool(이동 도구, ⊞)을 선택한 후 이미지를 작업 창으로 이동시킵니다.

- Ctrl+T(자유 변형)를 눌러 〈출력형태〉처럼 크기와 위치를 조절한 후 Enter 키를 누름
- [Filter(필터)]-[Pixelate(픽셀화)]-[Facet(단면화)] 클릭

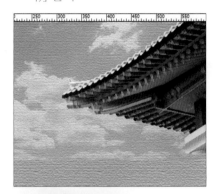

3. 모양 만들기

❶ Tool Box(도구상자)에서 Rounded Rectangle Tool(모서리가 둥근 직사각형 도구, ▣)을 선택합니다. Option Bar(옵션 바)를 설정한 후 마우스로 드래그 하여 〈출력형태〉처럼 그립니다.

- Option Mode(옵션 모드) : Shape layers(모양 레이어, ▣)
- Color(색상) : #ffffff
- Ctrl+T(자유 변형)를 눌러 〈출력형태〉처럼 크기와 위치를 조절한 후 Enter 키를 누름

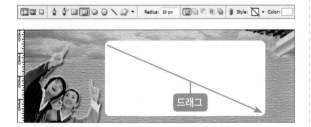

❷ Layers Palette(레이어 팔레트)에서 Add a layer style(레이어 스타일 추가, fx.)을 클릭한 후 [Stroke(선)]를 선택합니다.

- [Stroke(선)] Size(크기) : 3px, Color(색상) : #003377
- 모서리가 둥근 직사각형의 패스(외곽) 선이 보이지 않도록 'Vector mask thumbnail(벡터 마스크 축소판)'을 클릭

> **TIP** 패스(외곽) 선 비활성화(Vector mask thumbnail (벡터 마스크 축소판))
> • 현재 둥근 직사각형에 적용된 색상이 다음 작업으로 인하여 변경되지 않도록 보호하기 위해서 패스(외곽) 선을 비활성화 시킵니다.
> • 패스(외곽) 선 활성화(▣) : 외곽에 흰색 선이 보임
> • 패스(외곽) 선 비활성화(▣) : 외곽에 흰색 선이 없음

❸ Tool Box(도구상자)에서 Ellipse Tool(타원도구, ◉)을 선택합니다. Option Bar(옵션 바)를 설정한 후 마우스로 드래그 하여 원 모양을 그립니다.

- Option Mode(옵션 모드) : Shape layers(모양 레이어, ▣)
- Style(스타일) : 초기 스타일 없음(Style: ▣▾), Color(색상) : #003377

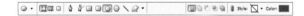

❹ 모서리가 둥근 직사각형 안에서 마우스로 드래그 하여 타원을 그립니다.

- Ctrl+T(자유 변형)를 눌러 〈출력형태〉처럼 크기와 위치를 조절한 후 Enter 키를 누름
- 타원의 패스(외곽) 선이 보이지 않도록 'Vector mask thumbnail(벡터 마스크 축소판)'을 클릭

❺ Tool Box(도구상자)에서 Custom Shape Tool (사용자 정의 모양 도구, )을 선택한 후 Option Bar(옵션 바)를 설정합니다.

- Option Mode(옵션 모드) : Shape layers(모양 레이어, ▢)
- Shape(모양) : Flower6(꽃6),
- Style(스타일) : 초기 스타일 없음(Style: ▣·), Color(색상) : 임의색

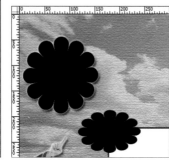

❻ 작업창의 왼쪽 윗부분에서 마우스를 드래그하여 꽃 모양을 그립니다.

- Ctrl + T(자유 변형)를 눌러 〈출력형태〉처럼 크기와 위치를 조절한 후 Enter 키를 누름

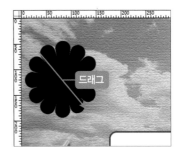

❼ Move Tool(이동 도구, ▶️)를 선택한 후 완성된 꽃 모양을 Alt 키를 누른 채 드래그 하여 꽃 모양을 복제합니다.

- Ctrl + T(자유 변형)를 눌러 〈출력형태〉처럼 크기와 위치를 조절한 후 Enter 키를 누름

❽ 첫 번째로 그린 꽃 모양의 레이어(Shape 3)를 클릭한 후 Layers Palette(레이어 팔레트)에서 Add a layer style(레이어 스타일 추가, fx.)을 클릭합니다.

- [Drop Shadow(그림자 효과)]와 [Outer Glow(외부광선)]을 선택
- 변경되는 값이 없기 때문에 각각의 모든 항목을 기본으로 지정

❾ 복제한 꽃 모양의 레이어(Shape 3 Copy)를 클릭한 후 Layers Palette(레이어 팔레트)에서 Add a layer style(레이어 스타일 추가, fx.)을 클릭합니다.

- [Drop Shadow(그림자 효과)]와 [Inner Glow(내부광선)]을 선택
- 변경되는 값이 없기 때문에 각각의 모든 항목을 기본으로 지정

4. 필터 및 클리핑 마스크 적용하기

❶ 첫 번째로 그린 꽃 모양의 레이어(Shape 3)를 클릭합니다. Move Tool(이동 도구, ▶️)을 선택한 후 '2급-12.jpg' 이미지를 작업 창으로 이동시킵니다.

❹ 복제한 꽃 모양의 레이어(Shape 3 Copy)를 클릭합니다. Move Tool(이동 도구, ▸+)을 선택한 후 '2급-13.jpg' 이미지를 작업 창으로 이동시킵니다.

❷ 첫 번째 꽃 모양 레이어(Shape 3)와 2급-12.jpg(Layer 4) 레이어의 경계선에서 **Alt** 키를 누른 채 클릭합니다.

- **Alt**+클릭 : Clipping Masking(클리핑 마스크)을 실행

❺ 복제한 꽃 Shape(모양) 레이어(Shape 3 Copy)와 2급-13.jpg(Layer 5) 레이어의 경계선에서 **Alt** 키를 누른 채 클릭합니다.

- **Alt**+클릭 : Clipping Masking(클리핑 마스크)을 실행

❸ Clipping Masking(클리핑 마스크)가 실행되면 **Ctrl**+**T**(자유 변형)를 눌러 〈출력형태〉처럼 만듭니다.

- 마우스로 크기와 위치를 조절한 후 **Enter** 키를 누름

⑥ Clipping Masking(클리핑 마스크)가 실행되면 **Ctrl**+**T**(자유 변형)를 눌러 〈출력형태〉처럼 만듭니다.

– 마우스로 크기와 위치를 조절한 후 **Enter** 키를 누름

5. 문자 작업 후 꾸미기

❶ Horizontal Type Tool(수평 문자 도구, **T**)을 선택한 후 Option Bar(옵션 바)를 설정합니다.

– Font(글꼴) : 궁서, Font Size(크기) : 40pt
– Align(정렬) : 가운데 정렬, Color(색상) : #000000

❷ 글자를 입력할 위치에서 마우스를 클릭하여 **한국 궁중 음식 초대전**을 입력한 후 Move Tool(이동 도구, ▶⊕)로 문자의 위치를 조정합니다.

– [Window(창)]–[Character(문자)]를 클릭
– 창이 열리면 줄 간격을 48pt로 입력(〈출력형태〉 참고)

❸ Option Bar(옵션 바)에서 Create warped text (텍스트 변형 만들기, ⊥)를 클릭합니다. [Warp Text(텍스트 변형)] 대화상자가 나오면 각각의 항목을 설정합니다.

– Style(스타일) : Arc(부채꼴)를 클릭, Bend(구부리기) : 50%

– Move Tool(이동 도구, ▶⊕)로 문자의 위치 조정

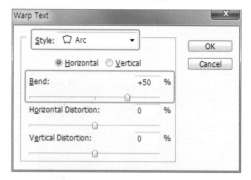

❹ Layers Palette(레이어 팔레트)에서 Add a layer style(레이어 스타일 추가, **fx.**)을 클릭한 후 [Stroke(선)]를 선택합니다.

– Size(크기) : 4px, Color(색상) : #ffffff

❺ Tool Box(도구상자)에서 Horizontal Type Tool(수평 문자 도구, **T**)을 선택합니다. 두 번째 글자를 입력할 위치를 먼저 클릭한 후 Option Bar(옵션 바)를 설정합니다.

– Font(글꼴) : 돋움
– Font Size(크기) : 30pt, Color(색상) : #ffffff
– 글자가 흰색이기 때문에 파란색 부분을 클릭하여 문자('한국의 맛의 축제') 입력

❻ Layers Palette(레이어 팔레트)에서 Add a layer style(레이어 스타일 추가, fx.)을 클릭한 후 [Stroke(선)]를 선택합니다.

- Size(크기) : 2px, Color(색상) : #003377
- Move Tool(이동 도구, ▸⊕)로 문자의 위치를 조정

❼ Tool Box(도구상자)에서 Horizontal Type Tool (수평 문자 도구, T)을 선택합니다. 세 번째 글자를 입력할 위치를 먼저 클릭한 후 Option Bar(옵션 바)를 설정합니다.

- Font(글꼴) : 돋움
- Font Size(크기) : 25pt, Color(색상) : #ffffff
- 타원을 클릭한 후 '당신을 초대합니다.' 입력

❽ 글자 입력이 끝나면 Move Tool(이동 도구, ▸⊕) 로 문자의 위치를 조정합니다.

Chapter 01

Graphic
Technology
Qualification

최신 기출유형문제 **01**회

🌑 **완성된 파일** 완성파일₩기출₩최신 기출유형문제 01회

문제 01 [기능평가] Tool(도구) 활용

1. 새 캔버스 만들기 및 저장하기

❶ [File(파일)]−[New(새로 만들기)]([Ctrl]+[N])를 클릭한 후 [New(새로 만들기)] 대화상자가 나오면 각각의 항목을 설정합니다.

– Width(폭) : 400Pixels, Height(높이) : 500Pixels
– Resolution(해상도) : 72, Color Mode(색상 모드) : RGB

❷ [File(파일)]−[Save As…(다른 이름으로 저장)] ([Shift]+[Ctrl]+[S])를 클릭한 후 [Save As(다른이름으로 저장)] 대화상자가 나오면 각각의 항목을 설정합니다.

– 저장 위치 : [내문서₩GTQ]
– Format(형식) : Photoshop(*.PSD;*.PDD)
– 파일 이름 : 수험번호−성명−1(원본)(G12345678−홍길동−1(원본))

2. 이미지 이동하기

❶ [View(보기)]−[Rulers(눈금자)]([Ctrl]+[R])를 클릭하여 눈금자를 표시합니다. 눈금자가 나오면 눈금자 위에서 마우스 오른쪽 버튼을 눌러 [Pixels(픽셀)]을 선택합니다.

❷ [File(파일)]−[Open(열기)]([Ctrl]+[O])을 클릭한 후 [Open(열기)] 대화상자가 나오면 '[내문서]₩GTQ 2급₩Image₩기출 1회₩2급−1.jpg' 파일을 불러옵니다.

❸ Move Tool(이동 도구, ⯮)을 선택한 후 [Shift] 키를 누른 채 '2급−1.jpg' 창의 이미지를 작업 창으로 드래그하여 정중앙에 위치시킵니다.

3. 이미지를 복제한 후 변형시키기

❶ Zoom Tool(돋보기 도구, 🔍)을 선택한 후 작업 창의 가운데있는 바위를 클릭하여 확대시킵니다.

❷ Magnetic Lasso Tool(자석 올가미 도구, 🧲)을 선택한 후 확대한 바위 이미지를 선택 영역으로 설정합니다.

❸ [Ctrl]+[−]를 눌러 캔버스 크기를 100%로 축소한 후 [Ctrl]+[J](레이어 복제)를 눌러 선택 영역을 레이어로 복제합니다.

– Move Tool(이동 도구, ⯮)을 선택한 후 복제한 이미지를 해당 위치로 드래그
– [Ctrl]+[T](자유 변형)를 눌러 〈출력형태〉처럼 크기와 위치를 조절한 후 [Enter] 키를 누름

4. 모양 만들기

❶ Custom Shape Tool(사용자 정의 모양 도구, )을 선택한 후 Option Bar(옵션 바)를 설정합니다.

- Option Mode(옵션 모드) : Shape layers(모양 레이어, ▣)
- Shape(모양) : Bird 2(새 2), 색상(#666666)

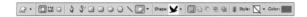

❷ 다른 Shape 모양을 드래그 하여 그린 후 레이어 창의 Shape 2 레이어의 색을 더블클릭하여 색을 변경합니다.

- 색상(#333333)

❸ Add a layer style(레이어 스타일 추가, *fx.*)을 클릭한 후 [Outer Glow(외부 광선)]을 선택합니다.

- Outer Glow(외부 광선) : 선택(✓) 확인

❹ Custom Shape Tool(사용자 정의 모양 도구, ▣)을 선택한 후 Option Bar(옵션 바)를 설정합니다.

- Option Mode(옵션 모드) : Shape layers(모양 레이어, ▣)
- Shape(모양) : Fish(물고기)

❺ Add a layer style(레이어 스타일 추가, *fx.*)을 클릭한 후 Gradient Overlay(그라디언트 오버레이)을 선택합니다.

- [Gradient Overlay(그라디언트 오버레이)]를 선택한 후 색(#009933, #ffffff)을 지정하여 완성

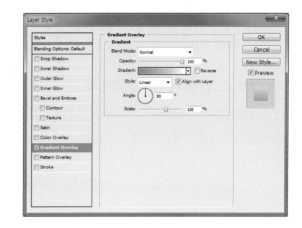

- 모든 작업이 끝나면 **Ctrl**+**T**(자유 변형)를 눌러 〈출력형태〉처럼 이미지의 크기와 위치를 조절한 후 **Enter** 키를 누름

5. 문자 작업 후 꾸미기

❶ Horizontal Type Tool(수평 문자 도구, **T**.)을 선택한 후 Option Bar(옵션 바)를 설정합니다.

- Font(글꼴) : Times New Roman, Font Style(글꼴 스타일) : Regular
- Font Size(크기) : 45pt, Color(색상) : #ff55ff

❷ 글자를 입력할 위치에서 마우스를 클릭하여 글씨를 입력 한 후 Move Tool(이동 도구, ▶+)로 문자의 위치를 조정합니다.

❸ Add a layer style(레이어 스타일 추가, *fx.*)을 클릭한 후 [Inner Shadow(내부 그림자)]을 선택합니다.

- Inner Shadow(내부 그림자) : 선택(✓) 확인

1. 새 캔버스 만들기 및 저장하기

❶ [File(파일)]–[New(새로 만들기)](**Ctrl**+**N**)를 클릭한 후 [New(새로 만들기)] 대화상자가 나오면 각각의 항목을 설정합니다.

- Width(폭) : 400Pixels, Height(높이) : 500Pixels
- Resolution(해상도) : 72, Color Mode(색상 모드) : RGB

❷ [File(파일)]–[Save As...(다른 이름으로 저장)]를 클릭한 후 [Save As(다른 이름으로 저장)] 대화상자가 나오면 각각의 항목을 설정합니다.

- 저장 위치 : [내문서\WGTQ]
- Format(형식) : Photoshop(*.PSD;*.PDD)
- 파일 이름 : 수험번호–성명–2(원본)(G12345678–홍길동–2(원본))

2. 이미지 이동하기

❶ [File(파일)]–[Open(열기)](**Ctrl**+**O**)을 클릭한 후 [Open(열기)] 대화상자가 나오면 '기출 1회\W2급–2.jpg, 2급–3.jpg, 2급–4.jpg' 파일을 불러옵니다.

❷ Move Tool(이동 도구, ▶♁)을 선택한 후 **Shift** 키를 누른 채 '2급–2.jpg' 창의 이미지를 작업 창으로 드래그하여 정중앙에 위치시킵니다.

3. 액자 만들기

❶ Move Tool(이동 도구, ▶♁)을 선택한 후 〈출력형태〉의 테두리 크기만큼 가로 눈금자와 세로 눈금자를 드래그하여 가이드라인을 만듭니다.

❷ Tool Box(도구상자)에서 Rounded Rectangle Tool(모서리가 둥근 사각형, ▢)을 선택한 후 그림과 같이 가이드라인의 안쪽 부분을 드래그하여 선택 영역을 설정합니다.

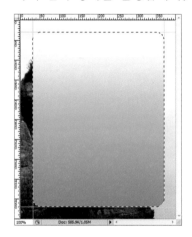

❸ 레이어 창에서 'Layer 1'을 선택한 후 **Ctrl** 키를 누른채 'Shape 1(모양 1)' 레이어의 Layer thumbnail(레이어 축소판)을 클릭하고, [Select(선택)–[Inverse(반전)](**Shift**+**Ctrl**+**I**)를 눌러 선택 영역을 반전 시킵니다.

- shape 1 레이어는 삭제

❹ 액자를 제작한 후 레이어 스타일(그림자 효과)을
적용시켜야 하기 때문에 **Ctrl**+**J**(레이어 복제)
를 눌러 선택영역을 복제합니다.

❺ 레이어 팔레트에서 해당 레이어(Layer 2)의
Layer thumbnail(레이어 축소판)을 **Ctrl** 키를
눌러 선택한 후 [Filter(필터)]-[Texture(텍스
처)]-[Stained Glass(스테인드 글라스/채색 유
리)]를 클릭하여 필터를 적용시킵니다.

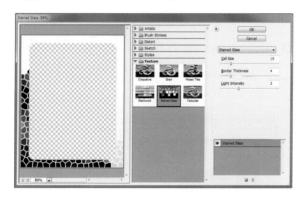

❻ 액자에 테두리를 만들기 위하여 **Shift**+**Ctrl**+**I**
(선택 반전)를 눌러 안쪽 테두리를 선택한 후
[Edit(편집)]-[Stroke(선/획)]를 클릭하여 각각
의 항목을 설정합니다.

　- Width(폭) : 4px, Color(색) : #006699
　- 선택 영역 해제 : **Ctrl**+**D**를 누름

❼ Add a layer style(레이어 스타일 추가, **fx.**)을
클릭한 후 [Drop Shadow(그림자 효과)]를 선택
합니다.

　- Drop Shadow(그림자 효과) : 선택(✔) 확인
　- **Ctrl**+**:** 누름 : 가이드라인을 숨김

4. 이미지 편집 및 색상 보정

❶ 액자 안으로 그림이 들어가야 하기 때문에 'Layer
1'을 선택 한 후 '2급-3.jpg' 이미지의 색을 보정
할 부분을 Quick Selection Tool(빠른 선택 도
구, ✎)으로 선택합니다.

❷ Move Tool(이동 도구, ⊹)을 선택한 후 이미지
를 작업 창으로 이동시킵니다.

　- **Ctrl**+**T**(자유 변형)를 눌러 〈출력형태〉처럼 크기
　　와 위치를 조절하여 회전시킨 후 **Enter** 키를 누름

❸ 레이어 팔레트에서 해당 레이어(Layer 3)의 Layer
thumbnail(레이어 축소판)을 **Ctrl** 키를 눌러 선택
한 후 Create new fill or adjustment layer(레이어
새 칠/보정, **◐.**)를 클릭하여 [Hue/Saturation(색
조/채도)]을 선택한 후 빨간색 계열로 지정합니다.

　- Colorize(색상화) : 체크, Hue(색조) : 0,
　　Saturation (채도) :+100, Lightness(밝기) : 0

- Add a layer style(레이어 스타일 추가, *fx.*)을 클릭한 후 [Drop Shadow(그림자 효과)]를 선택

❹ 액자 위로 이미지가 나타나야 하기 때문에 'Layer 2'를 선택합니다.

❺ '2급-4.jpg' 이미지에서 Magnetic Lasso Tool(자석 올가미 도구, *⦿*)로 옮길 부분을 선택합니다.

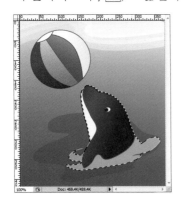

❻ Move Tool(이동 도구, *▶+*)을 선택한 후 이미지를 작업 창으로 이동시킵니다.

- Ctrl + T (자유 변형)를 눌러 〈출력형태〉처럼 크기와 위치를 조절하여 회전시킨 후 Enter 키를 누름
- Add a layer style(레이어 스타일 추가, *fx.*)을 클릭한 후 [Outer Glow(외부 광선)]를 선택

5. 문자 작업 후 꾸미기

❶ Horizontal Type Tool(수평 문자 도구, *T.*)을 선택한 후 옵션 바(Option Bar)에서 선택합니다.

- Font(글꼴) : 돋움
- Font Size(크기) : 32pt, Color(색상) : #ffffff
- 텍스트 변형 만들기(Create warped text, *♣*): 깃발(Flag)

❷ 글자를 입력할 위치에서 마우스를 클릭하여 글씨를 입력한 후 Move Tool(이동 도구, *▶+*)로 문자의 위치를 조정합니다.

❸ Add a layer style(레이어 스타일 추가, *fx.*)을 클릭한 후 [Stroke(선/획)]를 선택합니다.

- Size(크기) : 2px, Color(색상) : #990099

문제 03 [기능평가] 사진편집

1. 새 캔버스 만들기 및 저장하기

❶ Ctrl + N (새로 만들기)을 눌러 'Width(폭)'는 600Pixels(픽셀), 'Height(높이)'는 400pixels(픽셀)의 크기로 새 캔버스를 만듭니다.

❷ Shift + Ctrl + S (다른 이름으로 저장)를 눌러 [Save As(다른 이름으로 저장)] 대화상자가 나

오면 [내문서\GTQ] 폴더에 파일 이름을 '수험번호-성명-3(원본).PSD(G12345678-홍길동-3(원본).PSD)'로 입력하여 저장합니다.

❸ Ctrl + O (열기)를 눌러 [Open(열기)] 대화상자가 나오면 '기출 1회\2급-5.jpg, 2급-6.jpg, 2급-7.jpg, 2급-8.jpg' 파일을 불러옵니다.

2. 필터와 레이어 마스크 적용하기

❶ Tool Box(도구 상자)에서 'Set Foreground Color
(전경색 설정, ▣)'를 #ccffff로 설정한 후 **Alt**
+**Delete**를 눌러 배경에 색을 칠합니다.

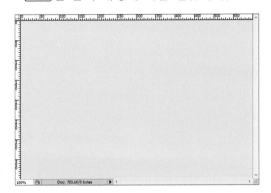

❷ Move Tool(이동 도구, ▶⊕)을 선택한 후 **Shift**
키를 누른 채 '2급-5.jpg'를 드래그하여 작업 창
으로 이동시킵니다.

❸ [Filter(필터)]-[Brush Strokes(브러쉬 선)]-
[Crosshatch(그물눈)]를 선택하여 필터를 적용
합니다.

❹ Layers Palette(레이어 팔레트)의 Add layer
mask(레이어 마스크 추가, ▣)를 클릭하여 레
이어 마스크를 추가합니다.

❺ Gradient Tool(그라디언트 도구, ▣)을 선택한
후 Option Bar(옵션 바)를 설정합니다.

– Click to edit the gradient(클릭하여 그라디언트
편집, ▣) 클릭

– Gradient Editor(그라디언트 편집기) 대화상자
가 나오면 Presets(사전 설정)에서 'Black(검정),
White(흰색)'를 클릭

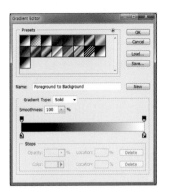

❻ 가로 방향으로 짧게 드래그하여 Layer Mask(레
이어 마스크)를 생성 합니다.

3. 이미지 편집

❶ '2급-6.jpg' 이미지를 Magic Wand Tool(자동
선택 도구, ✲)로 배경 이미지를 선택 영역으로
설정합니다.

– **Shift**+**Ctrl**+**I**(선택 반전)를 누름

– Move Tool(이동 도구, ▶⊕)을 선택한 후 작업 창
으로 이동시킵니다.

– **Ctrl**+**T**(자유 변형)를 눌러 〈출력형태〉처럼 크기
와 위치를 조절하여 회전시킨 후 **Enter** 키를 누름

– Add a layer style(레이어 스타일 추가, **fx.**)을
클릭한 후 [Drop Shadow(그림자 효과)]를 선택

❷ '2급-7.jpg' 이미지를 Quick Selection Tool(빠
른 선택 도구, ✎)로 옮길 이미지를 선택 영역으
로 설정합니다.

– Move Tool(이동 도구, )을 선택한 후 작업 창으로 이동시킵니다.
– Ctrl+T(자유 변형)를 눌러 〈출력형태〉처럼 크기와 위치를 조절하여 회전시킨 후 Enter 키를 누름
– Add a layer style(레이어 스타일 추가, fx.)을 클릭한 후 Satin(새틴) #0000ff를 선택

❸ '2급-8.jpg' 이미지를 Magic Wand Tool(자동 선택 도구, ✦)로 배경 이미지를 선택 영역으로 설정합니다.
– Shift+Ctrl+I(선택 반전)를 누름
– Move Tool(이동 도구, ✦)을 선택한 후 작업 창으로 이동시킵니다.
– Ctrl+T(자유 변형)를 눌러 〈출력형태〉처럼 크기와 위치를 조절하여 회전시킨 후 Enter 키를 누름
– Add a layer style(레이어 스타일 추가, fx.)을 클릭한 후 Inner Shadow(내부 그림자)를 선택

4. 모양 만들기

❶ Custom Shape Tool(사용자 정의 모양 도구, 🖉)을 선택한 후 Option Bar(옵션 바)를 설정합니다.
– Option Mode(옵션 모드) : Shape layers(모양 레이어, ▣)
– Shape(모양) : Confetti(색종이 조각), Color(색

상) : #993300
– 마우스로 드래그하여 색종이 조각 모양을 그립니다.

❷ Add a layer style(레이어 스타일 추가, fx.)을 클릭한 후 [Stroke(선/획)]를 선택합니다.
– Size(크기) : 2px, Color(색상) : #ffffff
– Ctrl+T(자유 변형)를 눌러 〈출력형태〉처럼 크기와 위치를 조절한 후 Enter 키를 누름
– 모양의 패스(외곽) 선이 보이지 않도록 'Vector mask thumbnail(벡터 마스크 축소판)'을 클릭

❸ Custom Shape Tool(사용자 정의 모양 도구, 🖉)을 선택한 후 Option Bar(옵션 바)를 설정합니다.
– Option Mode(옵션 모드) : Shape layers(모양 레이어, ▣)
– Shape(모양) : Waves(물결), Color(색상) : 임의색
– 마우스로 드래그하여 물결 모양을 그립니다.

❹ Add a layer style(레이어 스타일 추가, fx.)을 클릭한 후 [Gradient Overlay(그라디언트 오버레이)]를 선택합니다.
– Gradient 색 : 왼쪽 색상 정지점(#0000ff), 오른쪽 색상 정지점(#80d1ff)

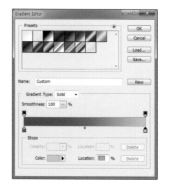

– [Stroke(선/획)]를 선택합니다.

– Size(크기) : 1px, Color(색상) : #000000

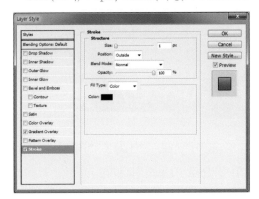

5. 문자 작업 후 꾸미기

❶ Horizontal Type Tool(수평 문자 도구, T)을 선택한 후 Option Bar(옵션 바)를 설정합니다.

– Font(글꼴) : Arial, Font Style(글꼴 스타일) :Bold

– Font Size(크기) : 40pt, Color(색상) : 임의색

❷ 글자를 입력할 위치에서 마우스를 클릭하여 글씨를 입력합니다.

❸ Add a layer style(레이어 스타일 추가, fx.)을 클릭한 후 [Gradient Overlay(그라디언트 오버레이)]를 선택하여 각각의 항목을 설정합니다.

– Gradient 색 : 왼쪽 색상 정지점(#ffff66), 오른쪽 색상 정지점(#ffffff)

– [Drop Shadow(그림자 효과)], [Stroke(선/획)]을 선택한 후 Size(크기) : 3px, Color(색상) : #663366으로 지정

– 〈출력형태〉처럼 위치를 조절함.

❹ Horizontal Type Tool(수평 문자 도구, T)을 선택합니다. 두 번째 글자를 입력할 위치를 클릭한 후 옵션 바(Option Bar)를 선택합니다.

– Font(글꼴) : 궁서, Font Size(크기) : 30pt, Color(색상) : 임의의 색

– 텍스트 변형 만들기(Create warped text, ⤵) : 물고기(Fish)

❺ Add a layer style(레이어 스타일 추가, fx.)을 클릭한 후 [Gradient Overlay(그라디언트 오버레이)]를 선택하여 각각의 항목을 설정합니다.

– Gradient 색 : 왼쪽 색상 정지점(#993300), 오른쪽 색상 정지점(#ffff00)

– [Stroke(선/획)]을 선택한 후 Size(크기) : 2px, Color(색상) : #330033으로 지정

– 〈출력형태〉처럼 회전하고 위치를 조절함.

1. 새 캔버스 만들기 및 저장하기

❶ **Ctrl**+**N**(새로 만들기)을 눌러 'Width(폭)'는 600pixels(픽셀), 'Height(높이)'는 400pixels(픽셀)의 크기로 새 캔버스를 만듭니다.

❷ **Shift**+**Ctrl**+**S**(다른 이름으로 저장)를 눌러 [Save As(다른 이름으로 저장)] 대화상자가 나오면 [내문서₩GTQ] 폴더에 파일 이름을 '수험번호-성명-4(원본).PSD(G12345678-홍길동-4(원본).PSD)'로 입력하여 저장합니다.

❸ **Ctrl**+**O**(열기)를 눌러 [Open(열기)] 대화상자가 나오면 '기출 1회₩2급-9.jpg, 2급-10.jpg, 2급-11.jpg, 2급-12.jpg, 2급-13.jpg' 파일을 불러옵니다.

2. 필터 및 이미지 편집하기

❶ Move Tool(이동 도구, ⊕)을 선택한 후 **Shift** 키를 누른 채 '2급-9.jpg'를 드래그하여 작업 창으로 이동시킵니다.
  – [Filter(필터)]-[Noise(노이즈)]-[Add Noise(노이즈 추가)] 클릭

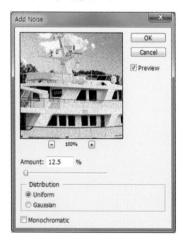

❷ '2급-10.jpg' 이미지를 Magic Wand Tool(자동 선택 도구, ⚡)로 배경 이미지를 선택 영역으로 설정합니다.
  – **Shift**+**Ctrl**+**I**(선택 반전)를 누름

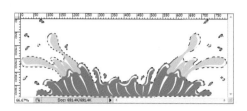

❸ Move Tool(이동 도구, ⊕)을 선택한 후 이미지를 작업 창으로 이동시킵니다.
  – **Ctrl**+**T**(자유 변형)를 눌러 〈출력형태〉처럼 크기와 위치를 조절한 후 **Enter** 키를 누름
  – Add a layer style(레이어 스타일 추가, *fx*)을 클릭한 후 [Outer Glow(외부 광선)], [Inner Shadow(내부 그림자)]를 선택

❹ '2급-11.jpg' 이미지에서 필요한 부분을 Quick Selection Tool(빠른 선택 도구, ⚡)로 선택 영역을 설정합니다.

❺ Move Tool(이동 도구, ⊕)을 선택한 후 이미지를 작업 창으로 이동시킵니다.
  – **Ctrl**+**T**(자유 변형)를 눌러 〈출력형태〉처럼 크기와 위치를 조절한 후 **Enter** 키를 누름

- Add a layer style(레이어 스타일 추가, [fx.])을 클릭한 후 [Bevel and Emboss(경사와 엠보스)] 를 선택
- 레이어 팔레트에서 'Layer 3'을 'Layer 2' 아래로 이동시켜 순서를 바꿈.

❻ '2급-12.jpg' 이미지는 [Filter(필터)]-[Texture(텍스처)]-[Texturizer(텍스처화)]를 선택하여 필터를 적용합니다.

❼ '2급-13.jpg' 이미지를 Magic Wand Tool(자동 선택 도구, [✦])로 배경 이미지를 선택 영역으로 설정합니다.
- [Shift]+[Ctrl]+[I](선택 반전)를 누름

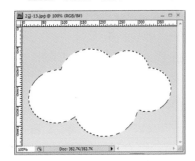

❽ Move Tool(이동 도구, [▶+])을 선택한 후 이미지 를 작업 창으로 이동시킵니다.
- [Ctrl]+[T](자유 변형)를 눌러 〈출력형태〉처럼 크기 와 위치를 조절하여 회전시킨 후 [Enter] 키를 누름
- Add a layer style(레이어 스타일 추가, [fx.])을 클릭한 후 [Drop Shadow(그림자 효과)]를 선택
- 레이어 팔레트에서 Opacity(불투명도)를 70%로 설정

3. 모양 만들기

❶ Custom Shape Tool(사용자 정의 모양 도구, [✎])을 선택한 후 Option Bar(옵션 바)를 설정 합니다.
- Option Mode(옵션 모드) : Shape layers(모양 레이어, [▣])
- Shape(모양) : Sun 1(태양 1), Color(색상) : #ff3300

❷ 작업창의 위쪽 부분에서 마우스를 드래그하여 태양 모양을 그립니다.
- [Ctrl]+[T](자유 변형)를 눌러 〈출력형태〉처럼 태 양의 크기와 위치를 조절한 후 [Enter] 키를 누름

❸ Add a layer style(레이어 스타일 추가, [fx.]) 을 클릭한 후 [Bevel and Emboss(경사와 엠보 스)], [Stroke(선/획)]를 선택합니다.
- Bevel and Emboss(경사와 엠보스) : 선택(✓) 확인
- Size(크기) : 2px, Color(색상) : #ffffff

❹ Custom Shape Tool(사용자 정의 모양 도구, [✎])을 선택한 후 Option Bar(옵션 바)를 설정 합니다.
- Option Mode(옵션 모드) : Shape layers(모양 레이어, [▣])
- Shape(모양) : Cloud 1(구름 1), Color(색상) : 임 의의 색

❺ 작업창의 위쪽 부분에서 마우스를 드래그하여 구름 모양을 그린 후 Add a layer style(레이어 스타일 추가, fx,)을 클릭한 후 [Drop Shadow(그림자 효과)], [Stroke(선/획)]을 선택합니다.

- Drop Shadow(그림자 효과) : 선택(✔) 확인

- Size(크기) : 3px, Color(색상) : #ffffff

- Ctrl+T(자유 변형)를 눌러 〈출력형태〉처럼 크기와 위치를 조절한 후 Enter 키를 누름

- 모양의 패스(외곽) 선이 보이지 않도록 'Vector mask thumbnail(벡터 마스크 축소판)'을 클릭

❻ Move Tool(이동 도구, ▶+)을 선택한 후 '2급-13.jpg' 이미지를 작업 창으로 이동시킵니다.

❼ 구름모양 레이어(Shape 2)와 '2급-13.jpg'그림(Layer 5)의 경계선에서 Alt 키를 누른 채 클릭합니다.

- Ctrl+T(자유 변형)를 눌러 〈출력형태〉처럼 크기와 위치를 조절한 후 Enter 키를 누름

❽ Custom Shape Tool(사용자 정의 모양 도구, ⬜)을 선택한 후 Option Bar(옵션 바)를 설정합니다.

- Option Mode(옵션 모드) : Shape layers(모양 레이어, ⬜)

- Shape(모양) : Left hand (왼손), Color(색상) : #ffff00

❾ 작업창의 배의 아랫부분에서 마우스를 드래그하여 손모양을 그린 후 Add a layer style(레이어 스타일 추가, fx,)을 클릭한 후 [Inner Shadow(내부 그림자)]를 선택합니다.

- Inner Shadow(내부 그림자) : 선택(✔) 확인

❿ 또 다른 모양을 만들기 위해서 'Shape 3(모양 3)' 레이어를 복사합니다.

⓫ 색상을 '#99ffff'로 변경한 후 Ctrl+T(자유 변형)를 눌러 〈출력형태〉처럼 크기와 위치를 조절한 후 Enter 키를 누릅니다.

- 모양의 패스(외곽) 선이 보이지 않도록 'Vector mask thumbnail(벡터 마스크 축소판)'을 클릭

4. 문자 작업 후 꾸미기

❶ Horizontal Type Tool(수평 문자 도구, T)을 선택한 후 Option Bar(옵션 바)를 설정합니다.

- Font(글꼴) : 바탕, Font Size(크기) : 30pt, Color(색상) : #000099

❷ 글자를 입력할 위치를 마우스로 클릭하여 글씨를 입력한 후 Move Tool(이동 도구, ▶+)로 문자의 위치를 조정합니다.

❸ Add a layer style(레이어 스타일 추가, fx,)을 클릭한 후 [Drop Shadow(그림자 효과)], [Stroke(선/획)]를 선택합니다.

- Drop Shadow(그림자 효과) : 선택(✔) 확인

- Size(크기) : 3px, Color(색상) : #ccff00

❹ Horizontal Type Tool(수평 문자 도구, T)을 선택한 후 Option Bar(옵션 바)를 설정합니다.

- Font(글꼴) : 바탕, Font Size(크기) : 30pt, Color(색상) : #ff0000

❺ 글자를 입력할 위치를 마우스로 클릭하여 글씨를 입력한 후 Move Tool(이동 도구, ⊕)로 문자의 위치를 조정합니다.

❻ Add a layer style(레이어 스타일 추가, fx.)을 클릭한 후 [Inner Shadow(내부 그림자)], [Stroke(선/획)]를 선택합니다.

- Inner Shadow(내부 그림자) : 선택(✔) 확인
- Size(크기) : 3px, Color(색상) : #ffffff

❼ Horizontal Type Tool(수평 문자 도구, T)을 선택한 후 Option Bar(옵션 바)를 설정합니다.

- Font(글꼴) : 돋움, Font Size(크기) : 24pt, Color(색상) : #ffffff

- 텍스트 변형 만들기(Create warped text, ↯) : 깃발(Flag)

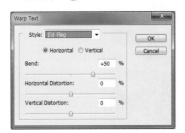

❽ Add a layer style(레이어 스타일 추가, fx.)을 클릭한 후 [Stroke(선/획)]를 선택합니다.

- Size(크기) : 3px, Color(색상) : #333333

최신 기출유형문제 **02**회

완성된 파일 완성파일₩기출₩최신 기출유형문제 02회

문제 O1 [기능평가] Tool(도구) 활용

1. 새 캔버스 만들기 및 저장하기

❶ [File(파일)]-[New(새로 만들기)](**Ctrl**+**N**)를
클릭한 후 [New(새로 만들기)] 대화상자가 나오
면 각각의 항목을 설정합니다.

- Width(폭) : 400Pixels, Height(높이) :
  500Pixels
- Resolution(해상도) : 72, Color Mode(색상 모
  드) : RGB

❷ [File(파일)]-[Save As…(다른 이름으로 저장)]
(**Shift**+**Ctrl**+**S**)를 클릭한 후 [Save As(다른이
름으로 저장)] 대화상자가 나오면 각각의 항목을
설정합니다.

- 저장 위치 : [내문서₩GTQ]
- Format(형식) : Photoshop(*.PSD;*.PDD)
- 파일 이름 : 수험번호-성명-1(원본)
  (G12345678-홍길동-1(원본))

2. 이미지 이동하기

❶ [View(보기)]-[Rulers(눈금자)](**Ctrl**+**R**)를
클릭하여 눈금자를 표시합니다. 눈금자가 나오
면 눈금자 위에서 마우스 오른쪽 버튼을 눌러
[Pixels(픽셀)]을 선택합니다.

❷ [File(파일)]-[Open(열기)](**Ctrl**+**O**)을 클릭
한 후 [Open(열기)] 대화상자가 나오면 '[내문
서]₩GTQ 2급₩Image₩기출 2회₩2급-1.jpg'
파일을 불러옵니다.

❸ Move Tool(이동 도구, ▶╋)을 선택한 후 **Shift**
키를 누른 채 '2급-1.jpg' 창의 이미지를 작업 창
으로 드래그하여 정중앙에 위치시킵니다.

3. 이미지를 복제한 후 변형시키기

❶ Zoom Tool(돋보기 도구, 🔍)을 선택한 후 작업
창의 아래에 있는 무궁화꽃을 클릭하여 확대시
킵니다.

❷ Magnetic Lasso Tool(자석 올가미 도구, 🖈)을
선택한 후 확대한 이미지를 선택 영역으로 설정
합니다.

❸ **Ctrl**+**−**를 눌러 캔버스 크기를 100%로 축소한
후 **Ctrl**+**J**(레이어 복제)를 눌러 선택영역을 레
이어로 복제합니다.

- Move Tool(이동 도구, ▶╋)을 선택한 후 복제한
  이미지를 해당 위치로 드래그

– Ctrl+T(자유 변형)를 눌러 〈출력형태〉처럼 크기와 위치를 조절한 후 Enter 키를 누름

4. 모양 만들기

❶ Custom Shape Tool(사용자 정의 모양 도구, [아이콘])을 선택한 후 Option Bar(옵션 바)를 설정합니다.

– Option Mode(옵션 모드) : Shape layers(모양 레이어, [아이콘])
– Shape(모양) : Butterfly(나비), 색상(#33ffff)

❷ Add a layer style(레이어 스타일 추가, [fx.])을 클릭한 후, [Outer Glow(외부 광선)], [Stroke(선/획)]을 선택합니다.

– Outer Glow(외부 광선) : 선택(✓) 확인
– size(크기) : 2px, color(색상) : #ffffff

❸ Custom Shape Tool(사용자 정의 모양 도구, [아이콘])을 선택한 후 Option Bar(옵션 바)를 설정합니다.

– Option Mode(옵션 모드) : Shape layers(모양 레이어, [아이콘])
– Shape(모양) : Fern(나무고사리), 색상(#003300)

❹ Add a layer style(레이어 스타일 추가, [fx.])을 클릭한 후 Outer Glow(외부 광선)을 선택합니다.

– Outer Glow(외부 광선) : 선택(✓) 확인

5. 문자 작업 후 꾸미기

❶ Horizontal Type Tool(수평 문자 도구, [T])을 선택한 후 Option Bar(옵션 바)를 설정합니다.

– Font(글꼴) : Arial ,Font Style(글꼴 스타일) : Bold, Font Size(크기) : 60pt, Color(색상) : #cc3300

❷ 글자를 입력할 위치에서 마우스를 클릭하여 글씨를 입력 한 후 Move Tool(이동 도구, [아이콘])로 문자의 위치를 조정합니다.

❸ Add a layer style(레이어 스타일 추가, [fx.])을 클릭한 후 [Inner Shadow(내부 그림자)], [Stroke(선/획)]을 선택합니다.

– Inner Shadow(내부 그림자): 선택(✓) 확인
– size(크기) : 2px, color(색상) : #99cc33

1. 새 캔버스 만들기 및 저장하기

❶ [File(파일)]−[New(새로 만들기)]([**Ctrl**]+[**N**])를 클릭한 후 [New(새로 만들기)] 대화상자가 나오면 각각의 항목을 설정합니다.

　− Width(폭) : 400Pixels, Height(높이) : 500Pixels
　− Resolution(해상도) : 72, Color Mode(색상 모드) : RGB

❷ [File(파일)]−[Save As...(다른 이름으로 저장)]를 클릭한 후 [Save As(다른 이름으로 저장)] 대화상자가 나오면 각각의 항목을 설정합니다.

　− 저장 위치 : [내문서₩GTQ]
　− Format(형식) : Photoshop(*.PSD;*.PDD)
　− 파일 이름 : 수험번호−성명−2(원본)(G12345678−홍길동−2(원본))

2. 이미지 이동하기

❶ [File(파일)]−[Open(열기)]([**Ctrl**]+[**O**])을 클릭한 후 [Open(열기)] 대화상자가 나오면 '기출 2회₩2급−2.jpg, 2급−3.jpg, 2급−4.jpg' 파일을 불러옵니다.

❷ Move Tool(이동 도구, [▸♦])을 선택한 후 [**Shift**] 키를 누른 채 '2급−2.jpg' 창의 이미지를 작업창으로 드래그하여 정중앙에 위치시킵니다.

3. 액자 만들기

❶ Move Tool(이동 도구, [▸♦])을 선택한 후 〈출력형태〉의 테두리 크기만큼 가로 눈금자와 세로 눈금자를 드래그하여 가이드라인을 만듭니다.

❷ Tool Box(도구상자)에서 Rounded Rectangle Tool(모서리가 둥근 사각형, [▢])을 선택한 후 그림과 같이 가이드라인의 안쪽 부분을 드래그하여 둥근 사각형을 그립니다.

❸ 레이어 창에서 'Layer 1'을 선택한 후 [**Ctrl**] 키를 누른채 'Shape 1(모양 1)' 레이어의 Layer thumbnail(레이어 축소판)을 클릭하고, [Select(선택)]−[Inverse(반전)]([**Shift**]+[**Ctrl**]+[**I**])를 눌러 선택 영역을 반전 시킵니다.

　− shape 1(모양 1) 레이어는 삭제

④ 액자를 제작한 후 레이어 스타일(그림자 효과)을 적용시켜야 하기 때문에 **Ctrl**+**J**(레이어 복제)를 눌러 선택 영역을 복제합니다.

⑤ 레이어 팔레트에서 해당 레이어의 Layer thumbnail(레이어 축소판)을 **Ctrl** 키를 눌러 선택한 후 [Filter(필터)]-[Texture(텍스처)]-[Patchwork(패치워크/이어 붙이기)]를 클릭하여 필터를 적용시킵니다.

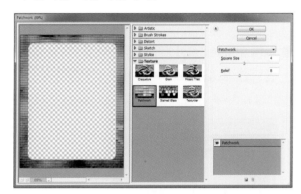

⑥ 액자에 테두리를 만들기 위하여 **Shift**+**Ctrl**+**I**(선택 반전)를 눌러 안쪽 테두리를 선택한 후 [Edit(편집)]-[Stroke(선/획)]를 클릭하여 각각의 항목을 설정합니다.

- Width(폭) : 4px, Color(색) : #ffffff
- 선택 영역 해제 : **Ctrl**+**D**를 누름

⑦ Add a layer style(레이어 스타일 추가, **fx.**)을 클릭한 후 [Drop Shadow(그림자 효과)]를 선택합니다.

- **Ctrl**+**;** 누름 : 가이드라인을 숨김

4. 이미지 편집 및 색상 보정

❶ 액자 안으로 그림이 들어가야 하기 때문에 'Layer 1'을 선택한 후 '2급-3.jpg' 이미지의 색을 보정할 부분을 Magnetic Lasso Tool(자석 올가미 도구, **🧲**)로 선택합니다.

❷ Move Tool(이동 도구, **➤+**)을 선택한 후 이미지를 작업 창으로 이동시킵니다.

- **Ctrl**+**T**(자유 변형)를 눌러 〈출력형태〉처럼 크기와 위치를 조절하여 회전시킨 후 **Enter** 키를 누름

❸ 레이어 팔레트에서 해당 레이어(Layer 3)의 Layer thumbnail(레이어 축소판)을 **Ctrl** 키를 눌러 선택한 후 Create new fill or adjustment layer(레이어 새 칠/보정, **◑.**)를 클릭하여 [Hue/Saturation(색조/채도)]을 선택한 후 보라색 계열로 지정합니다.

- Hue(색조) : -157, Saturation (채도) :+100, Lightness(밝기) : 0

- Add a layer style(레이어 스타일 추가, **fx.**)을 클릭한 후 [Drop Shadow(그림자 효과)]를 선택

❹ 액자위로 이미지가 나타나야 하기 때문에 'Layer 2' 를 선택 합니다.

❺ '2급-4.jpg' 이미지에서 Magnetic Lasso Tool (자석 올가미 도구, **[]**)로 옮길 부분을 선택합니다.

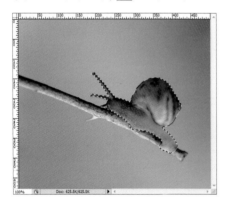

❻ Move Tool(이동 도구, **[]**)을 선택한 후 이미지를 작업 창으로 이동시킵니다.

- **Ctrl**+**T**(자유 변형)를 눌러 〈출력형태〉처럼 크기와 위치를 조절하여 회전시킨 후 **Enter** 키를 누름
- Add a layer style(레이어 스타일 추가, **fx.**)을 클릭한 후 [Outer Glow(외부 광선)]를 선택

5. 문자 작업 후 꾸미기

❶ Horizontal Type Tool(수평 문자 도구, **T.**)을 선택한 후 옵션 바(Option Bar)에서 선택합니다.

- Font(글꼴) : 굴림, Font Size(크기) : 32pt, Color(색상) : #006699
- 텍스트 변형 만들기(Create warped text, **[]**): 돌출(Bulge)

❷ 글자를 입력할 위치에서 마우스를 클릭하여 글씨를 입력한 후 Move Tool(이동 도구, **[]**)로 문자의 위치를 조정합니다.

❸ Add a layer style(레이어 스타일 추가, **fx.**)을 클릭한 후 [Stroke(선/획)]를 선택합니다.

- Size(크기) : 3px, Color(색상) : #ffffff

---

1. 새 캔버스 만들기 및 저장하기

❶ **Ctrl**+**N**(새로 만들기)을 눌러 'Width(폭)'는 600Pixels(픽셀), 'Height(높이)'는 400pixels(픽셀)의 크기로 새 캔버스를 만듭니다.

❷ **Shift**+**Ctrl**+**S**(다른 이름으로 저장)를 눌러 [Save As(다른 이름으로 저장)] 대화상자가 나오면 [내문서₩GTQ] 폴더에 파일 이름을 '수험번호-성명-3(원본).PSD(G12345678-홍길동-3(원본).PSD)'로 입력하여 저장합니다.

❸ Ctrl + O (열기)를 눌러 [Open(열기)] 대화상자
가 나오면 '기출 2회₩2급-5.jpg, 2급-6.jpg, 2
급-7.jpg, 2급-8.jpg' 파일을 불러옵니다.

2. 필터와 레이어 마스크 적용하기

❶ Tool Box(도구 상자)에서 'Set Foreground
Color(전경색 설정, ▣)'를 #ffff99로 설정한 후
Alt + Delete 를 눌러 배경에 색을 칠합니다.

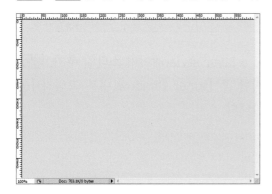

❷ Move Tool(이동 도구, ▶⊕)을 선택한 후 Shift
키를 누른 채 '2급-5.jpg'를 드래그하여 작업 창
으로 이동시킵니다.

❸ [Filter(필터)]-[Pixelate(픽셀화)]-[Facet(단면
화)]를 선택하여 필터를 적용합니다.

❹ Layers Palette(레이어 팔레트)의 Add layer
mask(레이어 마스크 추가, ▣)를 클릭하여 레
이어 마스크를 추가합니다.

❺ Gradient Tool(그라디언트 도구, ▣)을 선택한
후 Option Bar(옵션 바)를 설정합니다.

- Click to edit the gradient(클릭하여 그라디언트
편집, ▣▬▬▣) 클릭
- [Gradient Editor(그라디언트 편집기)] 대화상자

가 나오면 Presets(사전 설정)에서 'Black(검정),
White(흰색)'를 클릭

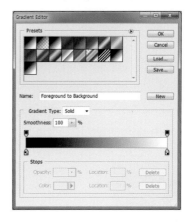

❻ 세로 방향으로 짧게 드래그하여 Layer Mask(레
이어 마스크)를 생성합니다.

3. 이미지 편집

❶ '2급-6.jpg'이미지를 Quick Selection Tool(빠
른 선택 도구, ▨)로 옮길 이미지를 선택 영역으
로 설정합니다.

- Move Tool(이동 도구, ▶⊕)을 선택한 후 작업 창
으로 이동
- Ctrl + T (자유 변형)를 눌러 〈출력형태〉처럼 크기
와 위치를 조절하여 회전시킨 후 Enter 키를 누름
- Add a layer style(레이어 스타일 추가, fx.)을
클릭한 후 [Drop Shadow(그림자 효과)]를 선택

❷ '2급-7.jpg' 이미지를 Magnetic Lasso Tool(자석 올가미 도구, ✎)로 선택 영역으로 설정합니다.

- Move Tool(이동 도구, ▶+)을 선택한 후 작업 창으로 이동
- Ctrl + T (자유 변형)를 눌러 〈출력형태〉처럼 크기와 위치를 조절하여 회전시킨 후 Enter 키를 누름
- Add a layer style(레이어 스타일 추가, fx.)을 클릭한 후 Outer Glow(외부 광선)를 선택

❸ '2급-8.jpg' 이미지를 Magnetic Lasso Tool(자석 올가미 도구, ✎)로 선택 영역으로 설정합니다.

- Move Tool(이동 도구, ▶+)을 선택한 후 작업 창으로 이동
- Ctrl + T (자유 변형)를 눌러 〈출력형태〉처럼 크기와 위치를 조절하여 회전시킨 후 Enter 키를 누름

❹ Add a layer style(레이어 스타일 추가, fx.)을 클릭한 후 [Drop Shadow(그림자 효과)], [Stroke(선/획)]을 선택합니다.

- Drop Shadow(그림자 효과): 선택(✓) 확인
- Size(크기) : 2px, Color(색상) : #ffffff

❺ 레이어 팔레트에서 'Layer 4(레이어 4)'를 'Layer 2(레이어 2)'로 순서를 바꾸어 준다.

4. 모양 만들기

❶ Custom Shape Tool(사용자 정의 모양 도구, ✎)을 선택한 후 Option Bar(옵션 바)를 설정합니다.

- Option Mode(옵션 모드) : Shape layers(모양 레이어, ▣)
- Shape(모양) : Splatter(스플래터), Color(색상) : #33cccf
- 마우스로 드래그하여 모양을 그립니다.

❷ Add a layer style(레이어 스타일 추가, fx.)을 클릭한 후 [Inner Shadow(내부 그림자)]를 선택합니다.

- Inner Shadow(내부 그림자): 선택(✓) 확인
- Ctrl + T (자유 변형)를 눌러 〈출력형태〉처럼 크기와 위치를 조절한 후 Enter 키를 누름
- 모양의 패스(외곽) 선이 보이지 않도록 'Vector mask thumbnail(벡터 마스크 축소판)'을 클릭

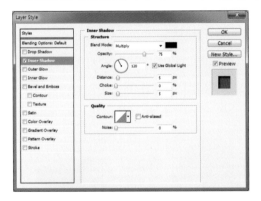

❸ Custom Shape Tool(사용자 정의 모양 도구, ✎)을 선택한 후 Option Bar(옵션 바)를 설정합니다.

- Option Mode(옵션 모드) : Shape layers(모양 레이어, ▣)
- Shape(모양) : Envelope1(봉투 1), Color(색상) : 임의색
- 마우스로 드래그하여 모양을 그립니다.

❹ Add a layer style(레이어 스타일 추가, fx.)을 클릭한 후 [Gradient Overlay(그라디언트 오버레이)]를 선택합니다.

– Gradient 색 : 왼쪽 색상 정지점(#e10019), 오른쪽 색상 정지점(#00601b)

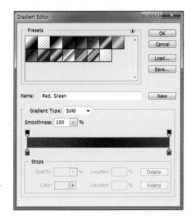

– [Outer Glow(외부 광선)]를 선택

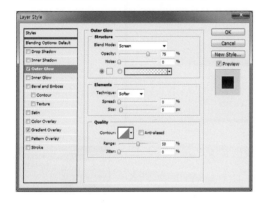

– Ctrl +T (자유 변형)를 눌러 〈출력형태〉처럼 크기와 위치를 조절한 후 Enter 키를 누름
– 모양의 패스(외곽) 선이 보이지 않도록 'Vector mask thumbnail(벡터 마스크 축소판)'을 클릭

5. 문자 작업 후 꾸미기

❶ Horizontal Type Tool(수평 문자 도구, T)을 선택한 후 Option Bar(옵션 바)를 설정합니다.
– Font(글꼴) : Arial, Font Style(글꼴 스타일) :Regular, Font Size(크기) : 48pt, Color(색상) : #ffffff

❷ 글자를 입력할 위치에서 마우스를 클릭하여 글씨를 입력합니다.

❸ Add a layer style(레이어 스타일 추가, fx.)을 클릭한 후 [Drop Shadow(그림자 효과)], [Stroke(선/획)]를 선택하여 각각의 항목을 설정합니다.
– Drop Shadow(그림자 효과) : 선택(✔) 확인
– Size(크기) : 3px, Color(색상) : #000099으로 지정
– 〈출력형태〉처럼 위치를 조절함.

❹ Horizontal Type Tool(수평 문자 도구, T)을 선택합니다. 두 번째 글자를 입력할 위치를 클릭한 후 옵션 바(Option Bar)를 선택합니다.
– Font(글꼴) : 궁서, Font Size(크기) : 40pt, Color(색상) : #ffffff

❺ Add a layer style(레이어 스타일 추가, fx.)을 클릭한 후 [Drop Shadow(그림자 효과)], [Stroke(선/획)]를 선택하여 각각의 항목을 설정합니다.
– Drop Shadow(그림자 효과) : 선택(✔) 확인
– Size(크기) : 2px, Color(색상) : #333333으로 지정
– 〈출력형태〉처럼 위치를 조절함.

1. 새 캔버스 만들기 및 저장하기

❶ Ctrl + N (새로 만들기)을 눌러 'Width(폭)'는 600pixels(픽셀), 'Height(높이)'는 400pixels(픽셀)의 크기로 새 캔버스를 만듭니다.

❷ Shift + Ctrl + S (다른 이름으로 저장)를 눌러 [Save As(다른 이름으로 저장)] 대화상자가 나오면 [내문서₩GTQ] 폴더에 파일 이름을 '수험번호-성명-4(원본).PSD(G12345678-홍길동-4(원본).PSD)'로 입력하여 저장합니다.

❸ Ctrl + O (열기)를 눌러 [Open(열기)] 대화상자가 나오면 '기출 2회₩2급-9.jpg, 2급-10.jpg, 2급-11.jpg, 2급-12.jpg, 2급-13.jpg' 파일을 불러옵니다.

2. 필터 및 이미지 편집하기

❶ Move Tool(이동 도구, ▶╋)을 선택한 후 Shift 키를 누른 채 '2급-9.jpg'를 드래그하여 작업 창으로 이동시킵니다.
- [Filter(필터)]-[Pixelate(픽셀화)]-[Facet(단면화)] 클릭

❷ Move Tool(이동 도구, ▶╋)을 선택한 후 Shift 키를 누른 채 '2급-10.jpg'를 드래그하여 작업 창으로 이동시킵니다.

❸ Layers Palette(레이어 팔레트)의 Add layer mask(레이어 마스크 추가, ▣)를 클릭하여 레이어 마스크를 추가합니다.

❹ Gradient Tool(그라디언트 도구, ▣)을 선택한 후 Option Bar(옵션 바)를 설정합니다.
- Click to edit the gradient(클릭하여 그라디언트 편집.) 클릭
- [Gradient Editor(그라디언트 편집기)] 대화상자가 나오면 Presets(사전 설정)에서 'Black(검정), White(흰색)'를 클릭

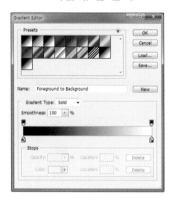

❺ 대각선 방향으로 짧게 드래그하여 Layer Mask(레이어 마스크)를 생성합니다.
- 레이어 팔레트에서 Opacity(불투명도)를 80%로 적용함.

❻ '2급-11.jpg'이미지에서 필요한 부분을 Magnetic Lasso Tool(자석 올가미 도구, ▣)을 이용해 선택한 후 Move Tool(이동 도구, ▶╋)을 선택하여 이미지를 작업 창으로 이동시킵니다.
- Ctrl + T (자유 변형)를 눌러 〈출력형태〉처럼 크기와 위치를 조절한 후 Enter 키를 누름

❼ 옮긴 '2급-11.jpg' 이미지에 [Filter(필터)]-[Texture(텍스처)]-Texturizer(텍스처화)]를 선택하여 필터를 적용시킵니다.

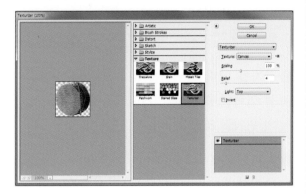

3. 모양 만들기

❶ Custom Shape Tool(사용자 정의 모양 도구, 🔳)을 선택한 후 Option Bar(옵션 바)를 설정합니다.
 - Option Mode(옵션 모드) : Shape layers(모양 레이어, 🔲)
 - Shape(모양) : Hexagon(육각형), Color(색상) : #임의의 색

❷ 작업창의 위쪽 부분에서 마우스를 드래그하여 모양을 그립니다.
 - Ctrl + T (자유 변형)를 눌러 〈출력형태〉처럼 크기와 위치를 조절한 후 Enter 키를 누름
 - Add a layer style(레이어 스타일 추가, 🎨)을 클릭한 후 [Outer Glow(외부 광선)], [Inner Shadow(내부 그림자)]를 선택

❸ 레이어 팔레트에서 'Shape 1(모양 1)' 레이어를 복제합니다.

❹ 레이어 팔레트에서 'Shape 1(모양 1)' 레이어를 선택한 후 Move Tool(이동 도구, 🔼)로 '2급-12.jpg' 이미지를 작업 창으로 이동시킵니다.

❺ 육각형 모양 'Shape 1(모양 1) 레이어와 '2급-12.jpg'그림(Layer 4)의 경계선에서 Alt 키를 누른 채 클릭합니다.

❻ 레이어 팔레트에서 'Shape 1 copy(모양 1 복사)' 레이어를 선택한 후 Move Tool(이동 도구, 🔼)로 '2급-13.jpg' 이미지를 작업 창으로 이동시킵니다.

❼ 육각형 모양 'Shape 1 copy(모양 1 복사)' 레이어와 '2급-13.jpg'그림(Layer 5)의 경계선에서 Alt 키를 누른 채 클릭합니다.

❽ Custom Shape Tool(사용자 정의 모양 도구, 🔳)을 선택한 후 Option Bar(옵션 바)를 설정합니다.
 - Option Mode(옵션 모드) : Shape layers(모양 레이어, 🔲)
 - Shape(모양) : Ornament 6 (문양 6), Color(색상) : #00ff84

– 작업창의 아랫부분에서 마우스를 드래그하여 모
양을 그린 후 Add a layer style(레이어 스타일
추가, **fx.**)을 클릭한 후 [Drop Shadow(그림자
효과)], 레이어 팔레트에서 Opacity(불투명도)를
80%로 적용 함.

❾ 레이어 팔레트에서 'Shape 2(모양 2)' 레이어를
복제해 둔다.

4. 문자 작업 후 꾸미기

❶ Horizontal Type Tool(수평 문자 도구, **T**)을
선택한 후 Option Bar(옵션 바)를 설정합니다.

– Font(글꼴) : Arial Regular, Font Size(크기) :
35pt, Color(색상) : #ff0099

– 텍스트 변형 만들기(Create warped text, **丄**) :
부채꼴(Arc)

❷ 글자를 입력할 위치를 마우스로 클릭하여 글씨
를 입력한 후 Move Tool(이동 도구, **▶+**)로 문자
의 위치를 조정합니다.

❸ Add a layer style(레이어 스타일 추가, **fx.**)을
클릭한 후 [Bevel and Emboss(경사와 엠보스)]
를 선택합니다.

– Bevel and Emboss(경사와 엠보스) : 선택(✓) 확인

❹ Horizontal Type Tool(수평 문자 도구, **T**)을
선택한 후 Option Bar(옵션 바)를 설정합니다.

– Font(글꼴) : 궁서, Font Size(크기) : 40pt,
Color(색상) : #ffffff

❺ 글자를 입력할 위치를 마우스로 클릭하여 글씨
를 입력한 후 Move Tool(이동 도구, **▶+**)로 문자
의 위치를 조정합니다.

❻ Add a layer style(레이어 스타일 추가, **fx.**)을
클릭한 후 [Stroke(선/획)]를 선택합니다.

– Size(크기) : 3px, Color(색상) : #993399

❼ Horizontal Type Tool(수평 문자 도구, **T**)을
선택한 후 Option Bar(옵션 바)를 설정합니다.

– Font(글꼴) : Arial Regular, Font Size(크기) :
35pt, Color(색상) : #ff0099

❽ Add a layer style(레이어 스타일 추가, **fx.**)을
클릭한 후 [Stroke(선/획)]를 선택합니다.

– Size(크기) : 3px, Color(색상) : #ffffff

MEMO

MEMO